U0554549

权威·前沿·原创

皮书系列为

"十二五""十三五""十四五"时期国家重点出版物出版专项规划项目

**YELLOW BOOK**

**智 库 成 果 出 版 与 传 播 平 台**

非洲黄皮书
YELLOW BOOK OF AFRICA

# 非洲发展报告 *No.24*（2021~2022）

ANNUAL REPORT ON DEVELOPMENT IN AFRICA No.24 (2021-2022)

研　创／中国社会科学院西亚非洲研究所
　　　　中国非洲研究院
主　编／张宏明
副主编／朱伟东

社会科学文献出版社
SOCIAL SCIENCES ACADEMIC PRESS (CHINA)

**图书在版编目（CIP）数据**

非洲发展报告 . No.24,2021~2022 / 张宏明主编；
中国社会科学院西亚非洲研究所，中国非洲研究院研创；
朱伟东副主编.--北京：社会科学文献出版社，2023.4
（非洲黄皮书）
ISBN 978-7-5228-1638-8

Ⅰ.①非… Ⅱ.①张… ②中… ③中… ④朱… Ⅲ.
①社会发展-研究报告-非洲-2021-2022②中外关系-研
究报告-非洲-2021-2022 Ⅳ.①D740.69②D822.34

中国国家版本馆 CIP 数据核字（2023）第 055815 号

非洲黄皮书
# 非洲发展报告 No.24（2021~2022）

研　　创／中国社会科学院西亚非洲研究所
　　　　　中国非洲研究院
主　　编／张宏明
副 主 编／朱伟东

出 版 人／王利民
组稿编辑／祝得彬
责任编辑／郭红婷
责任印制／王京美

出　　版／社会科学文献出版社·当代世界出版分社（010）59367004
　　　　　地址：北京市北三环中路甲 29 号院华龙大厦　邮编：100029
　　　　　网址：www. ssap. com. cn
发　　行／社会科学文献出版社（010）59367028
印　　装／三河市东方印刷有限公司

规　　格／开　本：787mm×1092mm　1/16
　　　　　印　张：17.75　字　数：265 千字
版　　次／2023 年 4 月第 1 版　2023 年 4 月第 1 次印刷
书　　号／ISBN 978-7-5228-1638-8
定　　价／168.00 元

读者服务电话：4008918866

▲ 版权所有 翻印必究

# 非洲黄皮书编委会

主　　编　张宏明

编 委 会　（按姓氏笔画排序）

王洪一　朱伟东　刘青建　刘贵今　刘鸿武

安春英　李文刚　李安山　李智彪　李新烽

杨立华　沐　涛　张　春　张永蓬　张宏明

张忠祥　张振克　罗建波　金　锐　洪永红

姚桂梅　贺文萍　徐伟忠　程　涛　舒运国

詹世明

# 主编简介

张宏明　中国社会科学院西亚非洲研究所、中国非洲研究院研究员，中国亚非学会会长，曾赴塞内加尔"黑非洲基础研究所"进修（1988～1989）；曾在中国驻几内亚使馆（1991～1993）和驻贝宁使馆（1995～1999）工作。研究领域涉及非洲政治和国际关系。出版著作：《多维视野中的非洲政治发展》（专著，1999）、《近代非洲文化思想经纬》（专著，2008）、《大国经略非洲研究》（主编，2019）等；发表论文：《如何辩证地看待中国在非洲的国际处境——兼论中国何以在大国在非洲新一轮竞争中赢得"战略主动"》（2014）、《中国在非洲利益层次分析》（2016）、《中国对非洲战略运筹研究》（2017）、《中国在非洲经略大国关系的战略构想》（2018）、《非洲地缘政治的历史轨迹、重大重组和发展趋势》（2018）、《非洲政治民主化历程和实践反思——兼论非洲民主政治实践与西方民主化理论的反差》（2020）和《大国在非洲格局的历史演进与跨世纪重组》（2020）和《大变局背景下中国对非洲的战略需求》（2021）等。

朱伟东　中国社会科学院西亚非洲研究所、中国非洲研究院研究员，非洲法律研究中心主任，中国社会科学院大学教授。曾在剑桥大学法学院进行博士后研究，在首尔大学法学院任访问研究员。研究领域涉及非洲国际关系、非洲法、国际私法、国际投资法、国际商事仲裁等。出版《非洲涉外民商事纠纷的多元化解决机制研究》《非洲商法协调组织》《中非争议解决：仲裁的法律、经济和文化分析》《非洲经济一体化的法律问题》《英联邦非洲国际私法》《非洲大陆自由贸易区法律文件汇编》等专著、译著 10 多部。在《西亚非洲》、《中国法学》（英文）、*Journal of African Law*，*Penant*，*Journal of South African Law*，*Journal of Private International Law*，*Journal of International Arbitration*，*Transnational Dispute Management Journal* 等国内外期刊发表论文几十篇。主持国家社会科学基金课题、外交部中非联合计划课题等多项。

# 摘 要

2021 年，百年变局和世纪疫情对非洲政治、经济、社会、安全和外交的深层次影响进一步显现，并使非洲形势呈现复杂而深刻的变化。非洲政治安全形势虽然仍可以用"总体稳定、局部动荡"加以概述，但其内涵已发生变化。过去一年，新冠肺炎疫情引发的经济危机在非洲持续发酵，进而传导到社会、政治、安全等诸多层面，并与固有的民族、宗教矛盾和各种社会问题相互交织而引发多重危机。许多非洲国家出现了政治转型后少有的动荡局面，突出体现在军事政变"回潮"、社会骚乱频发、内部冲突升级、暴恐活动肆虐、海盗活动猖獗等，地区大国亦未能幸免。尤其令人担忧的是，军人掌权后并无"还政于民"的意向，地区大国动荡也存在向周边国家外溢的风险。值得庆幸的是，虽然非洲面临的政治、安全风险或挑战明显增多，但其整体稳定的大局和发展趋势并未发生逆转。

非洲经济在经历了严重的衰退后，2021 年实现了 4.7% 的正增长，这主要得益于全球经济复苏、大宗商品价格上涨和国际物流逐步恢复等因素。非洲经济虽然渐有起色，但其复苏步伐明显慢于世界及发展中经济体的平均水平。从趋势上看，影响非洲经济走势的利弊因素兼有。有利因素是非洲资源禀赋优越、人口红利巨大、城市化进程加快、制造业方兴未艾的基本面没有改变。不利因素是，由于医疗条件落后、防疫体系脆弱、疫苗接种率低，疫情对非洲经济活动的影响不容低估。另则，受到单一经济结构和外向型经济模式的制约，加之俄乌冲突导致全球经济复苏减缓、通胀压力上升、粮食不安全状况加剧、国际融资环境收紧，非洲经济复苏进程或将再度承压，其不

确定性也在增加。

在疫情和大国竞争因素叠加的背景下，非洲的国际处境呈现出复杂变化。一方面，非洲在世界经济格局中的地位进一步被边缘化；另一方面，非洲在国际政治格局中的重要性又有所提升。过去一年，世界主要大国通过高层出访、召开峰会、出台政策文件等方式强化与非洲的关系。总体而言，大国竞争对非洲的国际处境是利大于弊，虽然非洲在国际关系中的结构性依附地位短期内难以改变，但随着非洲成为大国竞相争取的对象，非洲外交的选择余地和战略空间也在扩大。面对机遇与挑战，多数非洲国家为实现自身利益最大化，拒绝在大国竞争中"选边站"。为应对内外挑战、增强承压能力，非洲国家通过启动非洲大陆自由贸易区加快推进经济一体化进程，同时依托非洲联盟在重大国际问题上积极协调立场，努力通过用一个声音说话来提升非洲的整体影响力。

2021年是中非友好交往和务实合作的重要年份。中非双方携手抗击疫情，推动各领域合作取得丰硕成果，突出体现在，中非贸易额达2543亿美元，创历史新高，中国已连续13年成为非洲第一大贸易伙伴国；非洲52国和非盟委员会同中国签署共建"一带一路"合作文件，基本实现共建"一带一路"在非洲的"全覆盖"。2021年也是中非合作"论坛年"。中非双方在塞内加尔首都达喀尔成功举办中非合作论坛第八届部长级会议，习近平主席就构建新时代中非命运共同体阐述"四点主张"，宣布对非务实合作"九项工程"，将中非全面战略合作伙伴关系推向新高度。不过，受新冠肺炎疫情、大国竞争、俄乌冲突、世界经济下行等因素的影响，中非关系发展也面临日趋复杂的国际环境。

**关键词：** 非洲　经济复苏　外交自主　对外关系　中非关系

# 目  录 ⤴

## I  总报告

## II  分报告

## III  国别报告

# IV 对外经济联系

# V 文献资料

皮书数据库阅读**使用指南**

# 总 报 告
## General Report

**Y.1**

# 2021年：变化中的非洲形势
# 和发展中的中非关系

吴 鹏[*]

**摘 要：** 2021年，百年变局加速演进，新冠肺炎疫情对非洲政治、经济、社会、安全的深层次影响进一步显现。非洲国家积极抗疫情、谋和平、促发展、保稳定，推动一体化进程逆势前进，不断提高非洲在国际事务中的集体影响力。2021年是中非关系的重要一年，中非双方在塞内加尔首都达喀尔成功举办中非合作论坛第八届部长级会议，习近平主席以视频方式出席会议开幕式并发表主旨演讲，总结提炼中非友好合作精神，就构建新时代中非命运共同体阐述"四点主张"，宣布对非务实合作"九项工程"。中非双方不断巩固战略互信，携手抗击疫情，推动务实合作转型升级，共同捍卫发展中国家正当权益。站在新的历史起点上，中非双方加强团结的意愿更加强烈，共赢发展的前景更加光明，合作升级的

---

[*] 吴鹏，中非合作论坛中方后续行动委员会秘书长、外交部非洲司司长。

势头更加强劲，同时双方关系也面临更加复杂的外部环境。2022年，国际形势发生重大变化，进入新的动荡变革期。2022年也是全面落实中非合作论坛第八届部长级会议成果的开局之年，中非双方将继续坚持构建新时代中非命运共同体的根本方向，弘扬中非友好合作精神，排除外部干扰，加强团结协作，落实好"九项工程"，不断巩固中非友好的民意基础，共同推动国际秩序和全球治理体系向更加公正、合理的方向发展。

**关键词：** 非洲形势　中非关系　中非合作论坛　命运共同体

# 一　非洲克服诸多挑战勇毅前行

2021年，新冠肺炎疫情在非洲持续蔓延，对非洲形势造成一系列复杂深刻的影响，非洲动荡面较前突出，经济发展面临挑战。非洲国家自主意识进一步提升，加快联合自强步伐。

## （一）疫情走势存在不确定性

2021年非洲历经数波疫情冲击，确诊病例持续上升。截至2021年底，非洲确诊病例数量逼近1000万大关，同时疫情分化严重，南非、摩洛哥、突尼斯等10国确诊病例占全非确诊病例的70%以上。外界普遍认为，非洲疫情走势好于预期，病亡率和治愈率在全球处于较好水平，但存在较大不确定性：一是非洲新冠疫苗获取和接种落后于其他地区，世界卫生组织称非洲需付出6倍于当前努力才能实现非盟设定的疫苗接种目标；二是非洲新冠病毒检测能力仍显薄弱，非洲无症状感染者比例高，世界卫生组织曾称非洲超过85%的新冠肺炎病例并未被发现，超过2/3的人口可能感染新冠病毒；三是奥密克戎、德尔塔等变异毒株已扩散至多数非洲国家，进一步加剧非洲疫情蔓延风险。

## （二）政治安全挑战增多

2021 年，埃塞俄比亚、吉布提、乌干达、刚果（布）、中非、赞比亚、尼日尔、贝宁、圣多美和普林西比、佛得角、冈比亚等 10 余个非洲国家顺利举行大选，实现政权平稳过渡。同时，疫情引发的社会民生问题开始向非洲政治、安全领域传导，地区热点问题和突发事件增多。埃塞俄比亚国内军事冲突迄今尚未平息，埃塞俄比亚、埃及、苏丹三国在复兴大坝问题上的分歧仍未妥善解决，马里、几内亚发生军事政变，尼日尔、马达加斯加发生未遂政变，南非、斯威士兰等国发生骚乱。2021 年，非洲暴力恐怖活动依然猖獗。根据经济与和平研究所（IEP）发布的《2022 年全球恐怖主义指数》，2021 年受恐怖主义影响最严重的全球 10 个国家中有 5 个在非洲。非洲之角、萨赫勒地区和莫桑比克北部面临严重的恐怖主义威胁，索马里"青年党"、尼日利亚"博科圣地"以及"伊斯兰国"等组织活动频仍，法国宣布结束"新月沙丘行动"，地区反恐形势更趋复杂。几内亚湾海盗活动频繁，亦引发国际社会关注。

## （三）经济复苏艰难推进

非洲经济受疫情影响严重，旅游、航空、能源、农业等支柱产业低迷，非洲多国面临财政困难。非洲开发银行题为《从解决债务到经济增长：非洲路线图》的非洲经济展望报告指出，2020~2021 年，3870 万非洲人口重新陷入极端贫困，2021 年非洲极端贫困人口增至 4.65 亿人。随着全球大宗商品价格回暖及国际物流逐步恢复，非洲经济复苏势头渐强。根据国际货币基金组织发布的《世界经济展望》，2021 年撒哈拉以南非洲经济增长 4%，2022 年和 2023 年预计将分别增长 3.7% 和 4.0%。联合国贸易和发展会议（UNCTAD）于今年 1 月 19 日发布的《投资趋势监测》报告显示，2021 年撒哈拉以南非洲外国直接投资流量从 290 亿美元增至 880 亿美元，增幅在全球各区域中排名第二。疫情也倒逼非洲加快经济转型，数字经济、电子商务、在线教育等新业态发展迅速，预计 2025 年在线购物额将占非洲零售总

额的 50%。非洲资源禀赋优越、人口红利巨大、城市化进程加速、制造业方兴未艾的基本面没有改变，非洲经济前景依然向好。

## （四）一体化进程逆势推进

2021 年 2 月，非盟顺利完成领导层换届，机构改革取得阶段性成果。现任非盟委员会主席法基连任，非盟委员会领导层由 10 人精简为 8 人，财政自主取得积极进展。非盟引领非洲抗疫取得积极成果，成立"非洲新冠疫苗获取工作组"和"疫苗获取信托基金"。非洲国家在全球治理、联合国安理会改革、气候变化、反对单边制裁和种族主义等问题上一致发声，在国际事务中继续展现集体影响力。非洲大陆自贸区于 2021 年 1 月正式启动。截至 2022 年初，87.7%税目已完成原产地规则谈判，43 国提交货物贸易关税出价，这充分体现了非洲国家推动经济转型和融合、维护多边贸易体制、推动世界经济企稳复苏的坚定决心。2021 年 11 月，非洲医药局协定生效，非洲国家将通过统一措施加强医药监管体系，获取安全、有效、优质和可负担的基本药物与卫生技术。2021 年 2 月，伊维拉当选世界贸易组织总干事，成为该组织首位非洲籍总干事，标志非洲国家在国际舞台上的影响力进一步增强。非盟、西共体、南共体积极致力于自主解决复兴大坝争端、西非国家政变、莫桑比克北部暴恐活动等热点问题，取得一定成效。尼日利亚前总统奥巴桑乔被任命为非盟委员会主席非洲之角问题高级代表，就地区热点问题进行斡旋。

## （五）域外大国对非洲愈加重视

美国总统拜登上任伊始即向第 34 届非盟峰会发表视频贺词，这在美国历史上尚属首次。拜登总统还同刚果（金）、肯尼亚总统等会晤，同一些非洲领导人通话。美国国务卿布林肯以线上或线下形式两度访非，美国国务院非洲事务助卿、非洲之角特使、美国国际开发署署长等多次访非。美国还邀请 17 位非洲领导人出席"领导人民主峰会"，以视频方式举办美非商业峰会。法国致力于打造新型法非关系，先后举办非洲经济体融资峰会和新法非峰会。欧盟宣布 2021 年为"非洲年"，举办欧盟-非盟部长级会议。德国举办第四届"非洲契约"峰会。俄罗斯积极参与非洲和平安全事务。日本外相茂木敏充访问塞内加尔和肯尼亚。土耳其举办第三届土非伙伴关系峰会。

## 二 中非全面战略合作伙伴关系达到新高度

2021 年是中非双方开启外交关系 65 周年，也是中非友好交往和务实合作的重要年份。中国和非洲国家携手努力，继承和发扬中非友好合作精神，齐心协力应对疫情挑战，推动各领域合作取得丰硕成果，将中非全面战略合作伙伴关系推向新高度。

### （一）共襄盛举，成功举办中非合作论坛第八届部长级会议

中非双方密切沟通协作，成功在塞内加尔首都达喀尔举办中非合作论坛第八届部长级会议，这是新冠肺炎疫情发生以来中方在境外参与举办的最大规模实体外交活动，也是出席规模和范围最广的国际对非合作盛会。习近平主席以视频方式出席会议开幕式并发表主旨演讲，总结提炼了"真诚友好、平等相待，互利共赢、共同发展，主持公道、捍卫正义，顺应时势、开放包容"的中非友好合作精神，就构建新时代中非命运共同体阐述了坚持团结抗疫、深化务实合作、推进绿色发展、维护公平正义等"四点主张"，宣布将在卫生健康、减贫惠农、贸易促进、投资驱动、数字创新、绿色发展、能力建设、人文交流、和平安全等领域实施对非务实合作"九项工程"，在中非关系史上竖立新的里程碑。王毅国务委员兼外长、商务部王文涛部长率团现场参会，非洲 53 国和非盟委员会代表出席会议，36 国外长和众多部级官员与会。会议还通过了《达喀尔宣言》、《达喀尔行动计划（2022—2024年）》、《中非应对气候变化合作宣言》和《中非合作 2035 年愿景》4 份成果文件。在世界经济复苏乏力、国际合作遭遇逆流的背景下，论坛会议的成功举办对深化中非友好合作关系、促进全球抗疫和发展合作具有重要意义，同时也为推动构建人类命运共同体注入新的强劲动力。

### （二）政治引领，不断巩固中非战略互信

中非双方领导人克服疫情影响，通过"面对面"交往、视频会议和通话等形式，保持中非友好交往的热络劲。习近平主席分别同布隆迪总统恩达伊施米耶、塞拉利昂总统比奥、刚果（金）总统齐塞克迪、坦桑尼亚总统哈桑、刚果（布）总统萨苏、马拉维总统查克维拉、赤道几内亚总统奥比昂等非洲国家领导人通话。李克强总理通过视频方式出席第四届中非地方政府合作论坛。中央外事工作委员会办公室主任杨洁篪访问乌干达、赞比亚、刚果（布）、塞拉利昂。王毅国务委员兼外长 2021 年年初成功访问尼日利亚、刚果（金）、博茨瓦纳、坦桑尼亚和塞舌尔，现场出席中非合作论坛第八届部长级会议并会见近 30 位与会非洲国家外长，会议前后访问塞内加尔和埃塞俄比亚，年内同撒哈拉以南非洲国家外长通话 8 次，出席中方同非洲驻华使团共同举办的"非洲日"招待会。在中国共产党建党百年之际，80 余位非洲领导人和政党领袖发来贺电、贺函，非洲 7 国领导人以视频方式出席中国共产党与世界政党领导人峰会，彰显中非之间高度政治互信。

### （三）共克时艰，携手抗击新冠肺炎疫情

在中非合作论坛第八届部长级会议开幕式上，习近平主席郑重宣布，中方将再向非洲提供 10 亿剂新冠疫苗，其中 6 亿剂为无偿援助，4 亿剂以中方企业与有关非洲国家联合生产等方式提供，这是疫情发生以来一国单独承担的最大规模对非疫苗援助计划。《新时代的中非合作》白皮书显示，截至 2021 年 11 月底，中方已向非洲提供近 2 亿剂新冠疫苗。中方还同非洲 40 国的 45 所医院建立对口合作机制，援建的非洲疾控中心总部项目于 2021 年底完成结构封顶。中方积极帮助非洲国家减轻债务压力，落实二十国集团"暂缓最贫困国家债务偿付倡议"，同 19 个非洲国家签署缓债协议或达成缓债共识，宣布从国际货币基金组织增发的特别提款权中拿出 100 亿美元转借给非洲国家，免除非洲最不发达国家截至 2021 年年底到期未还的政府间无息贷款债务。

## （四）稳中求新，推动中非务实合作转型升级

中非双方克服新冠肺炎疫情影响，并肩携手，攻坚克难，基本落实2018年中非合作论坛北京峰会成果。中国海关总署发布的统计数据显示，2021年，中非贸易额达2543亿美元，同比增长35.3%，创历史新高，中国连续13年成为非洲第一大贸易伙伴国，继续在国际对非合作中保持领先地位。非洲52国和非盟委员会同中国签署共建"一带一路"合作文件，基本实现共建"一带一路"在非洲的"全覆盖"。中非盟共建"一带一路"合作工作协调机制首次会议成功召开，双方围绕抗疫、粮食、能源、产能投资、基础设施、质量标准、统计等领域合作广泛交流。中国和毛里求斯自贸协定于2021年1月生效。中国商务部同非洲大陆自贸区秘书处签署成立中非经济合作专家组合作文件。中方企业投资的尼日利亚莱基深水港、肯尼亚内罗毕机场快速路等项目取得重要进展，为非洲国家稳经济、促就业、保民生做出贡献。着眼"后疫情时代"和世界经济发展新态势，中非双方着力求变、求新、求质，在电子商务、数字经济、产业链和供应链融合等领域积极创新、挖掘潜力，启动"中非数字创新伙伴计划"，举办非洲产品电商推广季等活动，推动建立非洲农产品输华"绿色通道"，为中非合作高质量发展开拓新的增长点和动力源。

## （五）传承友谊，讲好中非合作故事

国务院新闻办公室发布《新时代的中非合作》白皮书，全面展现新时代我国对非合作的政策理念、实践成果、未来规划，这是中国政府首次发布中非合作白皮书。中非民间商会编撰和发布《中国企业投资非洲报告》，介绍中国企业参与非洲抗疫、推进非洲减贫事业的重要实践，展示中国企业与非洲国家开展经贸投资合作的历程、成效和趋势。此外，中非影像作品大赛、中非青年大联欢、中非智库论坛、中非民间论坛成功举办，为加强中非人文交流和友好互动提供机会及平台。由中非演员共同参演、反映中非携手抗击埃博拉疫情的连续剧《埃博拉前线》受到中国观众广泛好评。中国各

界积极同非洲朋友一道，坚决反对和抵制损害中非友好的事情，让珍爱中非友谊成为广泛共识和自觉行动，不断拉紧双方人民特别是年青一代的友谊纽带。

### （六）团结协作，共同捍卫发展中国家正当权益

百年变局呼唤真正的多边主义和国际公平正义。面对个别国家以所谓"民主""人权"为借口肆意干涉别国内政，渲染意识形态对立，破坏国际合作和谐氛围，中非双方在国际事务中密切协调配合，在涉及彼此核心利益的问题上相互支持，共同发出反对单边主义、抵制强权政治和霸凌行径的正义声音，捍卫发展中国家的整体利益。2021 年 5 月，中非双方共同发起"支持非洲发展伙伴倡议"，推动国际社会凝聚对非合作共识，为支持非洲发展形成更有效合力。非洲 53 个国家和非盟积极支持习近平主席在第 76 届联合国大会上提出的全球发展倡议，非洲成为首个集体欢迎和支持该倡议的大陆，为实现更加强劲、绿色、健康的全球发展以及构建全球发展命运共同体做出重要贡献。

## 三　推动中非合作高质量发展面临新的机遇

中非友好合作根基深厚，在百年变局和新冠肺炎疫情背景下展现出强大的生机活力及韧性潜力。随着中国开启全面建设社会主义现代化国家新征程，非洲经济持续复苏，中非合作面临新的重要发展机遇。

### （一）中非加强团结的意愿更加强烈

习近平主席在中非合作论坛第八届部长级会议开幕式上发表的主旨演讲立意深远，首次提出构建新时代中非命运共同体和中非友好合作精神，为中非关系未来发展擘画了新的蓝图。中非相互尊重、合作共赢的意愿更加坚定，对人类命运共同体的理念更加认同，对多边主义的支持更加笃定。中非双方进一步凝聚在共建"一带一路"合作、推进全球发展倡议和"支持非

洲发展伙伴倡议"等方面的共识，积极致力于推动双方各领域合作结出更多硕果，在"后疫情时代"继续引领南南合作和国际对非合作潮流，为中非关系长远、稳定发展奠定坚实基础。同时，中国和非洲已成为推动国际秩序向更加公正合理方向发展的重要力量，在反对单边制裁和干涉内政、维护发展中国家整体利益、捍卫国际公平正义等方面立场坚定。

### （二）中非共赢发展的前景更加光明

中国"十四五"规划实现良好开局，2021年经济持续稳定恢复，经济发展和疫情防控保持全球领先地位，经济高质量发展取得新成效。中国坚定不移推动高水平开放，加快构建"双循环"新发展格局，愿积极同非洲国家分享发展机遇和红利。非洲发展潜力巨大，拥有3000万平方公里的广袤土地和14亿充满活力的人口，2021年经济总量位列全球第八。非洲大陆自贸区建设稳步推进，有利于非洲建立统一大市场，加强内部产业链、供应链融合，拓展非洲上下游产业的发展空间。随着非洲加快经济结构转型、积极落实《2063年议程》和各项经济复苏举措，非洲发展振兴的前景值得看好。在中非推进各自发展议程的征途中，双方共谋发展的信心和决心不断增强，合作优势进一步显现，中非发展共同体的内生动力持续积累。

### （三）中非合作升级的势头更加强劲

中非合作论坛第八届部长级会议吹响了开启中非合作新局面的号角，中非双方决定进一步扩大贸易投资规模，共享减贫、脱贫经验，加强数字经济合作，促进非洲青年创业和中小企业发展，共同应对气候变化这一全人类挑战，大力发展太阳能、风能等可再生能源，不断增强自主可持续发展能力。上述合作思路和举措契合非洲国家最紧迫的发展需求，必将为中非合作赋予新的内涵，持续推动双方合作实现更高质量发展。非洲商品通过"直播带货"进入中国市场就是中非合作升级的缩影。卢旺达、贝宁、埃塞俄比亚、南非、坦桑尼亚等国驻华大使纷纷通过网络直播为本国产品"带货"，卢旺达咖啡豆曾瞬间卖出3000包，凸显了中国消费者对非洲优质商品的喜爱。

与此同时，中非关系发展也面临更加复杂的外部环境。疫情对中非人员交往、航运物流、项目施工造成影响。一些外部势力在非洲渲染"大国对抗"，干涉非洲国家独立自主选择合作伙伴的权利，抹黑中非合作，蓄意炒作非洲"涉华债务"等问题，企图挑拨中非友好。随着非洲形势动荡面上升，中国在非人员与财产安全也面临恐怖势力和极端势力的威胁。此外，域外大国纷纷加大对非进取，美国、欧盟、日本、俄罗斯均计划于2022年举办对非合作峰会，2022年将成为国际对非合作"峰会年"，国际对非合作竞争的一面也在增强。不久前，乌克兰危机爆发，世界进入新的动荡变革期，让本来就充满不确定性的国际局势更加错综复杂。不断升级的单边制裁将造成全球产业链、供应链断裂，导致各国民众生活受到冲击，也将严重影响非洲经济复苏成果和同域外国家的正常经贸往来，给国际对非合作带来不利影响。

## 四 全力推动构建新时代中非命运共同体

2022年，我们将喜迎中国共产党第二十次全国代表大会。这一年也是落实中非合作论坛第八届部长级会议成果的开局之年。站在新的历史起点，我们将以习近平新时代中国特色社会主义思想和习近平外交思想为指引，继续践行真实亲诚理念和正确义利观，同非洲国家携手战胜疫情、加强团结合作、实现共同发展，全面落实中非合作论坛第八届部长级会议成果，推动中非全面战略合作伙伴关系不断迈上新台阶。

（一）深化中非战略互信，为构建人类命运共同体和新型国际关系树立时代榜样

中方将坚持构建新时代中非命运共同体的根本方向，保持中非各层级交往势头，努力克服疫情带来的挑战，统筹规划线上、线下交往，坚持中国外长新年年初首访非洲的优良传统，视疫情形势争取实现非洲国家领导人访华，推动中国政府非洲事务特别代表、外交部非洲之角事务特使等访非。进

一步深化治国理政经验交流，支持非洲探索适合自身国情的发展道路。中方将努力为非洲之角乃至整个非洲的和平发展发挥更大的建设性作用，加快推进王毅国务委员在 2022 年 1 月访问非洲期间提出的"非洲之角和平发展构想"，支持地区国家摆脱大国地缘争夺的干扰，坚定走自强自主的发展之路，有效应对安全、发展、治理三重挑战。

## （二）大力推进对非抗疫合作，消除"免疫鸿沟"

中方将全面落实习近平主席的庄严承诺，加快向非洲提供新冠疫苗，帮助非洲实现非盟确定的疫苗接种率目标。中国疫苗不仅在中国制造，也可以在非洲制造，还可以由中非联合制造。中方将指导本国企业同埃及、阿尔及利亚、摩洛哥等非洲国家开展疫苗本地化生产合作，继续呼吁疫苗知识产权豁免，切实保障疫苗在非洲的可及性和可负担性，助力非洲有效应对疫苗获取难和接种率偏低等挑战。中方将支持非洲进一步提高疾病预防、监测能力和疫情应急反应速度，强化公共卫生防控体系和能力，尽快完成非洲疾控中心总部建设，积极探讨同非洲医药局开展合作，以实际行动支持非洲早日彻底战胜疫情，诠释新时代中非命运共同体的应有之义，打造中非卫生健康共同体。

## （三）稳步落实中非合作"九项工程"，打造非洲可持续发展的强劲引擎

中非双方将根据中非合作论坛第八届部长级会议制定的合作蓝图，加强在卫生健康、减贫惠农、贸易促进、投资驱动、数字创新、绿色发展、能力建设、人文交流、和平安全等领域务实合作，推动非洲农产品输华"绿色通道"、扩大非洲输华零关税待遇产品范围、转借国际货币基金组织增发的特别提款权、扩大中国企业对非洲投资等成果落地见效。2021 年 12 月，首批中非现代农业技术交流示范和培训联合中心在海南、江苏、四川、陕西设立，标志中非农业合作开启新篇章。2022 年 1 月王毅国务委员兼外长访问肯尼亚期间，中肯签署有关合作协议，肯尼亚将成为非洲大陆首个对华出口

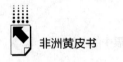

新鲜牛油果的国家。中方将同非洲国家一道努力，推动"九项工程"取得更多早期收获，继续支持共建"一带一路"合作、全球发展倡议同非盟《2063年议程》和非洲各国发展战略对接，共同确定合作优先方向。除继续深耕基础设施、生产制造等传统优势领域外，中非双方还将在绿色发展、数字经济等领域拓展合作空间，实施更多小而美、惠民生项目，为"后疫情时代"中国、非洲乃至世界的可持续发展增添动力。中方还将继续同非洲国家有关部门加强协调合作，为中国企业和人员赴非投资兴业保驾护航。

### （四）密切人文交流，巩固中非世代友好的民意基础

2021年11月，习近平主席向第六届中非民间论坛致贺信，体现了中方对中非民间友好交流合作的高度重视，为传承中非传统友谊、促进团结合作指明了方向。多位非洲国家的领导人也向论坛发来视频或书面致辞，对中非关系与民间合作给予高度评价、提出殷切希望。中方愿同非方一道，以双方领导人重要共识为指引，促进民间友好合作，扎实开展人文交流工程，支持所有非洲建交国成为中国公民组团出境旅游目的地国，在华举办非洲电影节，在非洲举办中国电影节，办好中非青年服务论坛和中非妇女论坛。充分利用中国非洲研究院、中非青年大联欢、智库论坛、媒体合作论坛、新闻交流中心等交流机制和平台，鼓励双方智库、媒体、企业、高校通过线上线下相结合的方式加强交流合作，不断增进中非人民特别是双方青年的相互了解和友谊，守护好、传承好中非友好合作精神这一宝贵精神财富。

### （五）共同坚守多边主义，推动国际秩序和全球治理向更加公正合理的方向发展

乌克兰危机对国际格局的影响是复杂和深远的，同时也值得我们深入反思。作为最大的发展中国家和发展中国家最集中的大陆，中非双方一贯在捍卫国际公平正义，维护发展中国家主权、安全和发展利益方面拥有广泛共识，我们要继续弘扬共同、综合、合作、可持续的新安全观，高举多边主义

旗帜，共同反对霸权主义、外部干涉、单边制裁、种族主义，共同弘扬和平、发展、公平、正义、民主、自由的全人类共同价值，在国际事务中继续紧密协作，支持发展中国家在国际舞台上发挥更大作用、拥有更多发言权和代表性。越是在国际局势动荡的时刻，越要重视非洲国家的呼声，越要加大对非洲的支持。中方将继续坚定支持非洲维护和平安全，坚定支持非洲实现经济复苏，坚定支持非洲捍卫正当权益，同时欢迎国际社会各方加大对非洲的关注和投入，形成有效合力，共同为非洲的独立自主和可持续发展做出更大贡献。

# 分 报 告
## Sub Report

# Y.2

# 非洲政治与安全形势动荡加剧

黎文涛*

**摘 要：** 新冠肺炎疫情发生后，非洲的和平发展局面受到严重冲击，系统性危机开始浮现。疫情引发的经济社会危机全面向政治与安全领域传导，非洲地区大国局势震荡、军事政变大幅"回潮"、恐怖主义继续肆虐，非洲出现了近20年来少有的动荡局面。非洲此轮动荡主要是受到国际大环境的影响，深刻体现出非洲发展的脆弱性和易变性。面临复杂严峻的形势，非洲的机遇面依然存在。非洲国家正在不断抑制选举政治的消极因素，寻求政治良性发展路径，人心思稳已是社会各界共识。在大国博弈时代，非洲对战略自主的追求更加强烈，非洲作为国际舞台"一大片力量"也会得到外界更多的重视，这需要非洲国家主动识变、应变、求变，开创和平发展新局面。

---

* 黎文涛，中国现代国际关系研究院非洲所副所长，主要研究领域为非洲政治与安全。

**关键词：** 非洲 政治发展 安全形势 战略自主

2020 年新冠肺炎疫情发生后，非洲作为全球发展最薄弱的板块，其在政治、经济、安全等多层面遭受了全方位、系统性的冲击，这在 2021 年表现得更为明显。疫情引发的危机最早显现在非洲的经济与社会层面，整个非洲大陆的发展势头急转直下，危机进而向政治与安全领域传导，固有的地缘矛盾、民族冲突和社会问题被大大激化。在百年变局和世纪疫情的背景下，非洲出现了近 20 年来少有的动荡局面，部分国家尤其是地区大国内乱频发，军事政变大规模"回潮"，如何统筹发展与安全成为当务之急，非洲政治转型与自主发展面临更加严峻和复杂的局面。

# 一 政治与安全局势遇严峻挑战

2021 年以来，新冠肺炎疫情继续肆虐，非洲持续动荡，传统安全威胁和非传统安全威胁交织，新老危机多点并发。例如，地区大国局势不稳且安全风险向周边外溢；非洲数国发生军事政变，军政府上台欲长期把持政权；萨赫勒地区和莫桑比克北部恐怖主义泛滥，冲击脆弱地区局势；非洲之角数百万人卷入战火，深陷人道主义危机；街头政治和社会运动频发，非洲政治进入"动荡期"。

在 21 世纪初，非洲总体上呈现出向上的发展势头，国际社会对非洲发展前景的评估也较为乐观，认为非洲从一个"失望的大陆"变成一个"希望的大陆"，不仅表现在经济发展层面，也体现在政治与安全层面。2000～2019 年，撒哈拉以南非洲的平均经济增速为 4.5%①，部分非洲国家如卢旺达、莫桑比克、埃塞俄比亚等成为世界经济增速最快的国家。较好的发展环

---

① "GDP Growth（annual%）：Sub-Saharan Africa"，The World Bank，https：//data. worldbank. org/indicator/NY. GDP. MKTP. KD. ZG？end = 2019&locations = ZG&name _ desc = false&start = 2000.

境对非洲政治发展与安全局势产生了积极影响。多数非洲国家政局稳定性有较大提升，政治转型发展在磨合中逐步推进，"逢选易乱"的痼疾得到扭转，军人政变次数减少。从安全层面看，非洲的战乱冲突也比冷战期间以及20世纪90年代有明显下降，人心思稳成为非洲国家民众的主流意识，尽管出现了南苏丹战乱和恐怖主义等新问题，但类似于1994年卢旺达大屠杀以及20世纪90年代末非洲九国大战的惨剧没有再发生。如果说21世纪前20年的非洲政治与安全形势可以归纳为"总体稳定，局部动荡"，那么新冠肺炎疫情发生后的两年内，非洲俨然进入一个"危机时代"，集中表现为地区大国动荡以及军事政变"回潮"。

（一）地区大国动乱及其溢出效应

2021年迄今，非洲整体安全形势恶化，地区性大国也出现乱局，不但未能成为稳定非洲安全局势的领导力量，反而给非洲政治发展态势蒙上一层阴影。素有"非洲之角稳定之锚"称号的埃塞俄比亚政治矛盾和族群矛盾激化，陷入持续性的内战，传统强国南非爆发大规模排外骚乱，"经济巨头"尼日利亚国内矛盾冲突不断并向周边蔓延。

进入21世纪，虽然部分非洲国家政治与安全局势仍有动荡，甚至发生过大规模冲突和战乱，但非洲的"乱"主要集中在一些地区中小国家，有的则是长年积累的结构性痼疾。总体看，非洲政治与安全局势保持向稳的状态，其中的关键是地区大国发挥了"稳定之锚"的作用。南非和尼日利亚作为非洲最重要的两个地区大国，虽然受到社会治安或恐怖主义问题困扰，但总体局势可控，尼日利亚近年来部族政治和"逢选易乱"的情况大为改观，南非在很多非洲安全热点上发挥建设性作用，并且两国都是地区维稳的支柱性力量。埃塞俄比亚长期被视为非洲之角乃至东非的"稳定基石"，其国内政局维持了近30年稳定，也是地区反恐与维和的"主力军"。但2020年和2021年，埃塞俄比亚、南非、尼日利亚的政治与安全局势恶化，3个地区大国所产生的负面效果"同频共振"，给非洲带来了全局性的影响。

首先，埃塞俄比亚内部冲突呈长期化趋势，加剧非洲之角地缘政治博弈。2020 年 11 月，埃塞俄比亚国内的政治与民族矛盾全面爆发，阿比政府与反政府势力"提格雷人民解放阵线"（以下简称"提人阵"）之间爆发军事冲突，截至 2022 年 3 月，埃塞俄比亚已有数万人死于战争，200 多万人流离失所。2021 年 12 月，在联合国以及国际社会压力下，内战双方表现出和谈停火意向，战事有所缓解。2022 年 3 月，埃塞俄比亚政府宣布"无限期人道主义休战立即生效"，"提人阵"也表示愿意停战和谈，但埃塞俄比亚的和平局势依然十分脆弱。从长远看，埃塞俄比亚政府军与"提人阵"的矛盾根深蒂固，埃塞俄比亚政府意在实现国家"大一统"，而"提人阵"不会放弃对提格雷州的控制，各自诉求难以调和，并且都不能在战场上完全击垮对方，因此埃塞俄比亚的冲突与动荡局面将呈现长期化趋势。埃塞俄比亚之乱所产生的负面影响是区域性的，加剧了非洲之角的地缘政治博弈和安全困境。厄立特里亚把埃塞俄比亚内乱视为打破地缘围堵的历史性机遇，介入埃塞俄比亚内战，使局势更加复杂；埃及联手苏丹在尼罗河水资源问题上向埃塞俄比亚发难，数次举行联合军演，甚至威胁要轰炸埃塞俄比亚的复兴大坝；苏丹和埃塞俄比亚边界冲突再起。此外，埃塞俄比亚是索马里、南苏丹等国反恐与维稳的中坚力量，发生内乱后在反恐上力不从心，开始撤军，必将冲击非洲之角的稳定。

其次，尼日利亚政治与安全风险升级，危机多点并发。疫情发生后，各种政治与安全风险在尼日利亚全国各地同时出现，政府治理与维稳能力受到空前挑战。尼日利亚东北部以"博科圣地"为代表的暴恐组织依旧肆虐；中部的游牧民冲突以及部族冲突不断；以扎姆法拉州为核心的西北地区则盗匪横行，有组织的盗匪集团达上百个，多次发生大规模杀戮和劫持事件，包括中国在内的外国公民屡屡被劫持；几内亚湾靠近尼日利亚的海域已是全世界最危险的海域，2021 年，全球共有 57 名船员被绑架，全部发生在几内亚湾。① 此外，政府和民众的对立情绪加深，2020 年 10 月，因为不满政府执

---

① "2021 Annual IMB Piracy Report Media Release", Standard Club, https：//www. standard-club. com/fileadmin/uploads/standardclub/Documents/Import/news/2022 - news/2021 _ Annual _ IMB_Piracy_Report_MEDIA_RELEASE. pdf.

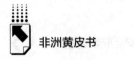

法部门的暴力行径，拉各斯等大城市发生严重的示威事件，并持续近一年时间。在接连不断的政治与安全挑战下，布哈里政府的声望受到严重冲击，支持率大幅下降，根据非洲民意调查机构 2022 年 1 月的统计，尼日利亚民众对总统布哈里治下的国家状况满意度仅为 8%，不满意度高达 78%。① 面对前所未有的执政压力以及维稳压力，布哈里在 2021 年 4 月与美国国务卿布林肯以视频形式举行会谈时主动请求"美国非洲司令部由德国迁往非洲"，这和早年间尼日利亚的态度形成鲜明对比。2008 年美国小布什政府拟让美国非洲司令部落脚非洲，尼日利亚是非洲反对最激烈的国家。尼日利亚这种一百八十度的态度转变，也凸显了该国面临的严峻形势。

再次，南非爆发 1994 年以来最大的骚乱事件，社会深度撕裂。2021 年 6 月，前总统祖马因"藐视法庭罪"被判入狱，随即 7 月南非多地爆发大规模骚乱，最终导致 350 多人死亡②，这是 1994 年南非结束种族隔离政权后最严重的社会骚乱。南非财政部长认为骚乱导致国家损失 1% 的 GDP 增长，南非国际形象受重创。这场大骚乱可谓南非政治和社会危机的集中体现。20 多年来，以非洲人国民大会为主的执政联盟始终未能有效解决南非的发展痼疾，贫富矛盾、种族矛盾深化，社会治安形势恶化，民粹主义抬头。与此同时，执政派内部的分裂和倾轧更加严重，前总统祖马和现总统拉马福萨的两派势同水火。在 2021 年南非地方选举中，非洲人国民大会的支持率仅为 46%，创下 1994 年以来的最低水平。南非的国家发展似乎进入了"迷茫"阶段。

可以说，埃塞俄比亚、尼日利亚和南非的动荡局面对非洲的冲击是全面的，地区大国的不稳定将在东部非洲、西部非洲以及南部非洲产生"溢出效应"，这些国家的内在矛盾短期内不但难以化解，还有持续发酵的可能，形势不容乐观。

---

① Africa Polling Institute，"Nigeria Speaks Poll Date Summary"，January 2022.
② 《南非全国骚乱过去一年 重建工作漫长艰巨》，中国新闻网，2022 年 7 月 8 日，https：//www.chinanews.com.cn/gj/2022/07-08/9799259.shtml。

### （二）军事政变"回潮"

非洲国家走向独立之后，军事政变就成为影响非洲政治生态的突出问题。目前，几乎所有非洲国家都遭遇过军人夺权、未遂政变或政变阴谋，54个非洲国家中发生过政变夺权的国家有 33 个①，大部分集中在中部非洲、西部非洲和北部非洲地区，其中法语非洲国家占多数。东部非洲国家和南部非洲国家的政变次数相对较少，同时有过社会主义实践的非洲国家发生政变的次数也较少。冷战期间，军事政变成为非洲国家权力更迭的主要形式，从 20 世纪 60 年代至 90 年代，政变占非洲国家权力更迭形式的 40% 以上（见图 1）。冷战结束后，非洲国家的政变次数明显减少，军人干政的现象有所缓解，在 2011~2020 年的 10 年间仅发生过 5 次政变夺权（见图 2）。冷战后，非洲政变情况的缓和主要来自两方面因素：一是西方在非洲战略目标改变，之前主要是遏制苏联，冷战后则是在非洲推行西式民主，西方对政变以及军政权的容忍度随之降低；二是非洲联盟和非洲次区域组织在解决军人干政和政变问题上不断发力，对"以非宪法的方式来变更政府的行为"采取零容忍态度，在一定程度上缓解了军事政变痼疾。

但 2020 年疫情发生之后，非洲的政变问题死灰复燃，多个国家相继发生政变。从 2020 年至 2022 年 1 月，马里、乍得②、几内亚、苏丹、布基纳法索相继发生政变，其中马里在 2020 年和 2021 年先后发生两次政变。同时，尼日尔、几内亚比绍等国发生了未遂政变。非洲政变频度之密为近 30 年来之最，非洲的政治稳定受到严重冲击。发生政变的国家大多属于"脆弱国家"，其发展程度在非洲也处于较为落后的行列，同时还面临不同程度的恐怖主义威胁。国际社会担忧政变可能引发安全问题上的恶性联动，因为萨赫勒地区恐怖主义做大做强正是源于 2012 年马里的军事政变，而这轮发生政变的马里、乍得、布基纳法索均地处萨赫勒地区腹地。此外，这轮政变

---

① 笔者根据历史资料统计。
② 2021 年 4 月，乍得总统代比负伤身亡，军方任命其子穆罕默德·代比为新领导人，并成立军事过渡委员会，此举有违宪法程序，被部分国际媒体与智库认定为"政变"。

**图1 非洲国家政变次数及其在权力更迭中的占比**

资料来源：笔者根据意大利国际政治研究所研究报告制作，参见 Alessandro Pellegata，"The Longitudinal Trend of Coups in Sub-Saharan Africa"，Italian Institute for International Political Studies，December 17，2021，https：//www.ispionline.it/en/pubblicazione/longitudinal - trend - coups-sub-saharan-africa-32644。

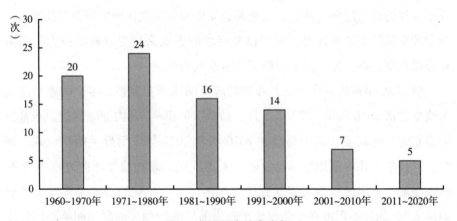

**图2 非洲国家政变次数**

资料来源：笔者根据意大利国际政治研究所研究报告制作，参见 Alessandro Pellegata，"The Longitudinal Trend of Coups in Sub-Saharan Africa"，Italian Institute for International Political Studies，December 17，2021，https：//www.ispionline.it/en/pubblicazione/longitudinal - trend - coups-sub-saharan-africa-32644。

领导人在短期内均无意还政于民。马里军政权表示要把政治过渡期延长至5年；几内亚军政权则寻求3年过渡期，政变领导人敦布亚想拿下总统位置；

布基纳法索政变领导人达米巴自任"过渡总统",任期3年;如无意外,乍得和苏丹军事集团也将继续把持政权。目前来看,非盟、西共体的应对举措有限,难以扭转局面。未来几年,这些国家的政治危机仍将持续发酵。

地区大国动荡和军事政变是这轮非洲乱局最突出的体现。除了埃塞俄比亚、尼日利亚、南非外,非洲面积第二大的刚果(金)局势不断恶化,其东北部三省叛军和民兵武装肆虐,各路武装势力接近200支,创历史之最。同时,其他非洲国家也暗藏着军事政变隐患,如赤道几内亚、乌干达、多哥等国,这些国家领导人长期执政或为家族统治,内部各派暗流涌动,社会矛盾较多,加上被西方视为"民主逆流",在内外压力之下,政权稳定面临较大风险。综上,在未来一段时间,非洲和平与安全问题仍会面临严峻挑战,形势不容乐观。

## 二 多重因素引发非洲动荡

在百年变局和世纪疫情的大背景下,非洲作为全球发展水平最落后的板块,抗风险能力不足,在面临全球性危机之际,其发展与稳定的脆弱性、易变性显得尤为突出,非洲此轮动荡局面也是内外因素叠加而生。2021年,新冠病毒变异毒株"奥密克戎"袭击南部非洲并蔓延到全球,非洲多国感染人数激增,部分国家因医疗设施缺乏、疫苗获取难度大,疫情再度恶化。受疫情冲击,非洲经济复苏遇阻,外贸和旅游等行业陷入低迷,失业率和通胀率高企,犯罪率攀升,民众深陷困境,对社会状况和政府的不满情绪高涨。这种不满在外部势力干预下转化为街头抗议,非洲多国抗议运动进入"高发期"。与此同时,西方大国对非战略调整,缩减对非安全投入。2020年11月,美国将非洲司令部与欧洲司令部合并,法国于2021年7月宣布从萨赫勒地区撤军,导致部分非洲国家出现"安全真空",非洲政治与安全局势"雪上加霜"。

### (一)疫情引发经济、政治、安全多重危机

疫情发生后,非洲多数国家虽积极抗疫,但受发展水平和治理能力所限,

抗疫形势未见起色，疫情基本处于失控状态。非洲多位国家领导人和上百位部级高官都感染新冠病毒，并出现了多起死亡病例。非洲高官和精英尚且如此，底层民众状况可想而知。非洲疫苗接种率更是远远落后于国际平均水平，截至 2022 年 2 月，非洲大陆疫苗接种率仅为 11%，其中 21 国低于 10%，16 国低于 5%，3 国不到 2%，远低于全球 60% 的接种率。[①] 疫情对外贸与物流冲击巨大，并挤占民生支出，而非洲国家经济结构单一，对外依存度高，受到的冲击更大。根据国际货币基金组织的数据，2021 年非洲是全球经济增速最低的地区，为 3.5%，世界平均增速是 5.5%。非洲人均 GDP 在 2020 年已经倒退到 2013 年的水平。对非洲政局稳定影响最大的是失业率问题，2020 年非洲失业率上升了 8 个百分点，民生艰难，多个非洲国家民众不满情绪高涨，示威游行此起彼伏，导致政局动荡。可以看到，疫情冲击下，非洲经济失速、社会失稳、政治失序，形成了恶性联动。经济衰退导致大量民众失业，民生困苦。在西方媒体和舆论煽惑下，民众走上街头，参与示威抗议。抗议的对象不仅包括当局，在民粹主义势力的裹挟下，外国人和外企也成为抗议者攻击的目标，导致外国投资和援助中断，反过来又影响了经济复苏势头，且抗议往往成为军事政变的导火索，引发政治震荡。同时，部分失业者被犯罪组织、地方武装、恐怖主义势力吸纳，这些民间武装力量趁机坐大，回过头来又频频袭击政府和民众，结果安全局势加剧恶化，非洲社会陷入动乱的恶性循环。

## （二）街头政治和社会运动冲击非洲政局

近年来，非洲国家"自下而上"的街头政治以及群体性事件频发、高发，凸显了非洲国家在社会转型期的发展矛盾。非洲是全球人口增速和城镇化速度最快的地区，但其人口增长、城市化增速与经济发展水平不相匹配。撒哈拉以南非洲的城市人口增长率为 4.1%，为全球最高，全球均速为 2%。[②] 多数非洲

---

① 《世卫组织：非洲需要将新冠疫苗接种率提高六倍》，联合国网站，2022 年 2 月 3 日，https：//news. un. org/zh/story/2022/02/1098712。

② "Urbanization in Sub-Saharan Africa"，https：//www. csis. org/analysis/urbanization - sub - saharan-africa.

国家的城市化伴随着"逆工业化",城镇化缺少产业发展支撑而无法吸引劳动力,青年失业率迅速攀升,加剧了社会的不稳定,青年与城市贫民成为社会运动和反体制的中坚力量。自 2017 年,非洲的街头政治与社会运动快速增加。2020 年新冠肺炎疫情发生以后,虽然非洲一些国家实行社会管控措施,禁止群体性聚会,但非洲抗议运动反而达到新高。根据权威调查机构"武装冲突地点和事件数据库项目"的统计,2020 年和 2021 年非洲社会抗议事件在高位运行,分别为 10529 起和 10252 起,而 2019 年为 9224 起(见图 3)。社会抗议事件对非洲政局的影响是巨大的,埃塞俄比亚内乱始于群体性抗议事件,2019 年苏丹和阿尔及利亚领导人也是在街头政治冲击下丢失政权的。在这轮"政变潮"中,街头政治是诱发政变的重要因素,几内亚、布基纳法索都经历了持续的大规模示威,政变军人以"民意"为借口顺势夺权。需要指出的是,西方在非洲国家的街头政治中推波助澜,甚至主动策划和介入。苏丹、阿尔及利亚、几内亚等国领导人被西方视为"民主逆流",遭到了西方政府和舆论的集体抹黑以及制裁,其国内街头政治各派势力与西方有着千丝万缕的联系。

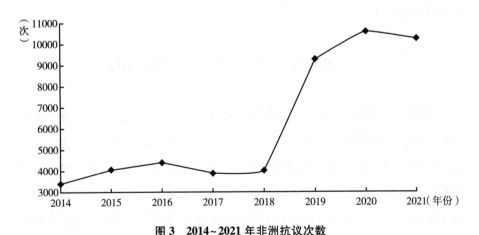

**图 3　2014~2021 年非洲抗议次数**

资料来源:ACLEDDATA,https://acleddata.com/dashboard/#/dashboard。

### （三）大国对非战略调整影响地区稳定

在疫情和经济影响下，西方大国对非战略投入缩紧，集中体现在军事与安全层面。2020 年 11 月，美国将非洲司令部与欧洲司令部合并，而欧洲司令部在美国安全战略上具有特殊意义，因而此举被认为是美国缩减在非洲的安全投入，从而挤出更多战略资源投放到亚太地区牵制中国。2021 年 5 月，美国外交关系委员会的报告也认为美国在非洲安全投入要继续减少，含蓄地批评美国军事安全部门在对非外交上权重过大，导致美非政策过度"军事化"。① 被称为"非洲宪兵"的法国也从萨赫勒地区大幅撤军，不愿承担过重的反恐任务。到 2022 年 2 月，法国在萨赫勒地区的兵力已经从两年前的 5100 人减少至 2500 人。由于部分非洲国家尤其是萨赫勒地区国家在安全层面高度依赖西方，美、法的战略调整无疑会对非洲政治与安全局势产生重大影响。西方大国想把更多的"安全包袱"转移给非洲国家，而把主要精力集中在地缘政治层面，但是一些非洲国家自身的维稳能力极度欠缺，这造成了大量的"安全真空"，从而引发局势动荡，在"脆弱国家"集中的萨赫勒地区表现得尤为明显，发生政变的布基纳法索、马里和乍得均是非洲暴恐形势最严峻的国家。

## 三　非洲亟须开拓和平发展新局面

当前，非洲的和平与发展遇到重大挑战，"非洲悲观论""非洲宿命论"开始涌现。但如果跳出非洲放眼世界，无论大国和小国、富国和穷国，"挑战与危机"是全世界的共同话题。因此，对于非洲形势未来的走势需要综合辩证地分析，不能仅盯住非洲的"风险面"，而忽略了非洲发展潜力以及自主能动性。可以看到，这些年来非洲自主探索国家发展道路的意识和能力

---

① Michelle D. Gavin，"Major Power Rivalry in Africa"，The Council on Foreign Relations，May 2021，p. 5.

明显提高，联合自强势头愈加强劲，在国际事务中的影响力不断上升。同时，非洲政治发展出现了不少积极变化，国际形势变化既给非洲带来挑战，也蕴含着机遇和利好的一面。

从非洲政治生态来看，近年来，非洲政治发展中最积极的变化之一就是选举政治趋于理性，目前非洲国家"逢选易乱"的状况已经大为改观，选举政治所引发的部族冲突和社会动荡减少。2021年，11个非洲国家举行了大选，其中乌干达、贝宁、刚果（布）、吉布提、乍得、埃塞俄比亚、冈比亚7国领导人成功连任，尼日尔执政党候选人巴祖姆当选新总统，赞比亚、圣多美和普林西比、佛得角3国则是反对党领导人赢得大选，11国大选总体上平稳过渡。2014~2021年，非洲共举行了87场总统和议会大选，出现大规模选举骚乱的国家少之又少。① 可以看到，非洲政客、精英、民众对选举政治的接受变得更为理性，对暴力产生了集体排斥心理，人心思稳成主流。在外来制度与本土政治的交融过程中，非洲国家虽有"水土不服"，但正着力减少和抑制两种政治文化融合中的冲突消极面，增强两者的互补性，寻求非洲政治良性发展路径。

在国际形势剧烈变化之际，非洲的"机遇面"依然存在。百年变局下，大国的战略焦点在调整变化，地缘政治博弈愈加激烈，美国不断向中国施压，俄罗斯与乌克兰武装冲突冲击国际关系。从国际政治视角出发，大国对非洲这"一大片力量"的战略需要在增加，非洲国家如果运筹得当，趋利避害，抓住变局下有利于非洲的积极因素，其发展前景依然广阔。目前看，国际对非合作热度不减。2021年11月，中非合作论坛推出了中非合作的"九项工程"；2021年美国推出的"重建更美好世界"计划也把重点放在非洲；2022年2月，欧盟在第六届欧非峰会上推出1500亿欧元投资计划，用于支持非盟实施《2063年议程》。2022年，美国、俄罗斯都在筹划和非洲举办峰会。大国对非热度为非洲提供了更多的战略合作机遇和自主选择空

---

① 笔者所统计的大选次数，在这些大选中，2014年布基纳法索、2015年布隆迪、2016年加蓬以及2020年几内亚发生了规模性骚乱。

间。在俄罗斯和乌克兰冲突爆发后，欧美强行划分国际阵营，逼迫"第三方""选边站队"，这让非洲国家对世界进入"新冷战"的担忧日甚。2022年3月2日，在联合国有关谴责俄罗斯的决议案中，近一半的非洲国家拒绝谴责俄罗斯，包括南非、塞内加尔、埃塞俄比亚等地区大国。在俄乌问题上，非洲受到了西方的强大压力，虽然有28个非洲国家在重压下表态支持谴责俄罗斯的决议案，但大多数非洲国家无意成为大国零和博弈的"竞技场"，且越来越多的非洲国家开始强调"不结盟政策"和"不结盟运动"的重要性。塞内加尔在拒绝谴责俄罗斯后，总统萨勒在对外新闻稿中呼吁"尊重各国的独立和主权"，重申对"不结盟政策"的坚持。《非洲杂志》评论指出，随着大国对抗日益激烈，非洲国家把"不结盟"视为最佳选择。①非洲国家主动寻求战略自主，不想受制于任何大国，不成为大国博弈的"工具"。非洲目前主要面临西方大国要求其"选边站队"的压力，但需要看到的是，西方大国面临的内外挑战增多，其政策更加内倾，对非洲政治与安全问题力不从心，干预能力有所下降，这对非洲国家的自主发展是利好因素。

中国对非洲和平发展的建设性作用值得期待。非洲政治与安全形势的动荡归根结底还是其发展的脆弱性，而中国依然是非洲最重要的发展伙伴。在疫情之下，中非合作逆势而上，2021年中非贸易创下历史新高。在中非合作论坛第八届部长级会议上，中方积极回应非洲关切，宣布再向非洲提供10亿剂疫苗，这是疫情后由一国单独承担的最大规模对非疫苗援助计划。在大国地缘博弈日益激化的形势下，中国对非外交理念始终如一，依然尊重非洲选择、聆听非洲声音，主动和非洲的战略进行对接。在和平与安全领域，中国坚持"非洲问题，非洲方案"的原则，积极发挥大国责任，为非洲热点问题的妥善解决做出贡献。在非洲之角动荡之际，中国提出"非洲之角和平发展构想"，支持地区国家应对安全、发展、治理三重挑战，并专

---

① "Guerre Ukraine-Russie: le non-alignement, le meilleurchoix pour l'Afrique?" Le journal de l'Afrique, 14 mars 2022, https://lejournaldelafrique.com/guerre-ukraine-russie-le-non-alignement-le-meilleur-choix-pour-lafrique/.

门设立非洲之角事务特使一职，开展穿梭外交。从 2021 年年底至 2022 年 1 月，中国国务委员兼外交部长王毅在两个月时间内两次访问非洲之角，在地区热点问题上做各方工作，缓解地区紧张局势。紧接着在 2022 年 3 月，新任中国非洲之角事务特使又访问埃塞俄比亚、肯尼亚、索马里、吉布提、南苏丹等地区国家，中方提议召开非洲之角和平与发展峰会的建议也得到了非方积极回应。可以看到，进入 2022 年，非洲之角的局势较之前有所改善，这些积极的迹象中也包含着中国的外交贡献。更为重要的一点在于，中国在地区问题上不偏不倚、平等友善的态度，这是大国对非外交的珍贵品质，也是非洲认可、接受中国的关键因素。

综上所述，近两年来非洲政治与安全的动荡局面加剧，是国际大环境的一个缩影。当前和平与发展的时代主题面临严峻挑战，世界既不太平也不安宁，国际形势继续发生深刻复杂变化，百年变局和世纪疫情相互交织，经济全球化遭遇逆流，大国博弈日趋激烈，世界进入新的动荡变革期。非洲作为全球发展最脆弱的板块，在全球性变局以及危机袭来之际，不仅难以躲避，而且其所受的冲击可能最为直接和严重。这就需要非洲主动应对，积极应变、求变。面临复杂严峻的国际形势，非洲的机遇面依然存在，大国会加强对非洲这"一大片力量"的战略重视，非洲仍可从中拓展战略机遇，在变局中谋新局，实现自强自立。

# Y.3
# 非洲经济复苏不确定性上升

朴英姬*

**摘　要：** 2021 年，非洲经济摆脱深度衰退，主要缘于世界经济复苏、大宗商品价格上升、疫情防控措施放松等因素，然而复苏步伐明显慢于世界和发展中经济体的平均水平。在世界经济复苏减缓、新冠肺炎疫情持续、通胀水平攀升、国际融资环境收紧、政府债务和粮食安全风险上升等因素影响下，非洲经济复苏不确定性上升，预计整体就业和产出水平难以在短期内恢复到疫情前的发展趋势。

**关键词：** 非洲经济　政府债务　粮食安全　气候变化

2021 年，受益于全球经济复苏、大宗商品价格上涨、疫情防控措施放松等因素，非洲大陆摆脱了衰退泥潭，实现了经济增长，然而复苏势头相对缓慢。2022 年，在全球经济复苏减缓、通胀压力上升、粮食不安全状况加剧、国际融资环境收紧、俄罗斯和乌克兰爆发危机等因素叠加下，非洲经济复苏进程再度承压，不确定性风险增加。

## 一　2021年非洲经济复苏步伐缓慢

2021 年世界经济呈现不平衡复苏态势，发达经济体平均增速为 4.8%，

---

* 朴英姬，中国社会科学院西亚非洲研究所副研究员，研究方向为非洲经济发展和区域经济一体化。

复苏势头强劲,而最不发达经济体平均增速仅为 1.4%,复苏势头微弱。作为最不发达国家最集中的大陆,非洲经济增速低于亚洲、美洲和欧洲,也不及世界和发展中经济体平均水平(6.4%),复苏步伐相对缓慢。[①] 世界银行的报告预测,2022 年发达经济体的产出水平将恢复到疫情前的发展趋势,而撒哈拉以南非洲地区到 2023 年都无法恢复到疫情前的发展趋势。[②]

## (一)非洲经济增速回升

根据联合国的报告,2021 年非洲经济增长率为 4.7%。利比亚经济增长率从 2020 年的-62.1%上升至 2021 年的 198%,拉高了非洲经济平均增速;若不考虑利比亚的经济增速,非洲经济增长率则从 2020 年的-2.2%上升至 2021 年的 3.8%。从次区域来看,2020 年东部非洲地区经济增速为 1.3%,是 2020 年唯一未陷入衰退的地区;2021 年经济增速上升至 4%,实现了较快增长。若不考虑利比亚的经济增速,2020 年北部非洲地区经济增长率为-2.4%,2021 年回升至 4.8%,增速为各次区域之首。2021 年,中部非洲地区和南部非洲地区的平均经济增长率分别为 2%和 2.9%,均不及 2020 年经济衰退幅度(分别为-2.4%和-6.2%),复苏程度微弱(见表 1)。

表 1 2019~2021 年世界各大洲实际 GDP 增长率

单位:%

| 区域 | 2019 年 | 2020 年 | 2021 年 |
|---|---|---|---|
| 世界 | 2.5 | -3.4 | 5.5 |
| 美洲 | 1.7 | -4.3 | 5.7 |
| 亚洲 | 3.8 | -1.1 | 6.0 |
| 欧洲 | 1.7 | -6.1 | 4.8 |
| 大洋洲 | 2.1 | -2.4 | 3.2 |
| 非洲 | 2.8 | -3.0 | 4.7 |
| 北部非洲 | 2.9 | -4.6 | 7.6 |

---

① United Nations, *World Economic Situation and Prospects 2022*, New York, January 2022, p. 4.

② The World Bank, *Africa's Pulse*, Washington, D. C., April 2022, p. 37.

| 区域 | 2019 年 | 2020 年 | 2021 年 |
|---|---|---|---|
| 东部非洲 | 6.6 | 1.3 | 4.0 |
| 中部非洲 | 1.9 | -2.4 | 2.0 |
| 西部非洲 | 3.4 | -0.8 | 3.2 |
| 南部非洲 | -0.2 | -6.2 | 2.9 |

注：2021 年为部分估计值。表中非洲整体数据和中部非洲数据含利比亚

资料来源：United Nations, *World Economic Situation and Prospects 2022*, New York, January 2022, pp. 165~169。

根据世界银行的报告，2021 年撒哈拉以南非洲地区经济增长率为 4%。从供给层面来说，服务业强劲复苏是首要驱动因素，贡献了经济增长的 60% 以上份额，工业和农业对经济增长的贡献较低；从需求层面来说，私人消费是首要驱动因素，其次是固定资产投资，政府支出对经济增长的贡献较低，净出口对经济增长的贡献为负。[①]

2021 年底，新冠病毒变异毒株"奥密克戎"引发了新一轮疫情，新冠疫苗接种率低，以及施行封锁和旅行禁令等举措减缓了非洲经济复苏进程。截至 2021 年 12 月，非洲国家仅有 8.6% 人口完全接种疫苗，部分接种疫苗的人口比例也仅为 13.2%；这两个比例均远低于世界平均水平（分别为 47.5% 和 57.5%）和发展中经济体平均水平（分别为 44.7% 和 55.3%）。[②] 新冠肺炎疫情反复发生和疫苗接种率低导致非洲旅游业依赖型国家经济复苏势头疲弱。例如，佛得角和毛里求斯在 2020 年经历了深度经济衰退之后，2021 年远未恢复到疫情前的产出水平。

尼日利亚、南非和埃及是非洲大陆排名前 3 位的经济体。2019 年，尼日利亚、南非和埃及的国内生产总值分别占非洲大陆国内生产总值的 18.4%、14.5% 和 12.4%。[③] 2021 年，尼日利亚和南非经济复苏缓慢，拖累

---

① The World Bank, *Africa's Pulse*, Washington, D. C., April 2022, pp. 35-36.

② United Nations, *World Economic Situation and Prospects 2022*, New York, January 2022, p. 102.

③ AfDB, AUC & UNECA, *African Statistical Yearbook 2020*, ECA Printing and Publishing Unit, 2020, p. 77.

了非洲整体经济复苏。2021年尼日利亚经济增速为2.5%，主要受益于农业、公用事业、信息与通信技术业、运输业等非石油部门增长。尼日利亚经济复苏面临贫困率和失业率高、粮食不安全状况加剧和安全局势日益恶化等严峻挑战。2021年南非经济增速仅为3.8%，主要源于矿业、制造业和服务业的增长，然而仍不足以弥补上年经济衰退的损失。南非经济复苏面临电力短缺、高失业率、腐败等阻碍因素。2020年，埃及是北部非洲地区唯一实现经济增长的国家，2021年经济增速为3.3%，主要驱动因素包括农业、建筑业、能源业等部门的增长。肯尼亚、科特迪瓦和塞内加尔等非资源型国家在2020年实现了经济增长，2021年经济增速大幅提升，成为非洲经济增长的重要驱动力（见表2）。

表2　2019~2021年非洲部分国家的实际GDP增长率

单位：%

| 国家 | 2019年 | 2020年 | 2021年 |
| --- | --- | --- | --- |
| 埃及 | 5.1 | 2.5 | 3.3 |
| 肯尼亚 | 5.4 | 0.3 | 4.7 |
| 尼日利亚 | 2.2 | -1.8 | 2.5 |
| 科特迪瓦 | 6.2 | 2.0 | 6.2 |
| 塞内加尔 | 5.2 | 1.5 | 4.8 |
| 南非 | 0.2 | -7.0 | 3.8 |
| 佛得角 | 5.7 | -14.8 | 3.8 |
| 毛里求斯 | 3.0 | -14.9 | 3.8 |

注：2021年为部分估计值。

资料来源：United Nations, *World Economic Situation and Prospects 2022*, New York, January 2022, pp. 165-166。

## （二）通货膨胀率总体上升

2021年非洲大陆平均通胀率上升至22%，为世界各地区最高水平，主要驱动因素是能源和食品价格的持续上涨。据统计，2021年国际原油均价为69美元/桶，与上年相比增幅达67%；农产品均价比上年上涨了23%。[①]

---

① The World Bank, *Global Economic Prospects*, Washington, D. C., January 2022, p. 10.

在撒哈拉以南非洲地区，食品支出占据了居民消费总支出的40%，因而食品价格上涨直接带动消费者价格指数攀升。2021年，非洲部分国家通胀率高企，如苏丹通胀率超过300%、津巴布韦通胀率超过80%、南苏丹通胀率超过30%、安哥拉通胀率超过25%，推高了非洲整体通胀水平。然而，大多数非洲国家通胀率低于10%，特别是中部非洲经济与货币共同体［喀麦隆、乍得、中非共和国、刚果（布）、加蓬、赤道几内亚］和西非经济货币联盟（贝宁、布基纳法索、科特迪瓦、马里、尼日尔、塞内加尔、多哥和几内亚比绍）成员国均保持了较低的通胀水平。

表3　2019~2021年非洲消费者价格通胀率

单位：%

| 区域 | 2019年 | 2020年 | 2021年 |
|---|---|---|---|
| 非洲大陆 | 10.8 | 17.2 | 22.0 |
| 北部非洲 | 10.3 | 19.2 | 43.2 |
| 东部非洲 | 8.9 | 9.9 | 8.5 |
| 中部非洲 | 1.8 | 2.7 | 2.0 |
| 西部非洲 | 9.0 | 11.1 | 13.8 |
| 南部非洲 | 16.3 | 28.3 | 13.2 |

注：2021年数据为部分估计值。
资料来源：United Nations, *World Economic Situation and Prospects 2022*, New York, January 2022, pp. 172~173。

## （三）就业市场复苏缓慢

非洲劳动力市场的特点是普遍存在非正规就业、工作贫困、未充分就业、低生产率工作等结构性特征，加之制度性制约因素，包括政府能力不足、社会保障制度薄弱、缺乏社会对话机制，意味着绝大多数人口对新冠肺炎疫情等负面冲击的抵御能力较弱。在疫情冲击下，非洲国家支持正规就业增长的财政政策空间有限，对非正规就业（占总就业85%以上）提供的财政支持更少，加之新冠疫苗接种率低，导致就业市场复苏缓慢，失业率攀升，拖累经济增长。新冠肺炎疫情发生以后，非洲大陆失业率持续攀升，从

2019 年的 7% 上升至 2021 年的 8.1%，其中北部非洲地区从 11.1% 上升至 12.9%，撒哈拉以南非洲地区从 6.3% 上升至 7.3%。非洲大陆失业人数从 2019 年的 3410 万人增至 2021 年的 4110 万人，其中撒哈拉以南非洲地区失业人数从 2610 万人增至 3170 万人（见表 4）。2021 年南非失业率高达 34.8%，为世界最高水平。[①]

表 4    2019~2021 年非洲及部分次区域失业率水平

| 区域 | 失业率(%) | | | 失业人数(百万人) | | |
|---|---|---|---|---|---|---|
| | 2019 年 | 2020 年 | 2021 年 | 2019 年 | 2020 年 | 2021 年 |
| 非洲大陆 | 7.0 | 7.8 | 8.1 | 34.1 | 38.0 | 41.1 |
| 北部非洲 | 11.1 | 12.8 | 12.9 | 8.0 | 9.1 | 9.4 |
| 撒哈拉以南非洲 | 6.3 | 6.9 | 7.3 | 26.1 | 28.9 | 31.7 |

资料来源：ILO, *World Employment and Social Outlook Trends 2022*, Geneva, January 2022, p.43。

## （四）经常项目逆差略有缩减

国际需求回暖和大宗商品价格上涨使 2021 年非洲出口额比 2020 年增长了 33.9%。[②] 2021 年非洲经常项目逆差为 809 亿美元，比 2021 年减少了 84 亿美元（见表 5）。根据世界银行的报告，2021 年撒哈拉以南非洲地区经常项目逆差占国内生产总值的比重为 4.6%，与 2020 年基本持平。预计 2022 年石油价格攀升将使撒哈拉以南非洲地区石油出口国的经常项目余额占国内生产总值的比重从 2021 年的 -2.4% 大幅上升至 4.1%，从逆差转为顺差。金属和矿物价格上升有望改善博茨瓦纳、刚果（金）、加纳、纳米比亚、坦桑尼亚、赞比亚等国家的经常项目逆差状况。[③]

---

[①]  EIU, *Country Report*：*South Africa*, London, March 2022, p.2.
[②]  United Nations, *World Economic Situation and Prospects 2022*, New York, January 2022, p.180.
[③]  The World Bank, *Africa's Pulse*, Washington, D.C., April 2022, p.44.

表 5　2019~2021 年非洲经常项目差额

单位：亿美元

| 类型 | 2019 年 | 2020 年 | 2021 年 |
|---|---|---|---|
| 非洲大陆 | -1000 | -893 | -809 |
| 燃料净出口国 | -349 | -452 | -320 |
| 燃料净进口国 | -651 | -441 | -489 |

注：2021 年数据为部分估计值。

资料来源：United Nations, *World Economic Situation and Prospects 2022*, New York, January 2022, p. 182。

## 二　非洲经济复苏面临多重挑战

在新冠肺炎疫情冲击下，2020 年非洲经济陷入 50 多年来最严重的衰退。2021 年，尽管非洲经济触底反弹，但复苏步伐相对缓慢。疫情使得非洲经济脆弱性凸显，若要迈入强劲复苏和可持续发展轨道，尚需应对多重挑战。

### （一）正规就业机会匮乏弱化长期增长前景

当前，绝大多数非洲国家的经济体系脆弱，初级产品的生产和出口是经济增长的重要驱动来源，制造业增加值占国内生产总值的比重不足15%，服务业以低生产率的非正规经济活动为主。非洲国家出口商品结构高度集中于少数初级产品，如原油、铜、可可等。2019 年，初级产品占非洲出口商品结构的 76.7%，这一比例在拉丁美洲和加勒比地区为46.8%、在北美地区为 31.5%、在欧洲和亚洲均低于 25%。[①] 由于制造业和现代服务业发展滞后，加之人口增长率高，非洲经济增长未能创造足够的正规就业岗位，以满足日益庞大的劳动力大军。过去 10 年，撒哈拉以

① Mo Ibrahim Foundation, *COVID-19 in Africa One Year On: Impact and Prospects*, p. 142.

南非洲地区每年新增就业岗位仅为 300 万个，远低于 1800 万新增劳动力数量。正规就业匮乏导致非洲大陆的非正规就业人数占总就业人数的比重高达 85%，为世界各地区最高水平。新冠肺炎疫情对非正规就业群体冲击尤甚，加重了就业市场的失衡状况。根据非洲联盟估算，疫情导致非洲大陆损失了 2000 万个就业岗位。① 2021 年非洲大陆失业率达到十几年来的最高水平。

非洲大陆的人口增长率为世界各大洲之首，也是最年轻的大陆。2020年，非洲人口年龄中位数为 19.7 岁，其余各洲均超过 30 岁。当前，非洲大陆 60% 左右的人口年龄在 25 岁以下，超过 1/3 人口年龄为 15～34 岁。预计到 2100 年，世界青年人口的 50% 左右将集中在非洲大陆。尽管为青年人提供高质量就业机会是收获人口红利的必要条件，然而由于正规就业机会匮乏，非洲青年失业率持续较高，如南非青年失业率高达 55%。不仅如此，非洲国家中受过高等教育的青年群体失业率普遍更高。例如，突尼斯受过高等教育的青年群体失业率超过 60%，而仅受过初等教育的青年群体失业率低于 30%；在马里，这两个比例分别为 55.6% 和 3.3%。由于高质量就业岗位稀缺，非洲国家人才外流状况严重，如在非洲国家接受高等教育的医生有超过 80% 在美国工作，英国有 1/10 的医生来自非洲国家。② 当前，正规就业机会匮乏、青年失业率高和新增劳动力数量庞大等状况抑制了生产率和技术水平的持续提升，不利于收获人口红利，弱化了非洲国家的长期增长前景。

### （二）非洲国家面临更加严峻的减贫挑战

2000 年以来，非洲大陆的极端贫困发生率稳步降低，从接近 50% 降至 2018 年的 33.4%，但仍有 4.3 亿人口处于极端贫困状况，为世界极端贫困

① Mo Ibrahim Foundation, *COVID-19 in Africa One Year On: Impact and Prospects*, pp. 123, 137.
② Camilla Rocca, *Africa's Youth: Action Needed Now to Support the Continent's Greatest Asset*, Mo Ibrahim Foundation, 2021, pp. 1-4.

发生率最高的地区。① 2019 年，非洲人均国内生产总值仅为 2000 美元，远远落后于世界平均水平（11300 美元）和发展中经济体的平均水平（5500 美元），为世界各地区最低水平。② 过去 20 年，中产阶级和富裕阶层从非洲大陆经济增长的获益程度要远高于贫困群体，这使非洲经济增长并未带来贫困状况的显著改观。

有研究表明，非洲大陆平均贫困深度（贫困群体人均收入低于极端贫困线的百分比）为 13.1%，其中北部非洲为 0.9%、西部非洲为 13%、东部非洲为 17.8%、中部非洲为 14.3%、南部非洲为 14.2%（见图 1）。撒哈拉以南非洲国家普遍处于深度贫困状况，其中布隆迪、刚果（金）、中非共和国、几内亚比绍、马达加斯加和赞比亚的贫困深度为 30%~39%。东部非洲和南部非洲的长期贫困人口占总人口比重最高，均超过 33%。此外，非洲大陆约有 1.75 亿民众日均生活费仅超过极端贫困线的 10%~30%，其中约有 5800 万民众日均生活费仅超过贫困线的 10%，这部分弱势群体一旦出现收入减少导致消费下降，极易陷入贫困状况。东部非洲和西部非洲的弱势群体占总人口比重最高，特别是埃塞俄比亚和尼日利亚。在新冠肺炎疫情发生之前，深度贫困和弱势群体规模庞大已经使非洲国家面临艰巨的减贫挑战。2020 年疫情发生以后，由于财政政策空间有限、就业市场复苏缓慢以及社会安全网不健全，众多弱势人口陷入贫困境地，极端贫困人数显著增加。2020 年非洲极端贫困人数增加 3840 万人，2021 年又新增 860 万人。预计 2022~2023 年，非洲极端贫困人数将会继续增加。③ 这种状况使得有些国家过去 10 年的减贫成果已损失殆尽，如博茨瓦纳、肯尼亚和摩洛哥等国家。总体来说，低收入国家的弱势群体一旦陷入贫困状况，更有可能在较长时期内处于贫困状况，加大了减贫挑战。在疫情持续、通胀压力增大、世界经济不确定性上升等多重冲击下，非洲经济下行风险加大，并面临更加严

① African Development Bank, *African Economic Outlook 2020*, 2020, pp. 33, 39.

② United Nations, *World Economic Situation and Prospects 2020*, New York, 2020, p. 120.

③ United Nations, *World Economic Situation and Prospects 2022*, New York, January 2022, pp. 107-109.

峻的减贫挑战，使其更难实现"2030 年消除极端贫困"的联合国可持续发展目标。

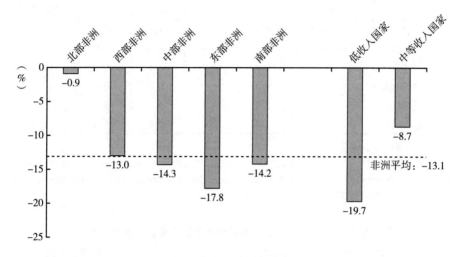

**图 1　非洲各区域贫困深度**

资料来源：United Nations，*World Economic Situation and Prospects 2022*，New York，January 2022，p. 109。

### （三）非洲粮食安全状况呈现恶化趋势

2015 年以来，世界范围内面临重度粮食不安全人数逐年增加，从 2015 年的 5.98 亿人增至 2019 年的 7.8 亿人。这主要缘于暴力冲突增加、气候灾害加剧、经济增速放缓等因素的叠加。2020 年新冠肺炎疫情导致世界范围内面临重度粮食不安全人数增至 9.28 亿人，占世界总人口的 11.9%。2020 年，非洲大陆面临重度粮食不安全人数达到 3.47 亿人，比 2019 年增加了 5990 万人；其中北部非洲地区增加了 220 万人，撒哈拉以南非洲地区增加了 5770 万人。从重度粮食不安全发生率来看，2015 年以来非洲大陆持续处于世界最高水平，并呈现上升趋势，2020 年达到 25.9%，为世界平均水平的两倍多（见表 6 和表 7）。

表6　2015~2020年世界各地区重度粮食不安全发生率

单位：%

| 区域 | 2015 年 | 2016 年 | 2017 年 | 2018 年 | 2019 年 | 2020 年 |
|---|---|---|---|---|---|---|
| 世界 | 8.1 | 8.3 | 8.7 | 9.6 | 10.1 | 11.9 |
| 非洲 | 18.3 | 19.8 | 20.5 | 20.6 | 21.9 | 25.9 |
| 亚洲 | 7.3 | 6.9 | 7.2 | 8.6 | 9.0 | 10.2 |
| 拉美和加勒比 | 7.5 | 9.0 | 10.0 | 9.6 | 10.1 | 14.2 |
| 大洋洲 | 2.6 | 3.3 | 4.1 | 3.7 | 3.8 | 2.6 |
| 北美和欧洲 | 1.4 | 1.3 | 1.2 | 1.0 | 1.0 | 1.4 |

注：2020 年为预测值。
资料来源：FAO, IFAD, UNICEF, WFP and WHO, *The State of Food Security and Nutrition in the World 2021: Transforming Food Systems for Food Security, Improved Nutrition and Affordable Healthy Diets for All*, Rome, 2021, p. 17。

表7　2015~2020年非洲各区域面临重度粮食不安全人数

单位：百万人

| 区域 | 2015 年 | 2016 年 | 2017 年 | 2018 年 | 2019 年 | 2020 年 |
|---|---|---|---|---|---|---|
| 世界 | 598.4 | 620.2 | 656.8 | 731.3 | 779.9 | 927.6 |
| 非洲大陆 | 215.9 | 240.1 | 254.7 | 262.9 | 286.7 | 346.6 |
| 北部非洲 | 20.2 | 23.7 | 24.6 | 22.0 | 21.2 | 23.4 |
| 撒哈拉以南非洲 | 195.7 | 216.5 | 230.1 | 241.0 | 265.5 | 323.2 |
| 东部非洲 | 94.0 | 103.2 | 104.2 | 105.6 | 113.0 | 127.9 |
| 中部非洲 | n. a. | n. a. | n. a. | n. a. | n. a. | 64.3 |
| 南部非洲 | 11.9 | 12.1 | 12.3 | 12.6 | 12.8 | 15.3 |
| 西部非洲 | 38.0 | 46.8 | 56.9 | 63.9 | 76.7 | 115.7 |

注：n. a. 指无数据；2020 年为预测值。
资料来源：FAO, IFAD, UNICEF, WFP and WHO, *The State of Food Security and Nutrition in the World 2021: Transforming Food Systems for Food Security, Improved Nutrition and Affordable Healthy Diets for All*, Rome, 2021, p. 18。

根据《2021 年全球粮食危机报告》，2020 年非洲大陆有 9790 万人面临严重粮食不安全状况，比 2019 年增加了 1490 万人，主要分布在刚果（金）、埃塞俄比亚、南苏丹、苏丹、尼日利亚等国家。[1] 该报告中的严重粮食不安

① FSIN and Global Network Against Food Crises, *Global Report on Food Crises 2021*, Rome, 2021, p. 16.

全是指个人因无法获得足够的食物,其生命和生计面临直接危险的情况,在
程度上比联合国粮农组织统计的重度粮食不安全(指个人在较长时间内无
法获得足够食物来维持正常、积极生活方式的长期饥饿状况)更为严重。
总体来说,冲突和不安全、气候灾害和经济冲击是非洲大陆粮食不安全的重
要诱因。近年来,气候变化致使洪水与干旱变得更加频繁和严重,加之暴力
冲突和经济不稳定状况,加剧了非洲国家的粮食不安全状况。过去3年里,
萨赫勒地区处于饥饿边缘的人数增加了近10倍,其中布基纳法索、乍得、
马里、毛里塔尼亚和尼日尔5国面临饥荒的人数已从360万人猛增至1050
万人。① 埃塞俄比亚、索马里、南苏丹、肯尼亚等非洲之角国家的粮食不安
全状况日益加剧。根据联合国粮农组织的数据,连续3个季节低于平均水平
的降雨导致非洲之角粮食安全状况持续恶化。2022年4月,延迟降雨加剧
了非洲之角的极端干旱,遭遇几十年来最严重的干旱。当地的牧场和水源正
在枯竭,数以千计英亩的农作物遭到破坏。世界粮食计划署预计2022年非
洲之角可能有多达2000万人挨饿。② 总体而言,在新冠肺炎疫情持续、居
民收入下降、食品价格攀升、供应链中断、气候灾难频发、部分地区安全形
势恶化等因素的影响下,非洲大陆粮食安全状况呈现恶化趋势。

### (四)非洲国家的政府债务脆弱性加剧

若要实现联合国"2030年可持续发展目标",非洲大陆每年需要约
2000亿美元的融资支持。尽管非洲国家努力动员国内资金为可持续发展融
资,然而财政收入水平很低,难以弥补融资缺口。2019年,非洲大陆财政
收入占国内生产总值的比重仅为22.2%,这一比例低于新兴经济体
(27.2%)和欧元区(46.4%)的平均水平。非洲部分国家财政状况更糟,
如尼日利亚的财政收入占国内生产总值的比重仅为7.9%,中部非洲国家经

---

① 《非洲萨赫勒的"绝对危机":三年处于饥饿边缘的人数增加十倍》,联合国网站,2022年2月16
日,https://news.un.org/zh/story/2022/02/1099382,最后访问日期:2022年4月16日。
② 《非洲之角日益恶化的干旱使2000万人处于危险之中》,联合国网站,2022年4月19日,
https://news.un.org/zh/story/2022/04/1102062,最后访问日期:2022年4月23日。

济共同体成员的财政收入占国内生产总值的比重平均仅为 19.5%。税收基数低是许多国家财政空间有限的重要原因。据统计，非洲 30 个国家平均税收收入占国内生产总值的比重仅为 16.5%，远低于经济合作与发展组织成员国（34.3%）的平均水平；仅有摩洛哥、塞舌尔、南非和突尼斯 4 个国家的税收收入占国内生产总值比重超过 25%。① 不仅如此，近几年非洲大陆的税收收入还呈现出下降态势。2013 年非洲大陆的税收收入为 4685 亿美元，到 2018 年大幅降至 2805 亿美元，5 年间降幅超过 40%。② 根据非洲联盟估算，新冠肺炎疫情导致 2020 年非洲大陆的财政收入减少 20%~30%。预计 2021~2025 年，非洲大陆还需要额外的 2850 亿美元融资支持，以助力经济回归到疫情前的发展轨道。税收收入下降使得非洲大陆的发展融资缺口急剧扩大，导致政府债务水平高位运行。2019 年，非洲大陆政府债务余额占国内生产总值的比重为 64.3%，超过国际货币基金组织建议的最大值（55%）。③ 2020 年和 2021 年，非洲大陆政府债务余额占国内生产总值的比重继续升高至 70% 左右。

由于外债结构变化、偿债负担加重、美联储加息等因素的影响，非洲政府债务可持续性面临较大挑战，政府债务脆弱性加剧。过去 20 年，非洲外债结构变化明显，从以多边机构和巴黎俱乐部成员为主要债权方，逐步转变为以商业贷款为主。2000 年非洲大陆外债总额中仅有 17% 是商业贷款，这一比例从 2011 年以来持续上升，到 2019 年达到 40% 左右。这种状况缘于更多非洲国家在国际资本市场融资，包括埃及、南非、加纳、尼日利亚、安哥拉、科特迪瓦、摩洛哥、肯尼亚、突尼斯等国家。截至 2020 年 8 月，有 21 个非洲国家通过发行欧洲债券获得超过 1550 亿美元的融资。④ 2019 年，非洲外债总额中仅有 21.6% 的优惠贷款，为此前 24 年的最低水平。尽管商业

---

① Mo Ibrahim Foundation, *COVID-19 in Africa One Year On: Impact and Prospects*, p. 151.
② Amara Ekeruche, "Coronavirus Disease in Africa: Implications for Macroeconomic and Social Dimensions", *Journal of African Transformation*, Volume 5, 2020, p. 5.
③ Mo Ibrahim Foundation, *COVID-19 in Africa One Year On: Impact and Prospects*, pp. 153-156.
④ African Development Bank, *African Economic Outlook 2021*, Abidjan, March 2021, pp. 49-52.

贷款通常更容易获得，以及较少附加政策选择和财政指标的限制条件，然而相比多边机构贷款，商业贷款通常意味着利率更高和偿债期更短。非洲外债总额中商业贷款占比日益上升，无疑加重了偿债负担。相比于新冠肺炎疫情发生前，非洲国家偿债能力有所下降，政府外债偿付金额却在增加，从2019年略低于500亿美元增至2021年的542亿美元，外债负担日益沉重。不仅如此，非洲大陆绝大多数外债以美元计价，2019年美元计价外债占外债总额的比重高达58.2%[①]，一旦美联储加息幅度偏高，必然会导致非洲外债偿付压力倍增，并存在陷入政府债务危机的潜在风险。

# 三 2022年非洲经济形势展望

2022年2月俄罗斯和乌克兰爆发冲突，正值全球经济在疫情冲击下稳步复苏之时，冲突加剧了世界经济下行风险。随后，国际主要机构纷纷调低了2022年世界经济增长预期。世界贸易组织在2022年4月12日发布的报告中，依据经济模型预测，按照市场汇率计算的2022年全球GDP增长率仅为2.8%，比之前预计的4.1%下调了1.3个百分点。该报告预计2022年非洲大陆GDP增长率为3.2%。[②] 国际货币基金组织在2022年4月19日发布的《世界经济展望》报告中，预计2022年全球实际GDP增长率为3.6%，比1月的预测值调低了0.8个百分点。[③] 国际机构纷纷调低2022年世界经济增长预期，主要反映了俄罗斯和乌克兰冲突对两国的直接影响，以及通过大宗商品市场、贸易和金融渠道产生全球溢出效应。根据世界银行2022年4月的报告，撒哈拉以南非洲地区经济增长率将从2021年的4%下降至2022年的3.6%，其增速下滑主要缘于全球经济增速减缓、疫情持续、通胀压力

---

[①] Mo Ibrahim Foundation, *COVID-19 in Africa One Year On: Impact and Prospects*, pp. 157-158.

[②] WTO, *Trade Statistics and Outlook: Russia-Ukraine Conflict Puts Fragile Global Trade Recovery at Risk*, Geneva, April 2022, p. 6.

[③] IMF, *World Economic Outlook: War Sets Back the Global Recovery*, Washington, D. C., April 2022, p. 7.

上升、政府债务高企引发金融风险升高、供应链中断、气候冲击、乌克兰危机等因素。①

### （一）乌克兰危机对非洲经济的传导效应

2021 年底，非洲经济复苏已在承受多重压力，包括新一轮疫情、全球通胀水平上升、供应链瓶颈、政府债务高企、气候冲击等。俄罗斯和乌克兰冲突通过多个渠道对非洲经济产生影响。一是石油和金属价格攀升推高了非洲石油和金属出口国经济增长预期。2022 年 3 月，布伦特原油价格一度达到 130 美元/桶，为近 10 年最高水平。预计 2022 年，能源价格将比 2021 年上涨 50%，金属价格也将维持涨势，特别是铁矿石、铝、镍、铜等金属价格上涨明显。受益于此，2022 年尼日利亚经济增速有望上升至 3.4%、安哥拉经济增速有望上升至 3%、刚果（金）经济增速有望上升至 6.4%。② 二是供应链中断导致食品和燃料价格上涨，推高了非洲国家的通胀水平，加剧了对外贸易和财政收支的失衡状况，并使粮食安全状况进一步恶化。根据国际货币基金组织的报告，油价高涨将使 2022 年撒哈拉以南非洲地区石油进口国的石油进口支出增加 190 亿美元，从而加剧对外贸易逆差状况；对于石油净进口的脆弱国家来说，还会导致财政赤字状况进一步恶化。③ 俄罗斯和乌克兰是全球农产品的重要出口国。乌克兰危机导致联合国粮农组织食品价格指数在 2022 年 3 月大幅跃升，达到其自 1990 年设立以来的最高水平。谷物、肉类、植物油价格指数创下历史新高，食糖和乳制品的价格指数亦显著上升。④ 食品价格高涨使非洲净进口国的粮食安全状况进一步恶化，对贫困

---

① The World Bank, *Africa's Pulse*, Washington, D. C., April 2022, p. 1.

② IMF, *World Economic Outlook*: *War Sets Back the Global Recovery*, Washington, D. C., April 2022, p. 143.

③ IMF, *Regional Economic Outlook Sub-Saharan Africa*: *A New Shock and Little Room to Maneuver*, Washington, D. C., April 2022, p. 2.

④ 《联合国粮农组织食品价格指数三月份大幅跃升至历史最高水平》，联合国粮食及农业组织网站，2022 年 4 月 8 日，https：//www.fao.org/worldfoodsituation/foodpricesindex/zh，最后访问日期：2022 年 4 月 20 日。

和脆弱群体打击最大，直接威胁到民众生计，并导致社会动荡风险加大。三是乌克兰危机引发大宗商品价格飙升、全球供应链危机加剧，有可能引发全球持续性高通胀。为应对通胀压力，美国、英国、加拿大、韩国等多国央行收紧货币政策，国际融资环境趋紧，给偿债负担沉重的非洲国家带来压力，加剧了政府债务脆弱性，并会导致融资成本上升和外资流入减少。

### （二）非洲经济发展呈现出新动能

尽管经济复苏进程遭遇多重险阻，未来非洲经济发展仍呈现出新动能。第一，非洲数字经济呈现快速发展态势。新冠肺炎疫情使数字经济的重要性凸显，成为世界经济增长的新引擎。在疫情影响下，数字经济比传统经济更具优势，以数字技术为基础的公司普遍在封锁期间获得了增长。鉴于数字时代的竞争力日益偏重于无形资产，如研发、设计、软件、知识产权、品牌和数据使用等，非洲国家正致力于加速推进数字化转型，确保数字经济成为非洲经济发展的新动能。第二，非洲大陆自由贸易区成为经济结构转型和可持续发展的重要引擎。在疫情冲击下，非洲国家刺激经济复苏的政策空间和资源手段有限，2021年非洲大陆自由贸易区投入运作后，不仅作为促进非洲经济一体化的政策工具，还被视为促进非洲经济复苏和可持续发展的一揽子刺激措施。非洲大陆自由贸易区将逐步消除区域内商品贸易和服务贸易的壁垒，有助于扩大区域内贸易规模，加快工业化进程，推动现代服务业增长，深化区域价值链，创造更多就业机会，减轻贫困状况，促进经济结构转型和可持续发展。第三，绿色发展为非洲经济复苏和可持续发展注入新动能。非洲大陆是世界上二氧化碳排放量最少的地区，却最容易受到气候冲击的影响。相比于全球平均水平，非洲的气温和海平面的上升速度都更快。世界上1/3的干旱已经发生在撒哈拉以南非洲地区。干旱、洪水、热带气旋等极端天气不仅导致雨养农业遭受严重损失，还会导致气候移民、粮食危机、人员伤亡、房屋和公共基础设施遭到破坏等严重的经济社会损失。气候灾害对非洲国家造成的经济社会损失日益加剧。非洲联盟《2063年议程》将应对气候变化和环境可持续性作为核心发展目标。2021年非洲联盟启动了非洲绿

色复苏行动计划，致力于应对气候冲击、减少碳排放、提高复原力，构建绿色发展新路径，为经济复苏和可持续发展注入新动能。

展望未来，非洲国家财政政策空间有限、新冠疫苗接种率低，难以有效缓解疫情和外部冲击的负面影响，加之通胀压力上升导致许多国家货币政策收紧，不利于经济快速复苏，预计非洲大陆的就业和产出水平难以在短期内恢复到疫情前的发展趋势。未来，非洲国家决策者需要认真权衡宏观政策组合，力争实现控制通胀水平而不损害经济增长、保护弱势群体而不增加债务脆弱性，并在应对短期冲击的同时兼顾长期发展目标，包括健全社会安全网，加快工业化和结构转型，推进数字化转型，促进绿色发展，深化区域经济一体化等，以构筑自主、绿色、包容和可持续的经济发展新方式。

# Y.4
# 非洲对外关系：维护
# 自主与合力应对挑战

赵雅婷*

**摘　要：** 2021 年，在新冠肺炎疫情持续肆虐和国际格局加速调整的双重背景下，非洲发展面临前所未有的机遇与挑战。为此，非洲国家进行了积极的外交努力与探索，形成合力维护非洲利益。在国际层面，非洲国家根据自身需求自主制定外交政策，拒绝在大国博弈中"选边站队"；在区域层面，非洲国家依托非盟在经济一体化、合力抗疫以及安全治理方面有所作为，通过增强自身实力来提高非洲吸引力与影响力。尽管非洲国家对外政策不尽相同，部分国家间仍然存在矛盾，加之乌克兰危机可能给非洲整体对外关系的发展带来负面影响，但非洲国家维护自主性的决心依然强烈，仍将团结一致应对内外挑战。这为非洲在国际舞台上增强吸引力、提高话语权、拓展发展机遇提供了更多可能。

**关键词：** 非洲对外关系　外交政策　外交自主性　经济一体化

　　2021 年，在新冠肺炎疫情持续以及大国博弈加剧的时代背景下，非洲在全球经济格局中进一步边缘化，但在国际政治格局中的重要性有所提高，这一趋势给非洲发展带来重大挑战与潜在机遇。挑战在于，受疫情冲击，非

---

* 赵雅婷，中国社会科学院西亚非洲研究所（中国非洲研究院）助理研究员，主要研究方向为非洲国际关系与非洲发展问题。

洲经济复苏不及预期，疫苗接种率远落后于世界其他地区，非洲国家军事政变"回潮"，安全形势持续恶化，贫困人口大幅增加，非洲多年来的发展成就被抵消。机遇在于，在世界格局加速重组，全球主要大国对非洲的关注与投入持续增长，看好非洲广阔的市场前景和巨大的人口红利，意图抢占先机。外交政策是内政的延续，政治、经济与安全多重风险叠加迫使非洲必须优先关注内部问题，大国在非洲竞争加剧则为非洲争取自身利益、维护自主性提供了契机。虽然非洲国家数量众多且外交政策不一，但在国际与地区总体形势影响下，非洲大陆的对外关系依然呈现出一些共性。本文从国际和地区两个层面着手，结合非洲 2021 年度关注的重点议题，分析非洲对外关系的特征。

## 一　国际层面：在大国博弈中维护非洲自主

2021 年，世界主要大国纷纷以高层出访、举办峰会、出台合作文件等形式加强同非洲的交流与往来，一些中等力量国家也将目光转向非洲，并利用自身优势拓展同非洲国家的合作。据不完全统计，2021 年，美国召开"民主峰会"邀请非洲 17 国参加，英国同非洲举办首届英非投资峰会，欧盟与非加太国家就"后科托努协定"文本达成共识，并在 2022 年 2 月举办了第六届欧非峰会，法国举办新型法非峰会，土耳其同非洲举办第三届土非峰会，中国同非洲举办中非合作论坛第八届部长级会议，越南举办"2016~2025 年阶段推动越南与中东-非洲地区国家关系发展"提案实施工作中期总结会议等。此外，日本外相茂木敏充和美国国务卿布林肯先后于2021 年 1 月和 11 月访问肯尼亚、尼日利亚和塞内加尔 3 国。俄罗斯、以色列等国则持续加强同非洲国家的军事与安全合作，其中俄罗斯与 17 个非洲国家签署了价值 17 亿美元的武器交易合同。在国际社会普遍加大对非关注的情况下，尽管在个别议题上非洲国家存在分歧，但总体上看，非洲国家"抱团取暖"，以一个声音在国际社会发声，追求非洲自主的势头显著增强。

## （一）拒绝在大国博弈中"选边站队"

其一，非洲对美国加大对非投入表示欢迎，对美国干涉非洲内政的行为予以坚决回击，并拒绝"选边站队"。拜登上台后调整对非政策，较特朗普时期加大了对非关注力度，提出在加强贸易往来、抗击疫情、应对气候变化、促进民主、推动和平与安全五个方面深入发展美非关系，试图遏制中国在非洲的影响，为中美战略博弈增加砝码。非洲国家的回应态度，一是对美国支持非洲发展持欢迎态度。大体上，非洲国家普遍认为美国主导的"重建更美好世界"（B3W）倡议与共建"一带一路"合作侧重有所不同，可以通过互补共促非洲发展。需要指出的是，在 2022 年 6 月 26 日举行的七国集团首脑峰会上，美国总统拜登宣布了"全球基础设施和投资伙伴关系"（PGII）倡议，可以视作 B3W 的重新修订版本。受新冠肺炎疫情和乌克兰危机等影响，相较于 B3W，PGII 的投资总量有所下降，但在覆盖领域与倡导原则方面与 B3W 并无显著区别。利比里亚公共工程部前部长古德·摩尔（Gyude Moore）指出："非洲基础设施存在巨大缺口，需要推动资金来源多样化，美国和中国有不同的优势，可以互补来满足非洲在基础设施、卫生、教育等多领域的发展需求。"① 目前，加纳和塞内加尔对美国副国家安全顾问辛格提出的基础设施建议计划具体项目表示欢迎与支持。此外，针对拜登为加强美非商业联系，持续力推的"繁荣非洲倡议"，非洲国家也持欢迎态度。二是对美国干涉非洲内政的行为予以坚决回击。埃塞俄比亚对美国暂停其《非洲增长与机遇法案》（AGOA）资格表示失望与坚决反对，埃塞俄比亚政府发言人在 2021 年 5 月 24 日表示，美国政府干涉其内政的企图是不恰当的，并且完全不可接受。埃塞俄比亚政府不会被美国政府这一决定吓住，将继续不懈努力，克服当前挑战，领导国家走上持久和平与繁荣的道路。②

---

① Dickens Olewe, "Africa Needs China and the US to Work Together", BBC News, December 9, 2021, https://www.bbc.com/news/world-africa-59531176, accessed January 13, 2022.

② 《非洲政经简报》第 44 期，欧亚系统科学研究会网站，2021 年 5 月 27 日，https://www.essra.org.cn/view-1000-2514.aspx，最后访问日期：2022 年 9 月 7 日。

埃塞俄比亚财政国务部长埃约布·塔卡林·托利纳（Eyob Takalign Tolina）指责美国驻埃大使馆煽动暴力，加速恐怖主义。针对美国对尼日利亚"终结特别反抢劫行动队"（EndSARS）活动的指责，尼日利亚布哈里表示EndSARS调查小组的报告是"行动中的民主"，并强调美国也有自己的警察暴力问题需要进行必要改革。① 此外，美国国务院要求对乌干达大选中的违规行为进行"独立、可信、公正和彻底的调查"。对此，乌干达政府发言人奥夫沃诺·奥庞多（Ofowno Opondo）在 2021 年 1 月 19 日指责美国干涉乌干达内政，试图"颠覆选举结果"。三是对于美国的拉拢行为并不买账。针对布林肯在尼日利亚渲染中国"债务陷阱论"，尼日利亚外交部长杰弗里·奥尼亚马（Geoffrey Onyeama）公开表示尼日利亚没有随便借款，债务是可持续的，中国为尼日利亚提供了发展选择，并推动了营商环境的改善，尼日利亚的发展选择并不基于美国的利益。② 2021 年 2 月，卢旺达总统保罗·卡加梅（Paul Kagame）也发表相似观点，他指出："中国从未强迫任何国家向他们借款以积累债务。"③ 塞内加尔总统马基·萨勒（Macky Sall）认为，塞中疫苗合作不存在任何意识形态因素。中国不仅向非洲等世界其他发展中地区供应疫苗，还帮助有关地区国家抗击疫情。④

其二，非洲希望同欧盟发展"真正平等伙伴关系"，用一个声音向欧洲表达非洲诉求。2021 年 4 月 15 日，欧盟与非加太国家组织达成全新的《伙伴关

---

① Terhemba Daka, Nkechi Onyedika-Ugoeze, Ernest Nzor, Ngozi Egenuka and Waliat Musa, "EndSARS Report: Why We're Yet to Act, Buhari Tells Blinken", The Guardian, November 19, 2021, https://guardian.ng/news/endsars-report-why-were-yet-to-act-buhari-tells-blinken/, accessed September 7, 2022.

② Felix Onuah, "U. S. Wants 'Race to the Top' on Africa Infrastructure Amid China Competition, Says Blinken", Reuters, November 19, 2021, https://www.reuters.com/world/africa/us-wants-race-top-africa-infrastructure-amid-china-competition-says-blinken-2021-11-18/, accessed September 7, 2022.

③ "Kagame Speaks out on China Engagement in Africa, Dismisses Debt Trap Narrative", KBC, February 5, 2021, https://www.kbc.co.ke/kagame-speaks-out-on-china-engagement-in-africa-dismisses-debt-trap-narrative/, accessed September 7, 2022.

④ 《塞内加尔总统在外媒专访时感谢中国支持》，人民网，2021 年 2 月 24 日，http://world.people.com.cn/n1/2021/0224/c1002-32036067.html，最后访问日期：2022 年 9 月 8 日。

系协定》（"后科托努协定"）。12 月初，欧盟委员会发布"全球门户"（Global Gateway）倡议。2022 年 2 月 17~18 日，第六届欧非峰会在布鲁塞尔召开，欧盟计划在 6 年内向非洲投资 1500 亿欧元（占"全球门户"倡议总金额的一半），成为该倡议下首个区域性计划，旨在实现欧非在《2030 年可持续发展议程》和《2063 年议程》中的目标，助力非洲建设为更加多元化、包容、可持续和有弹性的经济体。对于同欧盟的关系，非洲国家的主要诉求，一是获得欧盟尊重及平等地位。"后科托努协定"谈判进展缓慢及第六届欧非峰会屡次被迫延期的重要原因在于非盟在欧非关系中愈加强势，多次要求改变欧非间"援助-受援"关系以及欧盟"居高临下"的对非态度。2020 年 12 月 9 日的欧非领导人视频会议就因非洲对欧盟及欧洲国家"口惠而不实"的态度不满而临时取消。此后，为缓和气氛，化解历史矛盾，2021 年法德领导人多次就殖民历史、卢旺达大屠杀等议题向非洲国家表达歉意，并归还了部分从非洲掠夺的艺术品，寻求改善欧非关系。在南部非洲出现新冠病毒变异毒株"奥密克戎"后，英国及欧盟部分成员国单方面选择暂停来自非洲的航班，引起非洲的极大不满。二是以非盟为代表同欧盟沟通，发展大陆对大陆间的关系。在非洲国家的争取下，"后科托努协定"专门签署单独的非洲地区协定，充分尊重非盟在其中的主导作用。欧非峰会上，非洲国家在基础设施建设、疫苗、减债、气候变化、移民等相关议题上也持统一意见，为非洲争取利益。此后，欧盟同意向埃及、肯尼亚、尼日利亚、塞内加尔、南非和突尼斯 6 国转移生产信使核糖核酸（mRNA）疫苗所需技术。三是非洲对欧盟"雄心勃勃"的对非政策持审慎态度。非盟主席穆萨·法基·穆罕默德（Moussa Faki Mahamat）在欧非峰会的致辞中提及："尽管欧非峰会成果文件中对欧非联合的愿景值得期待，但不应忽视与隐藏双方在现实情况和实际问题中存在的差距及分歧。"① 此外，欧盟在非洲力推的"经济伙伴关系协定"与非洲大陆

---

① Moussa Faki Mahamat, "Speech of H. E. Moussa Faki Mahamat Chairperson of the African Union Commission at the Sixth Africa-European Union Summit", AU, February 17, 2021, https：// au. int/en/pressreleases/20220217/speech-chairperson-africa-european-union-summit, accessed February 13, 2022.

自贸区协议存在冲突，给自贸区的建设带来负面影响。事实上，非盟更加关注欧盟能否顺利履行和兑现对非洲的承诺。

其三，非洲寻求制定集体对华政策框架，并在国际涉华议题中表达对中国的支持。除中国外长年度例行首访非洲外，2021年11月29~30日，中非合作论坛第八届部长级会议在塞内加尔召开，会后中非共同发布《达喀尔宣言》《中非合作论坛—达喀尔行动计划（2022—2024年）》等成果文件。与以往不同的是，在此次会议召开前，非洲掀起了关于大陆整体对华政策的讨论。睿纳新国际咨询公司在深入调研并综合对多位非洲驻华大使的访谈后撰写并发布了《从中非到非中：绿色包容的全非洲对华战略蓝图》报告，认为非洲需要一个囊括整个大陆的共同策略来协调与中国的关系。中非未来的合作需要双方做更多努力，尤其需要非洲国家和非盟进一步采取更主动的对华政策。报告提出通过贸易（6项建议）、金融（8项建议）和人员流动（6项建议）为中非关系发展提供实质性帮助，并针对中非合作论坛的举办提出8项非洲优先需求。非洲国家驻华大使普遍认为，中非经贸关系可继续深入发展，中非人员流动有较大提升空间，中非合作应加强对环保的关注等。① 此外，在美西方国家频繁抹黑与造谣中非合作，就疫苗、人权、债务、环保等问题向中国发难时，绝大多数非洲国家在国际场合予以驳斥，并对中国表示支持。

## （二）以非盟为统一发声窗口，坚决反对外部干涉

在百年未有之大变局下，非洲国家参与国际事务的频率、深度以及广度均有所增强，但仅靠单一国家力量无法在大国博弈加剧的国际环境中有效维护自身利益。因此，非洲国家在2021年更加积极主动地维护非盟权威，在国际重大事务的表态中通过非盟集体发声。同时，非洲国家拒绝外部势力干

---

① Development Reimagination, "From China-Africa to Africa-China: A Blueprint for a Green and Exclusive Continentwide African Strategy towards China", June 2021, https://usercontent.one/wp/developmentreimagined.com/wp-content/uploads/2021/06/blueprint-final-11.06.pdf, accessed February 15, 2022.

涉非洲内政的态度更加坚决与明确，在多项安全事务中坚持非洲问题非洲解决。

第一，在重大安全与外交事务中，非洲国家以非盟为发声窗口，亮明一致的非洲态度。一方面，在过去一年中，非盟保持对非洲内部安全事件的高度关注。在非洲国家大选、恐怖袭击、军事政变、局部骚乱等重要安全事务上，非盟均在第一时间迅速表态，谴责非法行为，表明非洲立场。在个别事态较为严峻的政治事件中，非盟主席亲自出面进行斡旋与调停。另一方面，自 2021 年起，非盟开始针对区域外部的重大事件进行表态，在国际社会中发出非洲声音。2021 年 1 月 6 日，非盟委员会主席穆萨·法基·穆罕默德发表声明，对在第 41 届海合会上沙特、阿联酋、巴林和埃及 4 国与卡塔尔消除各项分歧，恢复外交关系的决定表示热烈祝贺，并着重赞扬了科威特在其中起到的积极作用。[①] 2022 年 2 月，乌克兰危机爆发后，非盟轮值主席与非盟委员会主席发布联合声明，对乌克兰局势表示严重关切。二人代表非盟呼吁国际行为体必须尊重国际法，维护国际关系的和平与稳定。[②]

第二，在复兴大坝和埃塞俄比亚内部冲突问题上，阿比政府坚持在非盟框架下协商处理，反对外部势力干预。2021 年，埃塞俄比亚、埃及和苏丹三国围绕复兴大坝争端发生多轮交锋、进行多次磋商。尽管三方依旧没有达成共识，但各相关方依然在非盟框架下处理问题，对于外部的干涉较为警惕。2021 年 4 月 3~6 日，三方在非盟主导下开启"复兴大坝争端"谈判。埃塞俄比亚方面表示，可以接受埃及、苏丹提出的南非、美国和欧盟作为谈判观察员的提议，但无法同意将观察员权限提高至与非盟相同。埃塞俄比亚

---

① "Statement of the African Union Commission Chairperson, H. E. Moussa Faki Mahamat, Following the Agreement between Qatar, Saudi Arabia and Other Gulf States", AU, January 6, 2021, https：//au. int/en/pressreleases/20210106/statement-african-union-commission-chairperson-he-moussa-faki-mahamat, accessed September 8, 2022.

② "Statement from Chair of the African Union, H. E President Macky Sall and Chairperson of the AU Commission H. E Moussa Faki Mahamat, on the Situation in Ukraine", AU, February 24, 2022, https：//au. int/en/pressreleases/20220224/african-union-statement-situation-ukraine, accessed February 28, 2022.

重申了其在非盟框架下完成谈判的承诺，强调非洲问题在非洲平台解决。① 11 月初，在美国宣布对埃塞俄比亚制裁后，埃塞俄比亚首都爆发千人群众示威，对美国呼吁埃塞俄比亚政府与"提格雷人民解放阵线"进行谈判表示愤怒，并称美国无法像对待阿富汗一样对待埃塞俄比亚。亚的斯亚贝巴市长阿达内克·阿贝贝（Adanech Abebe）表示，埃塞俄比亚民众团结一致反对敌人，不会屈服于制裁。②

### （三）关注重点议题，自主选择合作伙伴

2021 年，非洲发展治理依然承受着来自经济、政治和安全领域的多重压力。根据国际货币基金组织的数据，尽管非洲 GDP 在 2021 年将增长 3.7%③，但相较于世界其他地区，非洲的经济复苏进程缓慢，加之非洲的新冠疫苗接种率远低于世界的平均水平，使其难以摆脱疫情的影响。在经济复苏、气候变化以及地区安全等议题中，非洲倾向于倚重集体力量在国际社会中为非洲争取利益。

首先，在减债问题上，非洲国家希望获得更多流动性资金支持，并要求国际货币基金组织在特别提款权分配上向非洲倾斜。2021 年 7 月 15 日，世界银行集团下属的国际开发协会（IDA）第 20 轮增资会议在科特迪瓦阿比让举行，23 个非洲国家的元首和政府首脑出席。会议通过了《阿比让宣言》，研究了撒哈拉以南非洲国家面临的发展挑战，提出了改善人力资本、支持私营部门创造就业机会、促进非洲经济复苏等优先发展目标。④ 在非洲

---

① 《埃塞俄比亚邀请埃及、苏丹共商"复兴大坝"第二次蓄水问题》，央视新闻，2021 年 4 月 11 日，http://m.news.cctv.com/2021/04/11/ARTIOp1OIM9rT2KoSz2RIxER210411.shtml，最后访问日期：2022 年 2 月 25 日。
② 《非洲政经简报》第 55 期，欧亚系统科学研究会网站，2021 年 12 月 9 日，https://www.essra.org.cn/view-1000-3294.aspx，最后访问日期：2022 年 2 月 27 日。
③ "Regional Economic Outlook. Sub-Saharan Africa: A New Shock and Little Room to Maneuver", IMF, April 28, 2022, https://www.imf.org/en/Publications/REO/SSA/Issues/2022/04/28/regional-economic-outlook-for-sub-saharan-africa-april-2022, accessed September 8, 2022.
④ 《IDA 第 20 轮增资会议在阿比让举行，会议通过"阿比让宣言"》，中华人民共和国商务部网站，2021 年 7 月 22 日，http://ci.mofcom.gov.cn/article/jmxw/202107/20210703177284.shtml，最后访问日期：2022 年 2 月 28 日。

坚持下，国际开发协会决定在 3 年内向非洲增资 1000 亿美元，这成为有史以来该协会最大的融资计划。8 月初，国际货币基金组织修订低收入国家贷款规则，通过放宽贷款限额来帮助非洲国家更好地应对新冠肺炎疫情。11月，塞内加尔总统萨勒向国际货币基金组织总裁克里斯塔利娜·格奥尔基耶娃（Kristalina Georgieva）表示，非洲在国际货币基金组织特别提款权中的份额与其需求不符。国际货币基金组织承诺在重新分配特别提款权的过程中将更多地考虑非洲国家利益。此外，非洲国家还提出应在全球经济治理中拥有更多话语权，应将非盟纳入二十国集团，以更好地传达非洲需求，推动非洲发展。① 加纳总统阿库福-阿多在第 76 届联合国大会上呼吁，二十国集团由 19 个国家和欧盟组成，非盟应该如欧盟一样在二十国集团的全球治理中发挥重要作用。② 乌克兰危机爆发后，对于联合国安理会等国际安全机制的低效，非洲国家再次提出对安理会进行改革的政治诉求。

其次，在气候变化问题上，非洲国家承诺以实际行动积极应对气候变化，但更加关注气候变化带来的安全问题以及在该议题中维护非洲的正当权利。2021 年 9 月 26~29 日，乌干达政府与非盟及其相关伙伴共同举办"非洲气候变化周"活动，着重探讨了三项主题：一是制定非盟气候变化战略和实施国家自主贡献的战略伙伴关系；二是在农业、森林和其他土地利用方面提高构建非洲绿色长城的能力，萨赫勒地区大规模恢复伙伴关系计划的影响和经验教训；三是通过在农业部门的气候行动中加强性别和妇女赋权特别是以小农户为重点，提高应对气候变化的韧性。③ 11 月 26 日，非盟和平与

① Hannal Ryder, "Africans Need More Seats at the Tables of Power: Turn the G-20 into the G-21 by Adding the African Union", ForeignPolicy, February 7, 2022, https://foreignpolicy.com/2022/02/07/african-union-multilaterals-more-representation-g20/, accessed February 28, 2022.

② Akufo-Addo, "Full Text: Akufo-Addo Address at the 76th United Nations' General Assembly", GhanaWeb, September 23, 2021, https://www.ghanaweb.com/GhanaHomePage/NewsArchive/FULL-TEXT-Akufo-Addo-address-at-the-76th-United-Nations-General-Assembly-1363510, accessed February 28, 2022.

③ "Africa Climate Week 2021", AU, September 26-29, 2021, https://au.int/en/newsevents/20210926/africa-climate-week-2021, accessed March 1, 2022.

安全理事会发布题为《气候变化与和平安全：非洲需要气候、安全、发展相关联的知情权》的公报，全面阐述了非洲在气候变化议题中的立场。其中非盟重申需要在非洲国家元首和政府首脑委员会（CAHOSCC）和非洲部长级环境会议（AMCEN）的指导下，在全球论坛上以单一声音发言，同时支持非洲谈判小组（AGN）推动非洲在气候变化谈判中的优先事项，并确保在国家、区域和大陆层面对气候变化的影响做出有效和全面的反应。[1]

再次，在安全问题上，非洲国家与俄罗斯、土耳其、以色列的安全合作日益密切。2021 年，非洲地区安全形势持续恶化，结构性暴力和非结构性暴力事件持续增加。同时，法国和加拿大等国逐步调整军事部署，开启从马里撤军进程。萨赫勒地区国家的反法情绪持续高涨，马里军政府在 2022 年初决定驱逐法国驻马里大使，两国关系降至历史冰点。与此同时，马里军政府选择与俄罗斯私人军事承包商"瓦格纳集团公司"开展合作，计划雇用至少 1000 名瓦格纳雇佣军进入马里参与和平与安全事务。[2] 此外，埃塞俄比亚也同俄罗斯与土耳其加强了军事合作。据埃通社（ENA）2021 年 6 月 9 日消息[3]，埃塞俄比亚和俄罗斯同意加强在情报和安全以及其他多个领域的合作。8 月 18 日，阿比访问土耳其期间同埃尔多安政府签署多项军事和金融合作协议。

最后，在发展问题上，非洲国家主动选择合作伙伴，外交自主性提高。非洲多国积极推动与外部世界的交往，为国家发展提供便利。2021 年 9 月 7 日，肯尼亚以线上方式主办了首届非洲-加勒比共同体首脑会议。此次会议由肯尼亚提出，目的是召集非洲和加勒比地区的国家元首以及政府首脑，探

① AU PSC, "Communique of the 1051th meeting of the AU Peace and Security Council (PSC) Held on 26 November 2021 on the Theme: Climate Change and Peace and Security: The Need for an Informed Climate–Security–Development Nexus for Africa", PSC/PR/COMM. 1051 (2021), November 26, 2021, https://www.peaceau.org/uploads/eng–final–communique–of–the–1051st–psc–meeting–held–on–26–november–2021–copy. pdf.

② "Mali and France, a Timeline of Mounting Tensions", Aljazeera, February 1, 2022, https://www.aljazeera.com/news/2022/2/1/mali-france-timeline-mounting-tensions, accessed March 1, 2022.

③ "Ethiopia, Russia Agree to Enhance Cooperation in Intelligence, Security", ENA, June 9, 2021, https://www.ena.et/en/? p=25275, accessed September 8, 2022.

讨深化两个地区一体化的机会。肯雅塔总统在主持会议时呼吁各国积极合作，加强世界各地非洲人民的团结。① 加纳则充分利用非洲大陆自贸区总部落户阿克拉的便利，开展自主外交。2021 年 9 月，加纳与印度召开"印度和非洲农业与食品加工峰会"。2021 年 4 月 22 日，卢旺达执政党卢旺达爱国阵线还与俄罗斯执政党统一俄罗斯党达成一项合作协议。

## 二 地区层面：非盟一体化加速，合力谋取非洲利益

2021 年，以非盟为首的非洲区域组织继续加强自身建设，在推动区域一体化、合力抗击疫情、应对地区和平与安全事务方面开展了多项行动，在地区治理方面进行了有益探索。非洲国家在上述行动中协调出更加统一的立场，使非洲作为整体在国际舞台上的话语权与影响力有所提高，为争取地区利益提供了有效支撑。

### （一）非洲经济一体化进程加快，地区吸引力增强

2022 年初，非盟发布了第二份《〈2063 年议程〉非洲大陆实施情况报告》，认为在《2063 年议程》的七大愿景中，第二项愿景"在泛非洲和非洲复兴愿景基础上打造政治团结的一体化非洲大陆"取得了重大进展，这主要得益于非洲大陆自贸区成立与正式运营，非洲支付市场基础设施建设，非洲中央银行（ACB）数字货币等逐步推进。此外，非洲大陆在空中交通、电力设施以及信息通信技术等方面均取得成就，非盟在抗击疫情过程中继续发挥领导作用，上述事实有效地推进了非洲一体化进程，增强了非洲市场的吸引力，促使世界主要国家加大对非投入，提高了非洲的外交话语权。

第一，非洲大陆自贸区全面投入运营，增强非洲市场的吸引力。受

---

① 《非洲政经简报》第 51 期，欧亚系统科学研究会网站，2021 年 9 月 15 日，https：//www.essra.org.cn/view-1000-3109.aspx，最后访问日期：2022 年 3 月 4 日。

新冠肺炎疫情影响，原定于 2020 年 7 月开启的非洲大陆自贸区于 2021 年 1 月 1 日正式开始运营，非洲 54 个国家签署加入自贸区文件，并且已有 42 个国家批准实施。部分成员国为配合自贸区运营，积极调整国内法案，包括原产地与植物检疫标准法案等。与此同时，位于加纳首都阿克拉的自贸区相关机构，诸如贸易部长理事会、秘书处、货物贸易委员会和服务贸易委员会也已开始正式工作。2021 年 5 月，非洲大陆自贸区贸易部长理事会成立了第二阶段委员会，促进关于投资、竞争政策、知识产权、电子商务以及妇女和青年发展的谈判，持续刺激与释放自贸区带来的经济红利。

第二，相关国际组织与非洲大陆自贸区签署了战略合作协议，为非洲经济发展提供更多机会。2021 年 4 月中旬，联合国开发计划署与非洲大陆自贸区秘书处签署战略合作协议，旨在通过贸易刺激非洲社会经济的疫后复苏，使贸易成为非洲可持续发展特别是妇女和青年发展的动力，实现联合国"2030 年可持续发展目标"、非盟《2063 年议程》和非洲相关发展项目。[1] 2021 年 4 月 15 日，联合国粮农组织和非盟根据非洲大陆自贸区协定发布了促进非洲内部农业贸易的指南《促进非洲内部农产品和服务贸易框架》。该指南旨在释放农业部门的潜力，为非洲粮食系统的转型发挥关键作用，为非洲的可持续增长和包容性增长做出贡献。[2]

第三，非洲大陆配套金融机构逐步建立，自贸区功能逐渐优化。目前，非盟已确立由非洲中央银行、非洲投资银行（AIB）和非洲货币基金组织（AMF）3 个关键机构在非洲金融部门的资源调动和管理方面发挥关键作用。2022 年 1 月 13 日，非洲大陆自贸区秘书处联合非洲进出口银行等机构在加纳首都阿克拉正式发布泛非支付结算系统。据介绍，泛非支付结算系统覆盖

---

① 《非洲政经简报》第 42 期，欧亚系统科学研究会网站，2021 年 4 月 28 日，https：//www. essra. org. cn/view-1000-2514. aspx，最后访问日期：2022 年 3 月 1 日。

② "FAO and the African Union Commission Launch a Guide to Help Countries Enter Africa's New Single Market", UNFAO, April 15, 2021, https：//www. fao. org/newsroom/detail/FAO-and-the-African-Union-Commission-launch-a-guide-to-help-countries-enter-Africa's-new-single-market/en, accessed March 1, 2022.

非洲大陆，支持非洲国家使用本国货币在非洲大陆进行及时、安全和快速支付，以减少对第三方货币的依赖。该系统在发布前已在加纳、尼日利亚、冈比亚、利比里亚、几内亚和塞拉利昂6国成功试用。[①]

第四，非盟引领覆盖全非的标志性基础设施建设工程稳步向前推进。受疫情冲击，全非公路网和铁路网建设推进缓慢，但非洲依然克服重重困难，在一些方面取得了重大成就。一是对于非洲单一航空运输市场（SAATM）建设，近80%的非盟国家签署条约并承诺实施《非洲单一航空运输市场备忘录》；二是非洲大陆电网发电总量显著增加，从2013年的16144兆瓦增加到2021年的31690兆瓦；三是使用手机的非洲人口比例大幅上升，从2013年的39.8%上升到2021年的68.8%，达到2021年预定目标的91%。[②]

## （二）非盟领导非洲大陆争取国际支持，合力应对疫情

2021年，非洲经历第三波和第四波疫情冲击，主要毒株分别是"德尔塔"和"奥密克戎"，二者较以往新冠病毒变种传播速度快、传染性强、病毒载量高，致使非洲面临更加严峻的疫情形势。对此，非洲疾控中心采取多项措施，为非洲提高抗疫水平、减少经济损失、提高疫苗接种率做出重要贡献。

其一，非盟通过多种渠道为非洲争取疫苗，并努力提高非洲地区疫苗接种率。除积极利用"新冠肺炎疫苗实施计划"（COVAX）加大供应量之外，非盟在多个场合呼吁全世界关注非洲疫苗接种率低的问题，希望其他国家加大对非洲的疫苗供应。2021年6月10日，美国白宫发表声明，美国将向92个中低收入国家与非洲联盟提供和捐赠5亿支辉瑞疫苗，于2021年8月开始发货。在第六届欧非峰会上，欧盟承诺在2022年夏天以前向非洲提供

① 《泛非支付结算系统正式发布》，新华网，2022年1月14日，http://www.news.cn/fortune/2022-01/14/c_1128262430.htm，最后访问日期：2022年3月2日。

② "2nd Continental Report on the Implementation of Agenda 2063", AU, February 2022, https://au.int/sites/default/files/documents/41480-doc-2nd_Continental_Progress_Report_on_Agenda_2063_English.pdf, accessed March 1, 2022.

4.5 亿剂次新冠疫苗，还将与非洲疾控中心协调，投入 4.25 亿欧元帮助非洲培训医务人员，提高病毒测序能力，通过"关于疫苗、药品和医疗技术的制造欧洲小组倡议"（MAV+）加快疫苗的分配和接种速度。此外，欧洲投资银行行长沃奈尔·霍耶尔（Werner Hoyer）宣布将提供 5 亿欧元资金，调动 10 亿欧元的投资来支持非洲建设更加完善的卫生系统。[1] 在中非合作论坛第八届部长级会议上，习近平主席宣布，为实现非盟确定的 2022 年 60%非洲人口接种新冠疫苗的目标，中国将再向非方提供 10 亿剂疫苗，其中 6 亿剂为无偿援助，4 亿剂以中方企业与有关非洲国家联合生产等方式提供。中国还将为非洲国家援助实施 10 个医疗卫生项目，向非洲派遣 1500 名医疗队员和公共卫生专家。[2]

其二，非盟通过建设相关制度与机构，提高大陆整体应对疫情的能力，提振外界对非洲发展的信心。非盟于 2020 年 11 月成立的非洲疫苗采购信托机构（AVAT）逐步运行。2021 年 3 月 28 日，该机构下设的非洲疫苗采购任务小组（AVATT）与强生公司谈判并签订 4 亿剂疫苗采购合同，确定由南非与强生公司合作，在非洲本地生产新冠疫苗。8 月，首批疫苗得以交付，非盟成员国首次通过集体购买疫苗来保障非洲人民的健康。联合国非洲经济委员会（UNECA）执行秘书维拉·松圭（Vera Songwe）指出："对于非洲大陆来说，这是一个值得骄傲的时刻。部分在南非生产的疫苗真实地证明了非洲大陆自贸区所设想的本地生产和集中采购是在整个非洲大陆实现更可持续疫后经济复苏的关键。"[3] 2021 年 3 月，非洲发展新伙伴关系计划

① Banjamin Fox, "EU Sets out Plan to Support Africa for the Next Pandemic", EURACTIV, February 18, 2022, https://www.euractiv.com/section/africa/news/eu-sets-out-plan-to-support-africa-for-the-next-pandemic/, accessed March 1, 2022.
② 《习近平：中国将再向非方提供 10 亿剂疫苗》，中国政府网，2021 年 11 月 29 日，http://www.gov.cn/xinwen/2021-11/29/content_5654821.htm，最后访问日期：2022 年 3 月 31 日。
③ "African Vaccine Acquisition Trust (AVAT) Announces 108,000 Doses of Vaccines Arriving in Mauritius as Part of the First Monthly Shipment of Johnson & Johnson Vaccines", Africa CDC, August 7, 2021, https://africacdc.org/news-item/african-vaccine-acquisition-trust-avat-announces-108000-doses-of-vaccines-arriving-in-mauritius-as-part-of-the-first-monthly-shipment-of-johnson-johnson-vaccines/, accessed March 2, 2022.

（NEPAD）首席执行官易卜拉欣·马亚基（Ibrahim Mayaki）与卢旺达总统保罗·卡加梅举行会晤，讨论了加速批准在非盟主持下设立非洲医药局（AMA）的条约。7月15日，突尼斯议会批准非洲医药局组建条约并幸运地成为决定性第15个批准国，至此非洲医药局组建已成定局。[①] 据悉，2022年7月17日，非盟执行理事会第41届常务会议已选定卢旺达为非洲医药局总部所在国。截至2022年8月底，非洲联盟的55个成员国中有31个已签署或批准了非洲医药局组建条约。[②] 此外，非盟和非洲疾控中心联合推出名为"信任旅行新冠通行证"（Trust Travel Pass Program）的平台，要求旅行者自愿登录并获取健康手续相关信息，方便旅行者跨境时做好个人健康文件准备和确认工作。

### （三）非盟强化地区安全治理，坚持非洲问题非洲解决

2021年，安全问题的紧迫性与重要性凸显，成为制约非洲发展的重要因素。埃塞俄比亚内部冲突持续、军事政变"回潮"、恐怖主义势力蔓延、几内亚湾海盗活动猖獗、针对平民的暴力袭击与绑架数量激增都成为当前非洲安全面临的严峻挑战。对此，非盟按照既定计划进行机构改革，试图增强非盟在地区安全事务中的领导力，在非洲安全事务中迅速表态并积极行动，坚持非洲问题非洲解决。

在地区治理制度保障层面，受疫情影响，非盟委员会在2021年初举行换届选举，穆萨·法基·穆罕默德成功连任非盟委员会主席，保证了非盟政策与改革的延续性。此后，非盟根据2018年发布的《非盟行政机构改革路线图（2018~2021）》开启多项机构改革进程，以增强非盟的财务自主权及在地区治理中的有效性。作为机构改革进程的一部分，非盟委员会将原和平

---

① 《非洲医药局组建的里程碑——突尼斯成为最后一个关键批准国》，中华人民共和国商务部网站，2021年7月15日，http://www.mofcom.gov.cn/article/i/jyjl/k/202107/20210703176406.shtml，最后访问日期：2022年3月2日。

② Paul Adepoju, John Heilprin, "WHO Advocates Prevention Focus in Africa", Health Policy Watch, August 23, 2022, https://healthpolicy-watch.news/who-advocates-prevention-focus-in-africa/, accessed September 8, 2022.

与安全部（PSD）与政治事务部（DPA）合并。新成立的政治事务、和平
与安全（PAPS）部门将在其新任专员巴多尔·阿迪奥耶（Bankole Adeoye）
的领导下寻求在重大问题上发挥关键作用。① 上述改革展现出非盟通过提高
地区治理能力来有效预防冲突的决心。

　　在安全治理行动层面，非盟坚持维护"非洲问题非洲解决"，但效果喜
忧参半。一是非盟及其他区域组织开展行动成功打击莫桑比克北部恐怖主义
势力。2021 年 3 月，莫桑比克北部安全形势恶化，德尔加杜角省的帕尔马
镇接连发生针对平民的袭击事件，非盟强烈呼吁协调地区和国际力量采取打
击行动。在南部非洲发展共同体协调下，卢旺达等非洲国家在 7 月派遣军人
支援莫桑比克，在 8 月协助莫桑比克军队击败盘踞该国多年的极端武装分
子，夺回了莫桑比克北部重要港口莫辛博阿达普拉亚港（Mocimboada Praia）
的控制权。② 二是非盟在埃塞俄比亚内部冲突中积极斡旋与调停，取得一
定成效。非盟委任尼日利亚前总统奥巴桑乔为非盟特使，前往埃塞俄比亚
与"提人阵"进行谈判。在各方斡旋和军事重压下，埃塞俄比亚政府外长
莱德万·侯赛因（Redwan Hussein）2021 年 11 月 11 日表示，政府接受非
盟有关停止埃塞俄比亚内战的倡议，并提出可以接受包括公投在内的和平
解决方案。三是在防止军事政变与萨赫勒地区恐怖主义势力壮大的问题
上，非盟及西非国家经济共同体并无行之有效的手段。自疫情发生至 2022
年初，马里、几内亚、苏丹、布基纳法索等非洲国家相继发生军事政变。
上述政变的发生与萨赫勒地区持续恶化的安全形势息息相关。军事政变发
生后，非盟与西共体等区域组织均第一时间表示强烈谴责并采取制裁措
施，停止相关国家的非盟成员国资格，直至其恢复宪法秩序，但上述举措
并没有取得良好效果。此外，在打击海盗与恐怖组织方面，非盟的相关举

---

① Martin Ronceray, Lidet Tadesse Shiferaw and Ueli Staeger, "Merging Peace and Politics: Drivers,
Dilemmas and Options for the AU's New Governance Setup", ECDPM Discussion Paper, No. 303,
June 2021, p. 2.
② 《南部非洲发展共同体联军夺回莫桑比克重镇》，央视网，2021 年 8 月 9 日，http://
m. news. cctv. com/2021/08/09/ARTItx90VcJMy036xUWebDJ5210809. shtml，最后访问日期：
2022 年 3 月 3 日。

措也不尽如人意。非盟第二份《2063 年议程》评估报告显示，第四项愿景下的第十五项目标"功能齐全且运转良好的非洲和平与安全架构"的完成效果较 2019 年显著下降。

## 三　非洲对外关系前景展望

近年来中非关系发展迅速，中国在非洲影响力持续增强，其他新兴发展中国家如印度、俄罗斯、土耳其等与非洲的合作也迅速拓展。美西方国家也加大对非关注与投入，大国在非竞争日益激烈。然而，乌克兰危机爆发后，美西方与俄罗斯关系破裂，国际格局再次发生重大调整。同时，美西方对俄罗斯实施的严厉制裁对世界经济造成巨大冲击，全球能源与粮食价格继续飙升，通货膨胀加剧，将对非洲政治、经济和安全等多领域造成巨大冲击。在此情形下，非洲对外关系将有如下发展趋势。

其一，非洲经济发展再遭重创，一体化进程减缓，在对外关系中将更加弱势。俄乌两国是全球"重要粮仓"，战争不仅导致俄乌两国粮食出口受限，还推高了小麦等粮食作物的价格。全球大宗商品如天然气和石油等价格暴涨，通货膨胀加剧，非洲步履维艰的经济复苏进程遭到巨大打击，还可能因粮食短缺而引发更严重的人道主义危机。此外，乌克兰危机导致俄罗斯与非洲之间的安全合作受阻，萨赫勒地区将遭遇更加严重的安全威胁。同时，以美国为首的西方国家将关注焦点置于乌克兰与亚太地区，对非洲的关注度有所下降。对于在经济与安全方面长期依赖外部援助的非洲国家而言，当前形势对非洲较为不利，非洲国家可能被迫优先关注与解决内部困境，在处理对外关系中将处于更加弱势的地位。

其二，非洲国家的对外政策将进一步分化，可能危及非洲整体在对外关系上的团结与一致性。非洲国家数量众多且非常珍视维护国家主权与独立自主，加之非洲国家间还在领土、民族、资源等问题上存在各种各样的矛盾，因此在对外关系中，较难协调出完全一致的立场。在乌克兰危机的背景下，美西方国家的政治胁迫变本加厉，非洲国家面临较大的"选边站队"压力。

从 2022 年 3 月 2 日联合国大会第 11 次紧急特别会议关于乌克兰局势决议草案的投票表决情况来看，非洲国家的立场分化明显，共有 28 国投赞成票，17 国投弃权票，8 国未参加投票，1 国投反对票。上述投票结果均是非洲国家根据自身利益做出的选择。未来，在内部发展与安全困境加剧的情况下，非洲国家更有可能迫于现实压力而转变政治立场，从而有损非洲整体性对外政策的发展方向。

其三，非洲大陆谋求独立自主的决心将有所增强，将进一步尝试以非洲视角在国际事务中发声。尽管面临较大的内外压力，非洲国家深切明白非洲团结一致对大陆发展的重要意义。因此，非洲追求独立自主，以合力维护自身利益的决心和意愿仍然强烈。对于乌克兰危机中面临的"选边站队"问题，非洲国家的表态总体是审慎且中立的，即便是赞同美西方态度的非洲国家也并没有跟随美西方对俄罗斯采取制裁措施。肯尼亚驻联合国大使就乌克兰危机在联合国的发言体现了来自非洲的观点，他在谴责美西方历史罪行的同时，也表态应尊重领土与主权完整，维护现行国际秩序，并提出非洲国家"想要在和平之间创造出更伟大的东西"。①

综上所述，非洲国家在 2021 年面临更加严峻的政治、经济、安全与发展挑战，这些新的风险与挑战仅靠非洲自身难以解决，因而推动了非洲国家通过团结协作来共渡难关的意愿与行动。在国际层面，非洲国家从自身利益出发，在大国博弈中坚持独立自主，反对外部干预，以合力为非洲争取相应利益；在区域层面，非洲国家依托非盟对外发声，通过推动经济一体化、抗疫合作和安全治理提高非洲的整体实力，增强非洲对外部世界的吸引力。在乌克兰危机背景下，非洲内外面临更大的压力，可能导致非洲在对外关系中追求自主的进程受挫，但非洲国家在追求独立自主、"非洲问题非洲解决"方面仍有强大决心。展望未来，非洲各国唯有继续推动一体化，以合力应对各项挑战，才能在快速的国际秩序调整中实现可持续发展，有效维护非洲利益。

① "Kenyan U. N. Ambassador Compares Ukraine's Plight to Colonial Legacy in Africa", NPR, February 22, 2022, https：//www. npr. org/2022/02/22/1082334172/kenya - security - council - russia, accessed September 8, 2022.

# 国 别 报 告
National Report

# Y.5
# 苏丹：军文争斗掣肘内政外交

姜恒昆*

**摘　要：** 2019年苏丹巴希尔政权垮台后，军方与文官组成执政联盟，共同主导苏丹的政治过渡进程。2021年10月25日，苏丹军方发动政变，解散文官领导的内阁，军文执政联盟解体。"10·25政变"是军方与文官两大势力争夺过渡进程主导权的结果，对苏丹过渡阶段的内政和外交均产生了重大影响。政变打破了军文执政联盟原本脆弱的权力平衡，各方在权力再分配问题上严重对立，政治局势呈现出"碎片化"和"僵持化"特征，民主过渡出现不确定性。外交方面，政变导致苏丹与美国关系陷入停滞状态，苏丹的"向西"外交受阻。与此同时，苏丹外交的军方主导色彩渐浓，与俄罗斯、沙特、阿联酋等"传统盟友"的关系稳步推进。联合国、非盟和伊加特是苏丹当前政治危机的主要调解方，且已形成协调一致的"三方调解机制"。然而，由于苏丹

---

* 姜恒昆，浙江师范大学非洲研究院副研究员，主要研究领域为非洲政治发展、苏丹和南苏丹国别研究。

各方的立场和诉求各异，"三方机制"未发挥实际作用。

**关键词：** 苏丹　"10·25 政变"　军方与文官关系　政治过渡　权力斗争

由于持续的经济危机，苏丹于 2018 年 12 月爆发了席卷全国的"十二月革命"。次年 4 月，巴希尔政权在民众的抗议浪潮和军队的倒戈下崩塌。随后，苏丹军方与领导"十二月革命"的反对派联盟"自由与变革力量"（the Forces for Freedom and Change，FFC）经过艰难谈判达成宪法宣言，并联合成立了国家最高权力机构苏丹主权委员会（Sudanese Sovereignty Commission，SSC）。9 月初，以文官为主的过渡内阁正式组建，苏丹进入为期 4 年的政治过渡期。尽管军文执政联盟尽量搁置内部权力斗争，也采取措施维护执政地位，但这种合作局面并没有维持太久，2021 年 10 月苏丹军队发动政变，扣押总理哈姆多克等文官并解散了过渡政府。"10·25 政变"标志着苏丹军文关系正式进入对抗阶段。此后，苏丹各方围绕权力展开激烈斗争，军方坚守自己对国家事务的"监督权"，文官集团希望能在遏制军方的基础上重新掌权，而其他政治力量则试图在混乱中获得政治利益。

## 一　军文关系从合作到争斗

在签署 2019 年过渡协议后，苏丹军方与"自由与变革力量"领导的文官集团一度在内政和外交方面展现出了分工合作关系，并在应对国内挑战和改善国际环境方面取得了一些成绩。然而，"10·25 政变"的爆发却宣告了军文合作关系的破裂。2021 年 10 月 25 日，苏丹军方扣押了包括工业部长易卜拉欣·谢赫（Ibrahim al-Sheikh）、政府发言人兼新闻部长哈姆扎·巴卢尔（Hamza Baloul）、总理媒体顾问费萨尔·穆罕默德·萨利赫（Faisal Mohammed Saleh）和主权委员会发言人穆罕默德·菲基·苏利曼（Mohammed al-Fiky

Suliman）以及喀土穆州长艾曼·哈立德（Ayman Khalid）等在内的数名内阁官员，哈姆多克总理也被软禁。随后，军方宣布解散主权委员会和过渡政府，全面接管苏丹政务，并在 11 月成立了新的过渡主权委员会。军方领导人布尔汉、海米提继续担任委员会的主席和副主席，而"自由与变革力量"则没有获得任何席位。

军方的"10·25 政变"遭到了国内外的反对。国内反对派要求军方停止干政，国际舆论也谴责军方逮捕文官的行为，以美国为代表的西方国家暂停了援苏项目。迫于内外压力，军方决定与哈姆多克和解，双方在 11 月 21 日签署了以军文联盟为政治转型基石的"十四点协议"。但反对派认为"十四点协议"是对军方权力的保护，并指责哈姆多克与军方"合流"。2022 年 1 月 2 日，哈姆多克在抗议声浪中不得不辞去总理职位，军方接管了国家权力。

"10·25 政变"的导火索是军方和文官在 2021 年 9 月的纷争，而双方固有矛盾则是"10·25 政变"的根本原因。推翻巴希尔政权后，军文已联手挫败了多起未遂政变，但 2021 年 9 月发生的一起未遂军事政变直接激化了军文矛盾。在军方称挫败一起由伊斯兰主义者策划的未遂政变后，苏丹民众以布尔汉保护军中伊斯兰主义者为由，要求布尔汉不再担任主权委员会主席。"自由与变革力量"趁机推动苏丹武装力量的改革进程，要求由总理直接领导警察和情报部门。这引起军方不满，直接激化了双方的固有矛盾。军方原本是"十二月革命"的对象，但为了维护既得利益临阵倒戈，而作为革命组织者和领导者的"自由与变革力量"联盟是 10 多个政治组织的临时结盟，没有足够的力量与军方抗衡。换言之，双方从一开始就存在难以调和的矛盾。事实上，从前政权垮台之时开始，军文双方一直在明争暗斗，大到主权委员会成员人数的分配、过渡政府的组建和重组、苏丹与以色列建交、巴希尔引渡等问题，小到领导人会见外宾等具体外交事务，无不折射出双方的主导权之争。2020 年以来，双方又在军方经商、军队统一、军人参政等核心问题上尖锐对立。这些争斗均反映出军方对大权旁落的担心，而主权委员会主席之位移交文官的日期临近又加重了军方的担忧，最终促使军方发动了政变。

"10·25 政变"显著改变了苏丹的政治格局，而军文对抗也成为当前苏

丹政局的主要特点。首先，"10·25 政变"使军方与文官集团此前结成的执政联盟破裂，文官集团基本不会再寻求与军方合作，而军方也将"自由与变革力量"视为实现政治转型的"障碍"，拒绝与其分享权力。其次，政变后的军文持续对抗导致"边缘"地区的力量分化。一些地区武装组织选择偏向军方，一些则继续保持对军方的不信任。此外，这种对抗关系还折射出苏丹民众对政府的态度，他们既坚决反对军方执政，又不信任文官集团，认为"自由与变革力量"不能领导苏丹实现政治转型。

## 二 军文争斗延缓政治过渡

"10·25 政变"前，苏丹的政治格局主要由军文执政联盟、前地方反政府武装和前政权势力三股力量构成，其中军文执政联盟掌握主导权，在推动与地方武装组织达成和平协议的同时，严厉打击前政权势力。2020 年 10 月过渡政府与前反政府武装签署《朱巴和平协议》，后者基本被纳入过渡政权，苏丹政局整体上维持稳定。然而，"10·25 政变"不仅使军方与文官两大集团分道扬镳，而且导致苏丹各主要政治力量及其内部围绕新过渡政府的重组、军方的角色以及过渡进程的走向等问题产生严重分歧或对抗，并逐步形成了当前碎片化和僵持不下的政治局面。

### （一）政治格局碎片化

苏丹当前政治格局的碎片化首先表现在军方和文官集团内部均出现不同程度的分化。军方中的快速支援部队（Sudanese Revolutionary Front，SRF）与苏丹军队（Sudanese Armed Force，SAF）的分歧逐渐凸显。双方在巴希尔时期曾是对手，过渡时期暂时搁置分歧，对外展现军方团结形象。但是，"10·25 政变"后，这两支武装力量的领导人在外交事务、武装力量整合等问题上出现分歧，将武装力量统一成一支国家军队的核心过渡目标被搁置一旁，快速支援部队领导人海米提还单独开展了如访问莫斯科、接见埃塞俄比亚代表等越过主权委员会的外交行为。"自由与变革力量"内部的分化和分裂更加突出，苏丹共产党、苏丹职业者协会等成员旗帜鲜明地反对军方干政，号召苏丹民众反对军方，而乌玛党、民族联合党等则尝试调和军文斗争，支持恢复军文联合执政。

其次，地区武装力量间的关系更趋复杂。巴希尔政权倒台后，"边缘"地区的武装力量并未完全整合，而《朱巴和平协议》的签署也只是表面上实现了全国和平。"10·25政变"后，整体性进入政治过渡进程的前反政府武装力量也出现分化，甚至爆发冲突，这一情况在达尔富尔地区尤为明显。执政联盟曾试图调解达尔富尔各武装组织的关系，也得到了部分武装组织的信任。然而，"10·25政变"使这些武装组织的关系再次紧张，支持海米提的阿拉伯武装组织选择支持军方，对海米提不满的阿拉伯武装组织持反对军方立场，非阿拉伯人武装组织则乘机扩大自己的势力。

此外，民间政治力量迅速上升。民间力量是要求彻底改革苏丹政治体制的主要推动者，曾在"十二月革命"中发挥重要作用。但是，在苏丹进入过渡阶段后，民间力量和广大民众未能分享到革命成果。"10·25政变"不仅加剧了民众对政治精英的不满，也让苏丹民间力量获得了迅速上升的空间。政变不仅坚定了苏丹民众反对军方执政的决心，也使他们对"自由与变革力量"产生了不信任，认为该联盟组织不能领导苏丹实现政治转型。这种不信任在"抵抗委员会"等民间政治组织的推动下，以抗议示威的方式不断向全国各地扩散，对苏丹各政治力量均造成了巨大压力。

军文执政联盟的解体及紧随其后的政治格局碎片化使苏丹失去了既具有合法性又有能力主导过渡进程的政治力量。目前掌控局势的军方缺乏政治强人和内部凝聚力，而"自由与变革力量"在"10·25政变"后又因内部严重分歧逐渐丧失了原有的代表性和民众支持。乌玛党、民族联合党、苏丹共产党等传统政党虽积极尝试有所作为，但影响力有限。同样，地区武装力量也因支持或反对军方控权而迅速分化，政治影响力渐弱。民间力量的确在迅速上升，但其政治影响力目前尚弱，且在苏丹的政治转型方式上缺乏共识。令人担忧的是，尽管国际社会不断尝试促成各方对话，但苏丹的军文对抗和政治力量碎片化趋势仍在持续。

### （二）政治局势僵持

主要政治力量间的僵持和关系复杂化是"10·25政变"后苏丹政局的另一个显著特色，主要表现为军方与各反对军方力量之间互不妥协、难以调和的政治对立。毫无疑问，维护自身对政治过渡进程的主导权是苏丹军方的基本立场。一方面，军方对反对派采取高压政策，多次开展针对反对派的逮捕行动，并对游行示威群众强力镇压，造成近百人死亡、数千人受伤，还有数千名示威者被捕。① 然而，军方针对反对派和抗议民众的强力措施非但未能压制苏丹社会的反抗，反而进一步激化了双方的对立，导致政治局势复杂程度加深，双方关系转圜的可能性越来越小。

另一方面，面对外界对"10·25政变"的批评，苏丹军方将"10·25政变"描述成一场"拯救"苏丹政治转型的行动，试图通过强调其"革命"立场来获得执政合法性。军方称，文官集团的权力斗争影响了政治过渡进程，为了避免"自由与变革力量"拒绝建立包容性政府的行为导致国家分裂，军队才被迫采取了行动。军方反复声称自己是国家政治过渡的"保护者"，并承诺一定会向未来的民选政府移交权力。当然，在发动政变之后，军方的承诺已难以令人信服，反对派及民众不再支持其在政治过渡进程中扮演合作者的角色。

反对派方面，"三不"原则（不谈判、不合作、不为政变者提供合法性）是其在政变后的基本立场。"自由与变革力量"和"抵抗委员会"是目前苏丹国内主要的反对派，作为由社会各界力量共同组成的政治反对势力，它们在苏丹民间具有十分强大的政治影响力和行动号召力，是苏丹街头抗议运动的主要组织方。"10·25政变"后，以"自由与变革力量"和"抵抗委员会"为代表的反对派对军方参与政治过渡进程彻底失去信任。因此，反对派在政变后的立场十分坚定，即坚持"三不"原则，拒绝军方在未来

---

① Mohamed Osman, "Sudan's Military is Brutally Suppressing Protests", *Human Right Watch*, March 2022.

政治过渡进程中扮演任何角色。此外，反对派还号召民众走上街头，定期举行大规模游行示威活动，要求军方立即下台，恢复由文官领导的政府，并呼吁将军方排除在未来政治过渡进程之外。由此形成了"不愿放权"的军方和"不愿合作"的反对派之间的政治僵局。

## 三　军文斗争影响苏丹的外交取向

外交政策不仅服务于内政，更是后者的反映。苏丹也不例外，其外交行为和结果无不折射出执政联盟内部军方与文官的斗争及妥协。哈姆多克过渡政府执政前期，双方之间维持着微妙的权力平衡，军方与文官分别主导主权委员会和内阁，这种较为和谐的内政环境助推苏丹外交取得了不少突破，尤其是与美国关系正常化进程的提速，为苏丹营造了有利的外部环境。然而，随着内阁主导的全方位改革深入推进，军方的核心利益被不断触及，双方权力失衡的危局逐步显现，并最终导致"10·25政变"发生。"10·25政变"使苏丹的过渡进程偏离2019年宪法文件规定的民主过渡轨道，引发了美西方国家的强烈不满，严重影响到苏丹务实外交的推进。具体而言，"10·25政变"对苏丹外交的影响主要表现为两点：其一，严重影响了苏丹过渡政府与美西方国家关系的正常化；其二，苏丹外交的军方主导色彩更为浓厚。

### （一）"西向"外交受阻

苏丹哈姆多克过渡政府成立后，苏丹外交一度呈现出明显的"西向"特点，改善与美西方关系成为外交重心。与美国实现关系正常化是苏丹过渡政府"向西看"外交的关键目标，这不仅是苏丹外交脱困的关键，也是苏丹同其他西方国家外交关系的风向标。在苏丹过渡政府的妥协和努力之下，2020年12月14日美国正式将苏丹从"支持恐怖主义国家"名单中除名，破除了双方关系正常化的关键障碍。美国对苏丹的政策也从以制裁为主转向以援助为主，以期介入苏丹的政治过渡进程，并

在过渡期满后建立起亲美政权。在两国政府的相向努力之下，两国关系进入"快车道"。

然而，"10·25政变"给原本进展顺利的苏丹和解外交带来了挑战，首当其冲的便是苏美关系的正常化。尽管在2019年军文双方达成宪法宣言后，美国承诺会给苏丹提供经济援助，但其援助是有条件的，即将援助与以军文合作为基础的苏丹民主过渡挂钩。"10·25政变"发生后，美国政府在公开谴责的同时，宣布暂停对苏丹的7亿美元援助计划。① 随后，西方国家和世界银行、国际货币基金组织等国际金融机构也紧跟美国步伐，暂停了此前承诺的数十亿美元的对苏援助及债务减免。② 美国政府的基本立场是要求军方恢复哈姆多克的总理职位，保证苏丹民主过渡顺利进行。但是，苏丹政局并未如美国所愿回归到2019年宪法宣言设定的轨道，军方不仅未能按照宪法宣言的安排如期将主权委员会的领导权移交文官，还采取强力手段镇压反对政变的政治团体及民众，并造成近百名抗议者死亡。③ 因此，美国政府不断重申不会恢复对苏丹的援助计划，并于2022年3月宣布对苏丹中央后备警察部队实施制裁。④ 美苏关系正常化进程基本陷入停滞状态，这标志着苏丹过渡政府的"西向"外交受阻。

---

① Matthew Lee, "US Condemns Sudan Coup, Suspends ＄700 Million in Aid", AP News, October 26, 2021, https：//apnews. com/article/middle-east-africa-sudan-khartoum-96e7b33b6e1045 fce01189e81b36814a.

② Shoshana Kedem, "US and World Bank Halt Aid to Sudan after Coup", African Business, October 28, 2021, https：//african. business/2021/10/trade – investment/us – and – world – bank – announce-painful-sudan-aid-cuts/; Anne Soy, "Sudan Coup：World Bank Suspends Aid after Military Takeover", BBC, October 28, 2021, https：//www. bbc. com/news/world – africa – 59066654.

③ "Protester Killed as Sudanese Rally against Coup, Economic Crisis", Al Jazeera, March 31, 2022, https：//www. aljazeera. com/news/2022/3/31/protester – killed – as – sudanese – rally – against-coup-economic-crisis; "Protester Killed in Sudan as Thousands Rally Three Years after Anti – Bashir Uprising," France 24, April 7, 2022, https：//www. france24. com/en/africa/ 20220407-protester-killed-in-sudan-as-thousands-rally-3-years-after-anti-bashir-uprising.

④ Nabeel Biajo, "US Sanctions Sudan's Central Police Force", VOA, March 22, 2022, https：// www. voanews. com/a/us-sanctions-sudan-s-central-police-force-/6496486. html.

## （二）军方色彩浓厚

军文矛盾在外交层面的主要表现为，在同美西方国家的"新"外交关系与同以俄罗斯、海湾国家等为主的传统外交关系之间保持何种亲疏距离。大致而言，起家于巴希尔政权的军方更重视维系和发展与传统外交合作伙伴的关系，希望借此巩固自身的既得权力与利益；而与西方有种种联系的文官则倾向于加强与西方国家的关系，借此获得西方对苏丹民主过渡的支持。"10·25 政变"后，军方牢牢掌握苏丹政治过渡进程的主导权，使苏丹外交的军方主导色彩明显加深，苏丹与传统合作伙伴的关系得到稳定发展。

在发展同俄罗斯关系上，过渡政府内部军文双方的矛盾焦点有二：其一，是否支持俄罗斯在苏丹港口建立军事基地；其二，是否支持俄罗斯在乌克兰问题上的立场和行动。2022 年 2 月 23 日，身为军方主要领导人之一的苏丹主权委员会副主席海米提访莫斯科，公开表态支持普京宣布乌东两地区独立的决定，并对俄罗斯在苏丹设立海军基地持开放态度。[1] 此举迅速招致西方社会和国内文官势力的不满。次日，苏丹外交部便对此做出澄清，以避免苏丹在乌克兰危机中"选边站"。[2] 虽然苏丹过渡政府内部对于发展同俄罗斯关系存在不同声音，但目前苏丹与俄罗斯的关系总体稳定，主要原因一是目前以军方为代表的亲俄势力主导苏丹政局，军方在军事合作、政治支持等方面对俄罗斯有现实需求。"10·25 政变"事件后，俄罗斯政府拒绝谴责苏丹军方的行为，并将苏丹的乱局归咎于西方国家的对苏强制民主化政策。[3] 二

---

[1] "Sudan's Hemetti Supports Russian Recognition of Separatist Ukrainian Regions", Sudan Tribune, February 24, 2022, https://sudantribune.com/article255621; "Hemedti Says Sudan Should Be Open to Naval Base Accord with Russia, or Others", Reuters, March 3, 2022, https://www.reuters.com/world/africa/hemedti-says-sudan-should-be-open-naval-base-accord-with-russia-or-others-2022-03-02/.

[2] "Sudan Says Hemetti Did Not Support Putin's Policy on Ukraine", Sudan Tribune, February 24, 2022, https://sudantribune.com/article255658.

[3] Samuel Ramani, "Sudan-Russia Relations after the October Coup: The View from Moscow", Middle East Institute, December 20, 2021, https://www.mei.edu/publications/sudan-russia-relations-after-october-coup-view-moscow.

是苏丹十分依赖从俄罗斯的小麦进口。据统计，苏丹从俄罗斯的小麦进口量占其进口总量的59%。[1] 作为苏丹民众主要口粮，小麦是关系人民生计乃至政局稳定的重要战略物资。面包是苏丹民众的主食，尽管面包价格因前政权推行粮食补贴政策而长期保持低位，但民众对面包价格的波动一直极为敏感和抵触，巴希尔政权垮台的导火索正是面包价格的上涨。乌克兰危机发生后，全球粮食价格飙升严重危及苏丹的粮食安全，这使军方主导下的苏丹过渡政府在对俄外交上更趋务实。

地区外交方面，在2022年中东外交大和解的地区国际背景之下，苏丹过渡政府在深化同沙特、阿联酋、埃及等地区重要国家关系的同时，继续推进与以色列的和解及合作，而这些国家均被视为苏丹军方的支持者。近年来，以沙特为首的海湾君主制国家在非洲之角极为活跃，也是苏丹过渡时期最重要的外部援助者。巴希尔政权垮台后，沙特和阿联酋在2019年4月21日率先宣布了一项30亿美元的援助苏丹计划，并与苏丹军方建立密切关系。[2] "10·25政变"事件后，虽然沙特、阿联酋迫于外交压力同美、英发表联合声明，敦促苏丹尽快恢复文官政府，但是依旧被指责应该为苏丹"10·25政变"事件承担部分责任，认为苏丹军方在发动政变之前得到了沙特等地区大国的经济保证。[3] 2022年3月，苏丹主权委员会主席布尔汉先后出访阿联酋、沙特，两国领导人均强调对苏丹政局稳定的支持，并将继续深化对苏援助与合作。[4]

---

[1] "Ukraine War's Impact on Wheat Threatens Hunger in Sudan: Aid Group", France 24, March 21, 2022, https://www.france24.com/en/live-news/20220321-ukraine-war-s-impact-on-wheat-threatens-hunger-in-sudan-aid-group.

[2] "UAE and Saudi Arabia Announce $3 Billion Aid for Sudan", The National, April 21, 2019, https://www.thenationalnews.com/world/mena/uae-and-saudi-arabia-announce-3-billion-aid-for-sudan-1.851900.

[3] "Saudi Arabia, UAE, UK, US Urge Return of Sudan Civilian-led Rule", Al Jazeera, November 3, 2021, https://www.aljazeera.com/news/2021/11/3/us-saudi-arabia-uae-uk-urge-return-of-sudan-civilian-led-rule; Camille Lons, "The Gulf States and the Sudan Coup — All Is Not What It Seems", IISS, November 16, 2021, https://www.iiss.org/blogs/analysis/2021/11/gulf-states-and-the-sudan-coup.

[4] Baher al-Kady, "Sudan's Military Leader Seeks Saudi, UAE Support", Al-Monitor, March 29, 2022, https://www.al-monitor.com/originals/2022/03/sudans-military-leader-seeks-saudi-uae-support.

总之，"10·25 政变"对苏丹过渡政府的外交产生较大影响。政变后，占据主导地位的军方成为苏丹外交政策的实际制定者，在外交重心"向西"转型进程受阻的同时，苏丹外交出现了"回归"传统的倾向。

## 四　政局动荡引发国际介入

苏丹"10·25 政变"发生后，联合国、非盟和伊加特等国际组织纷纷谴责政变并呼吁恢复文官统治。联合国安理会举行苏丹局势闭门会议，呼吁国际社会采取共同行动遏制军事政变。非盟迅速暂停苏丹的成员资格，呼吁苏丹军事当局开始谈判，并尽快恢复宪法秩序。伊加特呼吁立即释放总理和所有被扣押的政治领导人，要求各方保持克制，恢复政治过渡进程，并表示随时准备支持苏丹过渡政府和人民巩固和平与民主成果。随着苏丹政治危机加深，联合国、非盟、伊加特、南苏丹、厄立特里亚等国际组织和国家先后提出推动苏丹政治对话的倡议，期望苏丹各利益攸关方能就国家的未来道路达成共识，恢复政治过渡进程。

### （一）主要调解方及其主张

联合国是苏丹过渡时期最具影响力的外部协调组织。2021 年初正式成立的联合国苏丹综合过渡援助团（United Nation Integrated Transition Assistance Misson in Sudan，UNITAMS）是联合国应苏方要求而设立的过渡进程援助与保障机构，也是此次政变后的主要调解方之一。在苏丹政治危局僵持不下之际，援助团团长沃尔克·佩尔特斯（Volker Perthes）于 2022 年 1 月 8 日提出了联合国推动苏丹内部政治对话的倡议，邀请包括政党、武装组织、民间社会、妇女团体和"抵抗委员会"在内的所有利益攸关方参与对话进程。联合国倡议的要点包括：第一，援助团将与利益攸关方进行初步协商，就由文官领导的全面民主过渡道路建立共识，并把建立文官政府作为政治过渡的最终目标；第二，援助团将根据局势需要随时与其他伙伴一起采取更多行动；第三，援助团强调各方应尊重人权和建立可持续和平，停止对和平示威者使用暴力，

确保妇女和青年参与过渡进程等。①

作为非洲最重要的地区组织，非盟在苏丹"10·25政变"问题上态度坚决。政变后，非盟迅速暂停了苏丹的成员国资格，呼吁苏丹军事当局通过谈判尽快恢复宪法秩序。② 此外，非盟和平与安全理事会于2022年1月25日举行第1060次会议，通过了关于苏丹局势的公报，为解决苏丹当前政治危机提出倡议。③ 该倡议的要点有：首先，苏丹军方主导下的主权委员会应尽快组织包括"2019年过渡宪法"和2020年10月《朱巴和平协议》所有签署团体的政治对话，并在上述两项文件的框架内继续推进民主过渡进程；其次，苏丹当局应举行制宪会议，并确保苏丹社会阶层的所有利益攸关方参与其中，形成凝聚全面共识的新宪法，并在6~12个月组织苏丹选举；最后，苏丹政治危机的解决要确保包括非盟、苏丹邻国和伊加特在内的各方充分参与。

伊加特与非盟保持一致立场，但相对更为"低调"，并未在此次苏丹政治危机的调节中发挥实质性影响。2021年12月，伊加特主席表示，该组织正在"全面参与"苏丹事务，并致力于与苏丹过渡政府合作，满足苏丹人民的诉求。2022年初，伊加特再次表态，称其作用仅限于帮助苏丹摆脱这场危机，支持苏丹人民应对危机，但不会提出解决危机的具体倡议。④ 不过，不久后伊加特态度有很大转变。

在苏丹的邻国中，南苏丹和厄立特里亚比较热心于调停苏丹的当前政治危机。由于苏丹与南苏丹的特殊历史关系及在政治、经济等方面的相互依赖，苏丹的政局波动显然会对南苏丹特别是其石油运输产生不利影响。

---

① "UNITAMS Releases 7-point Note to Explain Initiative to Achieve Transition in Sudan", Sudan Tribune, January 13, 2022, https://sudantribune.com/article254014.
② "African Union Suspends Sudan Until Restoration of Civilian-led Government", Sudan Tribune, October 27, 2021, https://sudantribune.com/article222576/.
③ "Communique of the 1060th Meeting of the PSC Held on 25 January 2022 on the Situation in Sudan", The Peace and Security Council of the African Union, January 25, 2022, https://www.peaceau.org/en/article/communique-of-the-1060th-meeting-of-the-psc-held-on-25-january-2022-on-the-situation-in-sudan.
④ "IGAD Adopts Soft Approach to Settle Sudanese Crisis: Geneyehu", Sudan Tribune, December 17, 2021, https://sudantribune.com/article226799/.

"10·25 政变"发生后，南苏丹在宣布立即暂停通过苏丹港出口原油的同时，立即派出代表团前往苏丹斡旋，以期尽快平复事态。① 2022 年 2 月以来，南苏丹基尔总统一直与伊加特成员举行会谈，并牵头领导伊加特的协调工作。② 尽管原因尚不明朗，但厄立特里亚也在积极协调解决苏丹的当前危机。2022 年 4 月，厄立特里亚政府派出高级代表团前往苏丹，并提出了支持布尔汉解决当前政治危机的倡议。③

### （二）苏丹各方的反应与立场

对于联合国提出的调解倡议，苏丹主权委员会总体持接受立场，支持开启联合国和非盟参与下的全国对话进程。④ 但是，主权委员会对这一倡议的态度也有所保留，即坚决反对联合国干涉苏丹主权的行为。主权委员会副主席穆罕默德·哈姆丹·达加洛在一份声明中表示，"联合国苏丹综合过渡援助团应扮演引导者，而非调解者"，并"反对各方借机干涉苏丹内政"。⑤ 2022 年 3 月 28 日，佩尔特斯向联合国安理会通报了苏丹的局势后，布尔汉指责他干涉苏丹事务，甚至威胁要将其驱逐出苏丹。⑥ 由此可见，面对国际社会的压力，苏丹军方在选择接受外部调解的同时，也以"维护主权"为由捍卫自身的政治主导地位和既得利益。

---

① "Some Progress' in Sudan Mediation as Coup Leader El Burhan Pledges to Release Detainees", Dabanga, November 4, 2021, https://www.dabangasudan.org/en/all-news/article/some-progress-in-sudan-mediation-as-coup-leader-el-burhan-pledges-to-release-detainees.

② "South Sudan Coordinating Mediation Efforts in Sudan: Official", Sudan Tribune, February 3, 2022, https://sudantribune.com/article254857/.

③ "Eritrea Presents New Peace Initiative to End Sudan's Political Strife", Sudan Tribune, April 17, 2022, https://sudantribune.com/article257754/.

④ Mohammed Amin, "Sudan's Sovereign Council Accepts UN Initiative", Anadolu Agency, January 11, 2022, https://www.aa.com.tr/en/africa/sudans-sovereign-council-accepts-un-initiative/2470469.

⑤ Sarah El Safty, "Sudan Army-led Council Signals Tougher Line on U. N. Mediation", Reuters, January 30, 2022, https://www.reuters.com/world/africa/sudan-army-led-council-signals-tougher-line-un-mediation-2022-01-29.

⑥ "Burhan Threatens to Expel UN Envoy to Sudan", Sudan Tribune, April 2, 2022, https://sudantribune.com/article257238/.

　　"自由与变革力量"联盟内部对国际调解倡议看法不一,分歧焦点在于军方在倡议中应发挥的作用。"自由与变革力量"中央委员会欢迎"任何有助于苏丹人民反对政变和建立民主国家目标的国际努力",认为联合国的倡议起到了担保人和调解者的作用,有助于达成停止对抗议者过度使用暴力的协议,并协助苏丹重回过渡正轨。① 虽然"自由与变革力量"中央委员会对联合国提出的对话倡议予以积极回应,但苏丹共产党、苏丹职业者协会等成员组织拒绝与军方进行任何对话。苏丹共产党中央委员会认为政变当局没有对话资格,不与其进行对话。② 苏丹职业者协会认为解决危机的唯一途径是军方不得参与政治过渡进程。虽然不拒绝与联合国苏丹综合过渡援助团协商,但该组织拒绝加入"有军方参与的谈判"。③

　　"抵抗委员会"是政变后苏丹国内最坚定的反对派。政变后,该组织始终坚持"三不"原则,拒绝与军方对话沟通。因此,该组织拒绝接受联合国的对话倡议,认为军方不应参与全国对话,甚至不能在未来扮演任何政治角色。④ "苏丹反对外国干涉"运动发起了一系列集会,其发言人奥斯曼·巴希尔呼吁苏丹民众反对外国干涉和驱逐佩尔特斯及数名西方大使。示威者举着写有"尊重国家主权"等标语的横幅,高呼"沃尔克,不要干涉"等口号,表示他们拒绝接受联合国苏丹问题特使沃尔克·佩尔特斯。⑤

---

① "UN Launches Talks to End Crisis in Sudan", Radio Dabanga, January 9, 2022, https://radiotamazuj. org/en/news/article/un-launches-talks-to-end-crisis-in-sudan.

② Mohammed Amin Yassin, "Friends of Sudan Group Supports UN-African Initiative to Resolve Sudan's Crisis", Asharq Al-Awsat, March 3, 2022, https://english. aawsat. com/home/article/3564286/friends-sudan-group-supports-un-african-initiative-resolve-sudan%E2%80%99s-crisis.

③ "UN Role Will Be Limited to Facilitating Intra-Sudanese Dialogue: Perthes", SudanTribune, January 10, 2022, https://sudantribune. com/article253920/.

④ Marc Espanol, "Sudanese Public Widely Rejects New UN Initiative", Al-Monitor, January 26, 2022, https://www. al-monitor. com/originals/2022/01/sudanese-public-widely-rejects-new-un-initiative.

⑤ "Sudan's Sovereign Council Rejects Foreign Interference", Atalayar, January 28, 2022, https://atalayar. com/en/content/sudans-sovereign-council-rejects-foreign-interference.

### （三）国际调解的走势与前景

联合国提出促进苏丹各方之间对话的倡议后，包括"三驾马车"和欧盟在内的国际社会对苏丹综合过渡援助团普遍表示欢迎，但非盟和伊加特起初对联合国的计划保持沉默。① 非盟和平与安全理事会在 2022 年 1 月 25 日发表的声明中明确表示，非盟与联合国的倡议保持距离；伊加特则称将发挥建设性和公正作用，单独领导调解工作，并提出结束苏丹危机的新倡议。② 然而，由于苏丹国内政治进展缓慢，2022 年 3 月非盟开始主动就苏丹的对话进程同联合国建立伙伴关系，同意加入联合国的对话倡议，伊加特随后也同意加入。联合国随即表示愿与非盟和伊加特一起致力于推动苏丹重回真正的过渡道路，最终实现自由、公正的选举。此后，这三个国际组织结束各行其是的调解尝试，开始协商一致，共同促成苏丹各方对话的三方机制。

国际调解方的合作有利于在现有调解流程和网络的基础上，将非盟的合法性、伊加特的调解经验与联合国提供的资源和动员能力结合起来。鉴于文官与军方间缺乏信任，由多个调解方监督的目标落实机制对最终实现苏丹的军文和解至关重要。打破僵局的目标应是建立新的政治体制，急于恢复军文伙伴关系可能将适得其反。为此，联合调解方需要在宪法安排、选举、安全部门改革及司法和问责制等关键领域促进军方与文官的对话，并最终实现权力制衡。

在联合国苏丹综合过渡援助团、非盟和伊加特三方机制宣布于 5 月中旬正式启动苏丹内部对话进程后，主权委员会立即释放部分政治领导人以示其支持立场。③ 尽管仍有一些政党未决定是否参与对话，但三方机制通过倡议

---

① "IGAD to Mediate Talks to End Sudan's Transition Crisis", Sudan Tribune, January 31, 2022, https：//sudantribune. com/article254752/.

② "IGAD Proposes New Initiative to End Sudan Crisis", Middle East Monitor, January 12, 2022, https：//www. middleeastmonitor. com/20220112-igad-proposes-new-initiative-to-end-sudan-crisis/.

③ "Dialogue between Sudanese Parties to Start in First Week of May", suna, April 26, 2022, https：//suna-sd. net/read? id = 737730.

促进透明对话的努力与苏丹人民恢复宪法过渡政府的目标一致，这使人们重新看到了实现政治过渡和如期举行民主选举的希望。与此同时，军方主导的苏丹过渡政府也在努力实施信任构建措施，为对话创造有利环境，包括释放被扣押者、结束任意逮捕和对抗议者使用暴力以及解除紧急状态。成功对话将带来政治稳定，进而为召开制宪会议和解决过渡进程面临的挑战铺平道路。

# 结　语

政治过渡的本质是权力的再分配，而主要政治力量基于自身实力的分权及其平衡度直接决定着国家政局的稳定程度。就苏丹而言，军文双方在权力分配问题上的相互妥协是苏丹政治过渡进程开启的关键，而权力分配的失衡则是过渡进程遭遇挫折的关键原因。具体而言，军文执政联盟的建立基础是双方在"十二月革命"后的分权中达到了相对平衡和相互制衡，即军方与文官分别掌握"监督权"和"行政权"并共享"立法权"。军方以政变手段解散文官主导的过渡政府实际上打破了原有的权力平衡，使苏丹失去了能够凝聚国内共识的"主心骨"。

苏丹当前政治僵局的核心原因是"合作"失败导致的军文互不信任。从对国际调解倡议的反应和立场看，军文双方均有意却难以"独自为政"。一方面，军方与文官均在权力再重组这一关键问题上表现出强烈的"排他"倾向；另一方面，双方都面临无法将"权力"与"合法性"兼于一身的政治窘境。事实上，无论是军方还是文官，都难以单独完成政治过渡这一国家重任。只有重建互信与彼此妥协，军文双方才能再次合作，共同团结和带领苏丹人民继续推进艰难曲折的过渡进程。

# 埃塞俄比亚：内部冲突阻碍发展进程

沈晓雷*

**摘　要：** 2020 年 11 月 4 日，埃塞俄比亚爆发内部冲突。此次内部冲突是阿比政府上台后推行的政治改革导致执政联盟破裂，2020 年选举纷争导致联邦政府与提格雷人民解放阵线矛盾不断激化，提格雷族与奥罗莫族和阿姆哈拉族矛盾不断加深，以及民族联邦制的弊端等因素共同作用的结果。内部冲突不但导致埃塞俄比亚政治改革进程受阻和经济发展遭受冲击，而且造成了严重的人道主义危机，并进一步加剧了非洲之角地区的乱局。埃塞俄比亚内部冲突爆发后，国际社会进行了积极的调解与干预，尽管并没有推动冲突双方实现停火及达成和平协议，但在缓和战局及提供人道主义救助等方面发挥了一定的作用。2022 年以来，埃塞俄比亚内部冲突虽有所缓和，但和平之路仍将步履维艰。

**关键词：** 埃塞俄比亚　内部冲突　政治改革　经济发展

进入 21 世纪以来，埃塞俄比亚（以下简称"埃塞"）因经济持续快速发展而被誉为"承载了非洲走向繁荣富强的希望"。当然，在经济快速发展过程中，埃塞也逐步产生了一些问题，包括经济发展成果分配不均、政治权力格局逐步发生变迁、腐败问题越来越严重和民族矛盾日益凸显等。为了解

---

\* 沈晓雷，中国社会科学院西亚非洲研究所副研究员，研究方向为非洲政治、非洲民族。

决这些问题，埃塞总理阿比·艾哈迈德在 2018 年 4 月上台后推行"新政"，力图对埃塞内政、外交进行改革。"阿比新政"固然取得了一定的效果，如埃塞与厄立特里亚关系大幅改善，但也诱发了一系列问题，其中最为严重的是联邦政府与提格雷人民解放阵线（以下简称"提人阵"）之间爆发内部冲突。内部冲突使埃塞本就遭受新冠肺炎疫情冲击的发展进程遭到重大打击。如何尽快彻底结束内部冲突及推进和平进程将是阿比政府当前面临的最为紧迫的任务。

## 一 埃塞内部冲突的发展态势

埃塞联邦政府与提人阵在 2020 年 11 月爆发内部冲突，迄今已有一年多的时间。冲突爆发至今，大致可分为三个阶段，第一阶段为 2020 年 11 月至 2021 年 5 月，联邦政府军占据绝对优势；第二阶段为 2021 年 6 月至 2021 年 12 月，双方进入拉锯战，互有攻守且损失严重；第三阶段为 2022 年 1 月至今，呈现小规模零星冲突的态势。

### （一）第一阶段（2020年11月至2021年5月）

2020 年 11 月 4 日，提人阵武装力量袭击了埃塞国防军驻扎在提格雷州首府默克莱的北方司令部，埃塞内部冲突爆发。联邦政府马上予以回击，对提格雷州各地进行空袭，同时切断提格雷州的网络、电话和电力服务设施，并宣布在提格雷州实施为期 6 个月的紧急状态。随后，联邦政府迅速调集军队进入提格雷州，凭借更为强大的军事力量以及阿姆哈拉地方武装和厄立特里亚军队的支持，控制了默克莱市。11 月 28 日，阿比宣布在提格雷州的军事行动已经完成，内部冲突已经结束。

但埃塞局势发展并没有如阿比所愿。提人阵武装力量被迫从默克莱撤离到农村地区后，开始重新武装和招募士兵，并以游击战的方式继续与联邦政府军进行周旋，埃塞内部冲突开始呈现出分散化与长期化的趋势。2021 年 3 月底，联邦政府总理阿比表示联邦政府军仍在 8 个不同的战线与提人阵武装力量进行战斗，国际危机集团于 2021 年 4 月 2 日发布的关于埃塞冲突的报告中也表示，双方在提格雷州中部和南部仍然冲突不断。[1] 在此情况之下，联邦政府在 5 月 1 日宣布提人阵为"恐怖组织"，并在全国范围内展开针对提人阵成员及其支持者的逮捕活动，大量提人阵高官遭到逮捕并被处决。提人阵随之展开报复，在 5 月 26 日暗杀了 20 多名提格雷州临时政府官员。[2]

## （二）第二阶段（2021年6月至2021年12月）

2021 年 6 月，提人阵武装力量加强攻势，先后将联邦政府军赶出提格雷州中部和南部地区，但在阿姆哈拉人控制的西部地区受阻。6 月 28 日，提人阵武装力量重新夺回默克莱市。同日，联邦政府宣布在提格雷地区实施单方面停火，直到种植季结束（通常为 9 月）。但提人阵武装力量并未停止进攻，并在 7 月进军阿姆哈拉州和阿法尔州，战局扩散至提格雷州之外。为阻断提人阵的物资和后勤补给，联邦政府从 7 月中旬起开始对提格雷州进行全面封锁。此后，提人阵为打通阿姆哈拉州的运输线而加大攻势，相继占领阿姆哈拉州历史名镇拉利贝拉以及战略要地沃尔迪亚和奇法拉。[3]

8 月初，提人阵与同样在 5 月 1 日被联邦政府列为"恐怖组织"的奥莫罗解放阵线结成军事联盟，共同对抗联邦政府。在此情况之下，联邦政府在 8 月 10 日发表声明，宣布结束单方面停火，号召国防军、地方特种部队和民兵在阿姆哈拉州和阿法尔州对提人阵武装力量发动反攻并一劳永逸将其击溃。[4] 此后，双方进入激烈的拉锯战。9 月，在联邦政府军的反攻之下，提

---

[1] "Tigray Conflict", OWP, December 18, 2021, https://theowp.org/crisis_index/tigray-conflict/; International Crisis Group, "Ethiopia's Tigray War: A Deadly, Dangerous Stalemate", Africa Briefing No. 171, Nairobi/Brussels, April 2, 2021, p. 2.

[2] 非洲咨研：《埃塞俄比亚政经季报》第 5 期，2021 年 6 月。

[3] "Ethiopia's Civil War: Cutting a Deal to Stop the Bloodshed", International Crisis Group Briefing No. 175, Nairobi/Brussels, October 26, 2021, p. 5.

[4] "Statement on Current Affairs and a National Call from Prime Minister Office", Amharaweb, August 10, 2021, https://www.amharaweb.com/statement-on-current-affairs-and-a-national-call-from-prime-minister-office/, accessed December 18, 2021.

人阵武装力量进攻受阻，甚至一度完全撤出阿法尔州。10月，提人阵武装力量继续加强进攻，至10月底已占领临近提格雷州的阿姆哈拉州重镇德赛和孔伯勒查，距首都亚的斯亚贝巴约380公里。

为顶住提人阵的攻势，11月2日，联邦政府宣布全国即日进入为期6个月的紧急状态，安全部队可突击检查并在没有逮捕证的情况下拘留与恐怖组织有关的嫌疑人。提人阵随后做出反应，在11月5日与奥莫罗解放阵线及另外7个反政府组织结盟，共同对抗联邦政府。11月18日，提人阵声称占领距亚的斯亚贝巴仅220公里的小镇罗比，并威胁要向首都亚的斯亚贝巴进军。为了提振联邦政府军士气，11月23日，阿比亲赴前线指挥作战。此后，联邦政府军不断加大对提格雷州和提人阵武装力量的空袭及地面进攻，并在12月初逐步在战事中占据主动，提人阵武装力量则开始节节败退。

12月19日，提人阵领导人德布雷齐翁·格布雷迈克尔致信联合国秘书长古特雷斯，称提人阵武装力量将撤出阿姆哈拉州和阿法尔州，并表示"我们相信大胆的撤军行动能成为和平的决定性开端"。[①] 12月23日，联邦政府对此做出反应，表示将提人阵驱逐出其侵入地区的第一阶段行动已完成，联邦政府军不会深入提格雷州。

## （三）第三阶段（2022年1月至今）

进入2022年之后，联邦政府军与提人阵武装力量之间的大规模军事行动暂时告一段落，但小规模冲突仍持续不断，尤其是自2022年1月中旬以来，提格雷州与阿姆哈拉州和阿法尔州边界地区仍不时爆发冲突，联邦政府对提格雷州的空袭也没有停止。

尽管双方并没有完全停火，但埃塞联邦政府开始逐步采取一些缓和措施，包括拟开展包容各方的全国对话并建立新的全国对话委员会，在2022

---

① 南博一、卢之琳：《"提人阵"称从埃塞北部两州撤军以争取和平，遭埃塞政府驳斥》，澎湃网，2021年12月22日，https：//m.thepaper.cn/api_ prom.jsp? contid=15957244，最后访问日期：2021年12月23日。

年 1 月 8 日释放包括提人阵成员在内的政治犯，以及在 2 月 15 日提前结束全国紧急状态等。3 月 24 日，联邦政府发表声明，宣布在提格雷州实行人道主义休战，并呼吁提人阵武装力量撤出在阿姆哈拉州和阿法尔州占领的地区。提人阵随后给予积极回应，称："无论如何，提格雷人民和政府都将尽最大努力给和平一个机会。"① 联邦政府与提人阵之间初现和平曙光。

## 二　埃塞内部冲突爆发的原因

埃塞之所以爆发内部冲突且久拖不决，是各种因素相互作用的结果，包括阿比政府上台后所推行的政治改革导致执政联盟埃塞俄比亚人民革命民主阵线（以下简称"埃革阵"）破裂，提格雷州议会单方面举行选举导致联邦政府与提人阵矛盾激化，提格雷族与奥莫罗族等民族长期积累的矛盾，以及民族联邦制本身所存在的问题等。

### （一）政治改革导致执政联盟破裂

阿比在 2018 年 4 月上台执政后，为在国内旧的权力格局发生变化之际维护国内和平稳定与推进社会经济发展，在内政、外交方面进行改革，称为"阿比新政"。② "阿比新政"最为重要的一个方面，为将执政党联盟埃革阵改组为单一国家政党，以此重建国内政治秩序。2019 年 2 月，阿比公开表示联邦政府将组建一个全国性的单一国家政党。阿比的提议得到埃革阵 3 个成员党（阿姆哈拉民族民主运动、奥罗莫人民民主组织和南埃塞俄比亚人民民主阵线）以及其他 5 个联盟党的支持，但在此之前长期掌控埃革阵权

---

① "Tigray State Says Committed to Implement Cessation of Hostilities 'Immediately', Asks Humanitarian Assistance to Meet Needs on the Ground", Addis Standard, March 25, 2022, https://addisstandard.com/news-tigray-state-says-committed-to-implement-cessation-of-hostilities-immediately-asks-humanitarian-assistance-to-meet-needs-on-the-ground/, accessed March 27, 2022.

② 参见曾爱平《"阿比新政"与埃塞俄比亚政治发展》，载张宏明主编《非洲发展报告 No. 22（2019~2020）》，社会科学文献出版社，2020，第 191~208 页。

力中枢的提人阵对此坚决反对。

尽管遭到提人阵的反对，但阿比仍力推建立单一国家政党，并最终在2019年12月1日成立埃塞俄比亚繁荣党，取代埃革阵成为执政党。12月25日，埃塞全国选举委员会向繁荣党颁发认可证书。繁荣党成立后，提人阵以违反国家宪法和联邦制度为由拒绝加入，且强烈抵制其在提格雷州建立分支机构。繁荣党的成立标志着执政联盟正式破裂，提人阵已被彻底边缘化且与联邦政府的矛盾不可调和。此外，阿比政府在反腐行动中逮捕了不少提格雷族官员，这也被提人阵视为对提格雷族官员进行清洗。各方面因素相结合，导致提人阵退居提格雷州。

## （二）选举纷争引发双方矛盾不断激化

2020年3月13日，埃塞发生新冠肺炎疫情。3月31日，埃塞国家选举委员会表示，受疫情影响，将推迟原定于8月29日举行的议会和总统选举。提人阵对此表示反对，称此举严重违反埃塞宪法，并表示将在提格雷州举行自己的选举。6月10日，埃塞议会上院即联邦院投票决定将大选延迟到卫生部门认为疫情得到充分控制的9~12个月之后举行，与此同时，延长议会任期并允许阿比在任期结束后继续任职。此举被包括提人阵在内的反对派视为本就没有通过选举上台，并因此而缺乏合法性的阿比利用疫情来延长任期。而在此之前的6月8日，联邦院议长、提人阵成员克里娅·易卜拉欣辞职，称"不愿与违反宪法和实施独裁的人一起工作"。①

6月12日，提格雷州政府宣布将按期组织州议会选举，并要求全国选举委员会予以批准。6月24日，埃塞全国选举委员会拒绝了提格雷州政府的申请，并宣称提格雷州政府无权组织选举。尽管如此，提格雷州还是在7月16日组建选举委员会，并在9月9日举行州议会选举，提人阵在选举中获得98.2%的选票和全部152个席位。早在选举之前的9月5日，埃塞议会

---

① "Ethiopian Parliament Allows PM Abiy to Stay in Office beyond Term", Al Jazeera, June 10, 2020, https：//www.aljazeera.com/news/2020/6/10/ethiopian-parliament-allows-pm-abiy-to-stay-in-office-beyond-term, accessed December 10, 2020.

宣称，根据宪法规定，即将在提格雷州举行的选举无效。提格雷州政府则回应称，议会任何关于提格雷州选举的决议都等同于宣战。事实确实如此，提格雷州选举进一步激化了提人阵与联邦政府的矛盾，被联邦政府视为严重挑衅，进而成为双方之间内部冲突的导火索。提格雷州选举结束后，联邦政府宣布选举违法，联邦财政部则宣布绕过提格雷州政府直接向地方政府提供资金。11 月 2 日，德布雷齐翁宣称联邦政府正试图以武力解决问题，提人阵武装力量不会惧怕战争。两日后，双方之间爆发内部冲突。

## （三）民族矛盾成为内部冲突的重要诱因

埃塞共有 80 多个民族，其中最大的 3 个民族为奥罗莫族、阿姆哈拉族和提格雷族，分别约占全国人口的 40%、30% 和 8%。提格雷族虽然仅为第三大民族，但提人阵作为埃革阵的主导党，自 1991 年起长期执掌国家政权。在此期间，提人阵在政治权力和经济发展等领域过度向提格雷人倾斜，由此引起其他民族尤其是奥罗莫族和阿姆哈拉族的不满，如奥罗莫族民众自 2015 年 11 月起不断抗议亚的斯亚贝巴城市扩建，阿姆哈拉族则从 2016 年 6 月起反对把阿姆哈拉州的农田划归提格雷州，并且这些抗议逐步从经济领域向政治领域延伸，并多次引发暴力冲突。

事实上，自埃塞前总理、提格雷人梅莱斯·泽维纳在 2012 年去世后，提人阵对埃革阵和埃塞的掌控就开始呈衰落之势，奥罗莫族势力则不断上升。奥罗莫人民民主组织在阿姆哈拉民族民主运动等支持下逐步掌控埃革阵，并最终使奥罗莫人阿比在 2018 年 4 月上台执政。鉴于提格雷族与奥罗莫人长期积累的矛盾，阿比政府在上台后所推行的政治改革在某些方面确实有针对提格雷人之嫌，提人阵更是认为这些改革主要针对提格雷人，这也是其在联邦政府内失势后退回到提格雷州以及在冲突刚开始时失利却能够坚持下来并攻入阿姆哈拉州和阿法尔州的主要原因。

埃塞内部冲突久拖不决也与这一民族矛盾紧密相关。一方面，提格雷人认为军事上的成败关系其存亡；另一方面，阿比政府内部并非铁板一块，虽然有人认为在战场上的胜利已经使其获得了足够的政治资本和民众支持，但

奥罗莫族和阿姆哈拉族中的激进分子坚持将提格雷人彻底打垮。① 此外，阿姆哈拉族武装力量仍然占领着土壤肥沃的提格雷州西部地区，这也使提人阵很难接受停火协议。

### （四）民族联邦制是冲突背后的深层因素

埃塞在1995年实施民族联邦制，根据这一制度，埃塞分为9个联邦自治州和亚的斯亚贝巴与穆雷达瓦两个直辖市，9个联邦自治州主要以民族聚居区划分，享有高度自治权，甚至享有包括分离权在内的民族自决权。民族联邦制虽在一定程度上有助于维持联邦稳定和保护少数民族权益，但助长了各州的独立意识和各民族的民族认同，并因此弱化了国家认同和中央权威。② 与此同时，民族联邦制还加剧了各州之间和各民族之间的矛盾及冲突，并导致奥罗莫族、阿姆哈拉族、提格雷族以及其他一些少数民族中极端民族主义盛行。

阿比政府上台后，面临调解各民族之间的矛盾与冲突、打击各种极端民族主义势力以及重构国家认同和重新进行国家建构的任务。要想完成这些任务，就需要加强中央权威，为此阿比政府希望通过组建单一国家政党和修改宪法中允许民族分离的条款等方式来创建单一的政治与经济共同体，实现重构政治秩序的目标。这显然不符合提人阵的利益，因为这不但会触及和破坏提人阵所主导创建的民族联邦制，而且会使人口相对较少的提格雷人在联邦中进一步丧失话语权。围绕民族联邦制之存续所进行的斗争也成为二者矛盾不可调和的一个重要原因。

---

① "A Rare Chance for Peace in Ethiopia", Crisis Group, December 23, 2021, https://www.crisisgroup.org/africa/horn-africa/ethiopia/rare-chance-peace-ethiopia, accessed February 12, 2022.

② Adisalem Desta, "Irreconcilable Aspirations: A Regressive Ethiopian Vision Spells the End of the Republic", Ethiopia Insight, December 6, 2021, https://www.ethiopia-insight.com/2021/12/06/irreconcilable-aspirations-a-regressive-ethiopian-vision-spells-the-end-of-the-republic/, accessed February 12, 2022.

## 三　埃塞内部冲突的影响

埃塞内部冲突久拖不决，不但对埃塞的政治改革与经济发展产生了严重不利影响，而且造成了严重的人道主义危机，并进一步加剧了非洲之角地区的乱局。

### （一）政治改革进程严重受阻

阿比在 2018 年 4 月上台后，在"协同合一"（Medmer）理念的基础上推行政治改革，以求加强中央权威、提高国家治理能力以及维护与加强民族团结。为此，除了组建繁荣党外，阿比政府还进行政府机构改革、惩治腐败、扩大政治空间、开放报禁以及推动各州和各民族进行和平对话等。[①] 内部冲突爆发后，上述改革进程受到严重阻碍。第一，阿比政府在冲突爆发后将很大一部分精力放在了战事方面，在 2021 年 6 月之后更是如此，政府机构改革和反腐力度大幅减弱甚至陷入停滞；第二，阿比政府先是在提格雷州实施紧急状态，后又在全国实施紧急状态，且在 2020 年 11 月冲突爆发后多次关闭互联网，政治空间与新闻自由不进反退；第三，内部冲突不但进一步加深了提格雷族与奥罗莫族和阿姆哈拉族之间的矛盾，还助长了各民族中的极端民族主义势力，使埃塞的民族问题更加复杂化。

2021 年 6 月 21 日，埃塞在多次推迟之后举行议会下院即人民代表院选举。此次选举共有 7 个州参加，哈勒尔州、索马里州和提格雷州的选举因程序或安全问题而被推迟。[②] 7 月 10 日，埃塞全国选举委员会公布选举结果，繁荣党在举行投票的 436 个席位中获得 410 个席位，从而获得 547 个席位中的绝对多数。10 月 4 日，阿比在埃塞议会宣誓就任新一届政府总理。10 月 6 日，议会批准新内阁提名，阿比政府新的任期正式开始。从当前来看，选

---

[①] 曾爱平：《"阿比新政"与埃塞俄比亚政治发展》，载张宏明主编《非洲发展报告 No.22（2019～2020）》，社会科学文献出版社，2020，第 195～198 页。

[②] 哈勒尔州和索马里州的 47 个选区在 2022 年 9 月 30 日举行了选举。

举与军事胜利为阿比政府赢得了更大的政治合法性，但在内部冲突仍然持续、和平进程悬而未决的情况下，顺利推动政治改革进程不是一件容易的事情。

### （二）经济发展遭受冲击

内部冲突爆发之前，埃塞一直是非洲经济增长速度最快的国家之一，在2004~2014年的增速甚至高达10%以上。受新冠肺炎疫情影响，埃塞经济增速从2019年的9.0%下降到2020年的6.1%。内部冲突使埃塞经济受到进一步冲击，据非洲开发银行预测，埃塞2021年的经济增速可能会再次降至2.0%，这与其他非洲国家经济在疫情中强势反弹形成了鲜明的对比。①

久拖不决的内部冲突还对埃塞的财政收支、政府债务和通货膨胀等一系列经济指标产生了严重不利影响。第一，财政压力不断加大。内部冲突不但导致军费开支增加，而且战后重建和人道主义救助会耗费大量财政开支。据贸易经济公司预测，埃塞2021年军事支出将达到5.02亿美元，联合国秘书长古特雷斯在2021年8月表示，内部冲突已经耗费了埃塞超过10亿美元的国库。② 据国际货币基金组织预测，埃塞财政赤字占国内生产总值的比重将从2020年的2.8%上升到2021年的3.0%。③

第二，政府债务不断增加。2018~2020年，埃塞政府债务占国内生产总值的比重逐年下降，从61.1%下降到55.4%。受内部冲突影响，埃塞政府的借贷需求增加，偿债能力下降，由此导致2021年债务占比再次上升到57.1%。④ 另据英国经济学人（EIU）信息部估计，埃塞政府2021年外债将

① African Development Bank, *African Economic Outlook 2021: From Debt Resolution to Growth——The Road Ahead for Africa*, p. 38.
② 非洲咨研:《埃塞俄比亚政经季报》第6期，2021年12月。
③ International Monetary Fund, *Regional Economic Outlook: Sub-Saharan Africa*, October 2021, Washington, D. C. , p. 29.
④ International Monetary Fund, *Regional Economic Outlook: Sub-Saharan Africa*, October 2021, Washington, D. C. , p. 29.

达到 32. 26 亿美元，比 2020 年增加近 2 亿美元。[①] 在内部冲突、财政赤字和债务风险等多重负面因素影响下，国际评级机构惠誉将埃塞长期本币发行人违约评级下调为最低的 CCC，穆迪也将其长期债务评级从 Caa1 下调为 Caa2。[②]

第三，通货膨胀率大幅攀升。埃塞通货膨胀率在 2021 年 4 月仅为 19. 2%，随着内部冲突在 6 月之后逐步升级，通货膨胀率开始大幅攀升，到 9 月达到 34. 8%，10 月和 11 月虽小幅下降，但在 12 月升至最高点 35. 1%。[③] 与广大民众更为息息相关的食品通货膨胀率也是如此，从 4 月的最低点 21. 9% 飙升至 9 月的 41. 9%，到 12 月仍为 41. 6%。[④] 此外，消费者价格指数也在节节攀升，从 4 月的 199. 8 点升至 12 月的 245. 8 点，2022 年 2 月又进一步升至 257 点。[⑤]

## （三）人道主义危机严重

内部冲突给埃塞带来了严重的人道主义危机。内部冲突不仅导致大量人员伤亡、民众流离失所和沦为难民，还会导致针对妇女和儿童等弱势群体的犯罪上升，粮食和饮用水短缺，医疗条件大幅恶化，以及难以获取外部人道主义救助等。根据联合国人道主义事务协调厅发布的报告，到 2021 年 12 月底，提格雷州约有 6. 3 万人逃往苏丹而沦为难民，200 多万人流离失所，390 万人需要医疗救助，160 万名儿童、孕妇和哺乳期妇女营养不良，350 万人缺乏安全饮用水，以及 420 万人缺乏紧急避难所。[⑥] 2021 年 6 月内部冲

---

① EIU, *Country Report：Ethiopia*, 1st Quarter, 2022, London, p. 11.

② "Ethiopia-Credit Rating", Trading Economic, https：//tradingeconomics. com/ethiopia/rating, accessed March 8, 2022.

③ "Ethiopia Inflation Rate", Trading Economic, https：//tradingeconomics. com/ethiopia/inflation-cpi, accessed March 8, 2022.

④ "Ehiopia Food Inflation", Trading Economic, https：//tradingeconomics. com/ethiopia/food-inflation, accessed March 8, 2022.

⑤ "Ethiopia Consumer Price Index Cpi", Trading Economic, https：//tradingeconomics. com/ethiopia/consumer-price-index-cpi, accessed March 15, 2022.

⑥ OCHA, *Ethiopia-Northern Ethiopia Humanitarian Update Situation Report*, December 30, 2021.

突蔓延至阿姆哈拉州和阿法尔州后，也给这两个州带来了严重的人道主义问题。例如，到 8 月底，阿姆哈拉州和阿法尔州便分别有 14 万人和 23.3 万人流离失所。① 在内部冲突所带来的人道主义危机中，最为严重的是粮食安全问题。世界粮食计划署于 2021 年 11 月 26 日报道，埃塞北部共有 940 万人需要粮食救助，且有 780 万人生活在战线之后。②

内部冲突所造成的人道主义危机的严重性还在于，因战乱、空袭、道路和桥梁等交通基础设施遭到破坏、军事封锁以及武装抢劫等问题，来自国际社会的人道主义救助物资往往很难抵达受援助人群。2021 年 7 月之后，随着冲突蔓延至阿姆哈拉州和阿法尔州，通过提格雷州的许多道路和桥梁遭到破坏。更严重的是，联邦政府自 7 月中旬开始对提格雷州进行全面封锁，自 8 月初期开始禁止向其运输燃油，加之救助物资经常遭到武装抢劫，人道主义组织被迫减少甚至停止救助行动，以致在 6 月底到 10 月中旬，只有 14% 的救助物资抵达提格雷州。③ 进入 2022 年后，虽然内部冲突有所缓和，且联邦政府已经取消全国紧急状态，但提格雷州的人道主义救助情况仍不容乐观。据联合国人道主义事务协调厅在 2022 年 3 月 10 日发布的报告，在该地区活动的人道主义组织已经从 1 月的 47 个减少为 37 个，且供给和燃油储备几乎耗尽，2021 年 10 月中旬至 2022 年 3 月 2 日累计只有 96.6 万人获得了粮食救助，还不到需要救助人口的 1/4。④

### （四）非洲之角局势更加动荡

2019 年以来，非洲之角局势持续动荡。一是苏丹民众示威抗议浪潮引发执政长达 30 年的巴希尔政权在 2019 年 4 月下台，此后军方与"自由与变

---

① OCHA, *Ethiopia-Northern Ethiopia Humanitarian Update Situation Report*, September 16, 2021.

② "Ethiopia: 9.4 Million People Are 'Living Their Worst Nightmare' in Northern Ethiopia Due to Ongoing Conflict", United Nations, November 26, 2021, https://news.un.org/en/story/2021/11/1106652, accessed November 26, 2021.

③ OCHA, *Ethiopia-Northern Ethiopia Humanitarian Update Situation Report*, September 16, 2021; OCHA, *Ethiopia-Northern Ethiopia Humanitarian Update Situation Report*, October 13, 2021.

④ OCHA, *Ethiopia-Northern Ethiopia Humanitarian Update Situation Report*, March 10, 2022.

革力量"联盟经权力博弈在当年 8 月组建过渡政府，由经济学家阿卜杜拉·哈姆杜克担任过渡政府总理。二是索马里自 2020 年起深陷选举危机，联邦政府与反对派就选举形式和议会席位分配等问题争执不休，导致选举一再推迟。三是复兴大坝问题升温，埃及、苏丹和埃塞三国之间的谈判进程陷入僵局。四是安全形势不断恶化，索马里、肯尼亚、苏丹和埃塞均不断发生恐怖袭击等恶性事件。五是美国、俄罗斯、伊朗、沙特、埃及、阿联酋和土耳其等域外国家在非洲之角相互竞争，导致地区局势越发动荡。

埃塞曾长期在非洲之角经济发展、地区稳定和反恐等方面发挥着至关重要的作用，甚至被称作非洲之角的"稳定锚"。内部冲突严重削弱了埃塞地区"稳定锚"的作用，加剧了非洲之角本就动荡的局势，甚至可能导致该地区陷入地缘政治重组。一是埃塞在尼罗河水资源争夺、索马里反恐和南苏丹及苏丹维和等问题上的地区主导地位受到削弱。二是厄立特里亚通过出兵等方式深度介入埃塞内部事务，开始在一定程度上牵动埃塞局势发展。三是埃及和苏丹在尼罗河水资源问题上联手压制埃塞，且苏丹与埃塞边界冲突不断，两国关系面临巨大压力。四是肯尼亚不断加大介入非洲之角事务的力度，力图在该地区地缘政治重组中获得更大发言权。五是埃塞难民问题不断外溢，进一步加剧了非洲之角的人道主义危机。正是在上述问题的交互作用下，根据澳大利亚经济与和平研究所公布的 2021 年度全球和平指数，在其所涵盖的 163 个国家和地区中，厄立特里亚、埃塞、苏丹、索马里和南苏丹均排在第 135 名之后。①

## 四　国际社会对埃塞内部冲突的调解与干预

埃塞内部冲突引发了国际社会广泛关注，联合国、非盟、欧盟、伊加特、美国、中国，以及南非和肯尼亚等非洲国家均通过不同方式对冲突双方

---

① Institute for Economic and Peace, *Global Peace Index 2021: Measuring Peace in a Complex World*, Sydney, 2021, p. 10.

进行调解与干预。受篇幅所限，本部分仅对联合国、非盟、美国和中国所采取的行动进行概述。

### （一）联合国①

埃塞内部冲突爆发后，联合国秘书长安东尼奥·古特雷斯当天便发表声明，呼吁"立即采取措施缓和紧张局势，确保和平解决分歧"。此后，古特雷斯又多次就埃塞局势发表声明，如在 2021 年 8 月 26 日呼吁冲突各方全面停火，在 2021 年 12 月 24 日敦促冲突双方抓住和平机会，以及在 2022 年 1 月 19 日再次敦促立即停火，通过政治和外交途径解决问题等。除古特雷斯外，联合国安理会也多次就埃塞局势发表声明，呼吁双方停止敌对行动，但总体而言收效甚微。

除推动和平解决冲突外，联合国在埃塞人道主义救助方面做了大量工作。冲突爆发后不久，联合国人道主义事务协调厅便在 2020 年 12 月 17 日拨款 3560 万美元，用于援助提格雷州受影响民众，联合国开发计划署也在 2021 年 1 月 19 日承诺提供 202 万美元紧急援助涌入苏丹的埃塞难民。4 月 21 日，联合国安理会就埃塞冲突发表媒体声明，对提格雷州的人道和人权局势表达关切，呼吁国际社会继续开展国际救济工作。据统计，联合国中央应急基金和埃塞人道主义基金在 2021 年共向埃塞拨款 1.45 亿美元用于人道主义救助。2021 年下半年以来，在联合国难民署等机构的努力下，提格雷州在面临全面封锁的情况下仍获得了一定的人道主义救助，尤其是粮食援助。

### （二）非洲联盟

作为非洲大陆最重要的地区组织，非盟也为推动埃塞内部冲突和平解决做出了一系列努力。内部冲突爆发后，非盟轮值主席、南非总统西里尔·拉马福萨在当月便任命莫桑比克前总统若阿金·希萨诺、利比里亚前总统约翰

---

① 本部分相关资料均来自联合国网站关于埃塞问题的报道，https://news.un.org/zh/tags/ai-sai-e-bi-ya。

逊-瑟利夫和南非前总统卡莱马·莫特兰蒂作为非盟特使前往埃塞进行调解，但阿比在 2020 年 10 月 27 日会见他们时表示不会与提人阵进行对话，且拒绝他们前往提格雷州。2021 年 8 月 26 日，非盟委员会主席穆萨·法基任命尼日利亚前总统奥巴桑乔为非洲之角特使，重点负责调解埃塞冲突。接受任命后，奥巴桑乔多次前往埃塞进行调停，并在 11 月 13 日发表关于埃塞和平前景的声明，表示："对话是实现和平唯一可靠和可持续的手段。冲突没有军事解决方案，战场胜利不能保证埃塞政治稳定。"① 然而，奥巴桑乔的调停也没有取得实质性成效。

除了派遣特使之外，非盟并没有采取其他实质性的干预性行动，因此遭到外界批评。非盟之所以在调解埃塞内部冲突中难有作为，除了因非盟总部位于埃塞而受到掣肘外，还与两个因素有关：一是阿比政府一直坚称与提人阵的内部冲突为内部事务，是其针对提人阵开展的"执法行动"，而非盟在处理成员国事务时一直坚持不干涉内政的原则；二是埃塞当前为非盟和平与安全理事会成员，该理事会多次希望将埃塞内部冲突纳入议事日程，都被埃塞所否决。就此而言，只有埃塞在 2022 年结束任期且没有连任的情况下，非盟才有可能采取更加坚决的行动。②

## （三）美国

美国在非洲之角有着重要的地缘政治与安全利益，是对埃塞内部冲突最为关注和介入程度最深的域外大国。美国主要采取了软硬两个方面的行动，一是派遣特使进行斡旋。美国非洲之角前任特使杰弗里·费尔特曼先后于 2021 年 5 月、6 月、8 月和 11 月多次访问埃塞，并于 12 月 8 日访问阿联酋、土耳其和埃及就埃塞内部冲突开展穿梭外交。大卫·萨特菲尔德在 2022 年

① "Statement on the Prospects for Peace in Ethiopia by H. E. Olusegun Boasanjo High Representative of the Chairperson of the African Union Commission for the Horn of Africa", African Union, November 14, 2021, https://au.int/en/pressreleases/20211114/statement-prospects-peace-ethiopia-he-olusegun-obasanjo-high-representative, accessed November 16, 2021.

② International Crisis Group, "Eight Priorities for the Afican Union in 2022", Africa Briefing No. 177, Nairobi/Brussels, February 1, 2022, p. 5.

1月6日被任命为新一任非洲之角特使后，于1月和2月13~14日先后两次访问埃塞。二是进行制裁。为了向冲突双方尤其是阿比政府施加压力，美国先后于2021年5月、9月和11月多次对埃塞施加或威胁施加制裁，其中根据拜登总统在11月2日的制裁令，美国在2022年1月1日取消了埃塞《非洲增长与机遇法案》出口贸易受惠资格。

美国深度介入埃塞内部冲突，主要是为了服务于其非洲之角地区战略。一方面，在埃塞建立更加亲美的政权；另一方面，保持埃及、苏丹与埃塞之间的三角平衡。[①] 为此，美国还在复兴大坝问题上明确支持埃及。然而，美国以一己私利对埃塞进行制裁，不仅无助于冲突的和平解决，而且给埃塞普通民众带来了重大损害。以美国取消埃塞《非洲增长与机遇法案》受惠资格为例，此举将影响埃塞20万户低收入家庭的生计，与《非洲增长与机遇法案》相关产业链存在密切联系的100万人将受到直接影响。正是由于这方面的原因，埃塞民众于2021年11月7日在亚的斯亚贝巴举行集会，埃塞侨民也于11月16日在布鲁塞尔游行示威，谴责美国所作所为并表达对阿比政府的支持。

（四）中国

作为埃塞的传统友好国家，中国一直秉承不干涉内政的原则，呼吁冲突各方通过对话谈判化解分歧，并表示愿意为此发挥积极建设性作用，正如中国国务委员兼外长王毅在2021年12月1日访问埃塞时所表示的那样："我们不干涉埃塞的内政，也反对外部势力插手干涉，更不赞同一些外部势力为实现自身政治目的向埃塞施压"，"埃塞当前冲突的本质，是埃塞的国内问题，相信埃塞有能力、有智慧依照法律，以政治手段予以化解，实现包容和稳定。和谈是真正的出路，也是唯一正确的选择"。[②]

① 张春：《埃塞俄比亚内部冲突与美国非洲之角战略调整》，《非洲深度透视》2022年第2期。
② 《王毅同埃塞俄比亚副总理兼外长德梅克会见》，中华人民共和国外交部网站，2021年12月1日，https://www.fmprc.gov.cn/web/wjdt_674879/wjbxw_674885/202112/t20211201_10460833.shtml，最后访问日期：2021年12月2日。

2022 年 1 月 6 日，国务委员兼外长王毅在肯尼亚访问时提出"非洲之角和平发展构想"，支持非洲之角地区国家应对安全、发展、治理三重挑战。据此，中国政府在 2 月 22 日任命薛冰为外交部非洲之角事务特使。3 月 14 日，薛冰访问埃塞并会见埃塞副总理兼外长德梅克·梅孔嫩。在薛冰访问埃塞之前，王毅在 2 月 28 日同索马里外长阿卜迪赛义德通电话时表示，将向包括索马里和埃塞在内的非洲之角国家提供紧急粮食援助。事实上，自 2021 年 2 月以来，中国已多次向面临粮食短缺的埃塞提供粮食援助。此外，自 2021 年 3 月以来，中国已向埃塞援助 5 批新冠疫苗，为埃塞抗疫做出了重要贡献。在埃塞内部冲突问题上，中国与美国的做法形成了鲜明的对比，这也是德梅克在会见薛冰时赞扬中国是"负责任大国"的重要原因。①

从当前来看，国际社会的调解与干预并没有促使埃塞联邦政府和提人阵结束敌对状态，彻底实现停火并达成和平协议，但努力缓和战局，沟通双方态度和立场，尤其是在人道主义救助等方面发挥了一定的作用。

# 结　语

进入 2022 年以来，埃塞内部冲突大为缓和，尤其是联邦政府宣布人道主义休战为双方进一步采取和平行动提供了有利契机，但双方仍在一些问题上存在较大分歧。就联邦政府而言，并没有表示将提人阵从恐怖主义名单中除名，且一再宣称计划中的全国对话不会包括提人阵等被认定为"恐怖主义"的组织。就提人阵而言，虽然已多次表达了和谈的意愿，但能否完全停止针对阿姆哈拉州和阿法尔州的军事行动并撤出所占领地区还是未知数，而且其提出的一些和谈要求，如在提格雷州设立禁飞区，对埃塞和厄立特里亚进行武器禁运，要求阿姆哈拉州地方武装和厄立特里亚军队撤出提格雷州西部和北部地区，以及建立无障碍人道主义通道等，显然超出了联邦政府的

---

① 《埃塞俄比亚副总理兼外长德梅克会见外交部非洲之角事务特使薛冰》，中华人民共和国外交部网站，2022 年 3 月 15 日，https://www.mfa.gov.cn/wjdt_674879/sjxw_674887/202203/t20220315_10651926.shtml，最后访问日期：2022 年 3 月 15 日。

承受范围。

从局势发展来看，联邦政府与提人阵之间在短期内已不存在爆发大规模冲突的可能，但埃塞的和平进程仍将步履维艰，而这将继续对埃塞的发展进程形成严重阻碍。单就关系国计民生的粮食安全问题来说，内部冲突造成提格雷州等北部地区缺粮，干旱造成奥罗米亚州、南方州与索马里州等南部和西南部地区缺粮，乌克兰危机则进一步加剧了其粮食危机。此外，内部冲突久拖不决还将进一步限制埃塞吸引外资和出口创汇的能力，这些都将给阿比政府实现和平带来巨大的压力。当然，能否尽快结束冲突并加快和平进程还需要埃塞联邦政府与提人阵及国际社会的共同努力。

**Y.7**

# 几内亚：政变后政治过渡及其前景

余文胜*

**摘　要：** 几内亚政变是 2021 年非洲发生的 5 起政变和未遂政变之一。因该国铝土矿和铁矿等战略资源储量巨大、在全球铝矿产业链中地位重要，在 5 起政变中倍受国际社会关注。本文分析了引发几内亚政变的内部因素及国际各方反应，介绍了政变后几内亚政治过渡进程、地区组织的作用、过渡取得的进展、当前的主要问题以及未来前景展望，希望为研究 2021 年几内亚政变及政变后政治过渡提供一些参考。

**关键词：** 几内亚　军事政变　政治过渡

2021 年 9 月 5 日，几内亚发生军事政变。以马马迪·敦布亚为首的几内亚特种部队军人宣称扣押总统阿尔法·孔戴，废除宪法，解散政府，关闭边境，成立"全国团结和发展委员会"并接管权力。各省省长和其他高级行政官员的职位被军方人员取代。6 日，敦布亚表示将组建民族团结政府，以实现政权的平稳过渡。几内亚政变对该国政治发展具有重要影响。

## 一　几内亚军事政变背景及各方反应

几内亚政变是 2021 年非洲记录的 5 起政变和未遂政变之一（马里、几

---

\* 余文胜，中国现代国际关系研究院非洲研究所研究员，主要研究领域为法语非洲国家、非洲政治与安全、非洲恐怖主义、法非关系、欧非关系等。

内亚、苏丹政变成功夺权,尼日尔和苏丹各发生一起未遂政变),也是西非地区发生的政变之一(尼日尔 3 月 31 日发生、马里 5 月 24 日发生、几内亚 9 月 5 日发生)。

（一）政变发生的原因

政变军方领导人敦布亚在对几内亚全国的首次电视讲话中,强调几内亚政治、经济和社会形势严峻,政府体系内腐败盛行、治理不良,司法工具化等因素,为其发动政变做辩护。

从此次几内亚政变的国内因素看,其一,孔戴修宪连任加剧了朝野矛盾。孔戴于 2010 年首次当选总统,2015 年连任总统。按照几内亚 2010 年过渡宪法,总统任期 5 年,只可连任一次。2020 年 3 月,几内亚举行公投通过了新法。新宪法将总统任期由 5 年改为 6 年,保留"可连任一次"规定,删除"任何情况下,无论连续与否,任何人担任总统不得超过两届"条款。孔戴的总统任期因此清零重新计算,他于 2020 年 10 月再次参选并连任（得票率为 59.5%）。但反对党几内亚民主力量同盟候选人、前总理塞卢·达莱因·迪亚洛对此结果表示异议,单方面宣布自己在选举中胜出,其支持者与警方发生暴力冲突,导致十余人丧生。大选后至政变发生前几内亚政局持续紧张。

其二,经济、社会形势恶化引发民众不满。孔戴是几内亚自 1958 年独立以来的首位民选总统,于 2010 年上台执政,当时由于该国经历了两次军事政变,政局动荡,通胀高企,部族矛盾尖锐,经济衰微。孔戴执政以后,几内亚政局总体保持稳定,国内生产总值年均增速达 6%（2018～2020 年）,通胀率降至 10% 左右。但该国经济增长主要依靠采矿业,对提高民众收入和生活水平的作用有限。据联合国开发计划署公布的《2020 年人类发展报告》,几内亚人类发展指数在全球 189 个国家和地区中排名第178 位。按照几内亚国家贫困线（2019 年为每人每天生活费低于 13717 几内亚法郎,约合 1.1 欧元）计算,全国 1310 万人口中的 44% 生活在国家贫困线以下。① 在新冠肺炎疫情冲击下，几内亚经济增速下滑，通胀急剧上升，贫困人口和失业人口增多，民众的不满情绪有所增加。

其三，军队内部纷争成政变"导火索"。据英媒《非洲秘闻》披露，敦布亚发动这次政变是几内亚军队内部精锐部队之间竞争的结果。② 2018 年孔戴总统任命敦布亚创建几内亚特种部队，培养训练有素的精英部队，应对地区日益增长的恐怖主义威胁。但敦布亚被孔戴重用和信任引起时任国防部长穆罕默德·迪亚内的担忧，后者怀疑敦布亚领导的特种部队对孔戴的忠诚度。2021 年 6 月，迪亚内创建一支快速反应部队，以制衡敦布亚领导的特种部队；此后，又强令特种部队从首都科纳克里市内调至几内亚西海岸的弗雷卡利亚（Forécariah），以进一步降低特种部队的威胁。此外，他还对敦布亚为特种部队争取政府资源制造困难，这一系列举动可能引发了政变。

## （二）各方对政变的反应

几内亚政变后，该国的政治过渡进程和对全球矿产供应链的影响受到各方高度关注。

联合国、非盟、西非国家经济共同体、欧盟等国际组织发表声明，谴责任何以武力夺取政权的行为，要求立即释放孔戴。美国、法国也持类似立场。美国国务院发言人内德·普赖斯称："暴力及任何违宪的举措只会破坏几内亚在和平、稳定与繁荣方面的前景。"相较于国际组织和美西方国家原则性的谴责，中国和俄罗斯对几内亚军事政变批评的力度更大。中国外交部发言人汪文斌表示："中方反对政变夺权，呼吁立即释放孔戴总统。我们希望各方保持冷静克制，从几内亚国家和人民的根本利益出发，通过对话协商解决相关问

---

① "Guinée：Situation économique et financière", Direction Generale du Trésor（France），le 24 août 2021，https：//www. tresor. economie. gouv. fr/Pays/GN/situation-economique-et-financiere，accessed March 23，2022.

② "Sidelined legionnaire grabs the reins"，Africa Confidential，September 9，2021，https：//www. africa- confidential. com/article/id/13560/Sidelined _ legionnaire _ grabs _ thereins，accessed March 23，2022.

题，维护几国内和平与稳定。"① 俄罗斯外交部发表一份声明，强调："莫斯科反对任何以违宪方式更迭政权的企图。我们要求释放阿尔法·孔戴，保证其豁免权。我们认为有必要尽快使几内亚局势回归宪法轨道。"② 从几内亚国内反应看，部分民众（特别是首都反对派支持者居多的街区和该国其他一些城市的居民）对军人夺权表示欢迎；主要反对派领导人几内亚民主力量同盟主席塞卢·达莱因·迪亚洛和几内亚共和力量同盟主席西迪亚·杜尔都表示支持政变，愿意加入民族团结政府。

几内亚政变也引发了国际市场对矿产供应链可能中断的担忧。几内亚资源丰富，有"地址奇迹"之称。几内亚铝土矿和铁矿储藏大、品位高，黄金、钻石亦储量丰富，钴、铜、铅、锌等有色金属在几内亚也有分布，但尚未得到开发。其中铝土矿探明储量居世界第一，根据美国地质调查局数据，截至 2020 年，该国铝土矿储量约为 74 亿吨，占全球总储量的 24.67%。在孔戴总统任内，几内亚实现了向全球主要铝土矿生产国的转变，铝土矿产量居世界第二（占全球总产量的 20% 以上）。2020 年几内亚铝土矿的产量由 2015 年的 2090 万吨增至 8770 万吨，出口量由 1970 万吨增至 8240 万吨。③ 铝土矿是用于制造芯片、易拉罐和汽车铝材的主要原材料。几内亚发生政变后，由于担心铝土矿供应中断，本已经"发烧"的国际铝价被进一步推高。2021 年 9 月 6 日，伦敦金属交易所（LME）期铝的价格每吨一度触及 2782 美元，创 10 年来新高。④

同时，几内亚政变也影响到外国企业在几内亚的投资项目。中国是几内亚铝土矿的主要进口国，中国海关数据显示，2020 年自几内亚的铝土矿进

---

① 《2021 年 9 月 6 日外交部发言人汪文斌主持例行记者会》，中华人民共和国外交部网站，2021 年 9 月 6 日，https：//www.mfa.gov.cn/web/wjdt _ 674879/fyrbt _ 674889/202109/t20210906 _ 9177443.shtml，最后访问日期：2022 年 8 月 25 日。

② "Был бы ум бы у Думбуя, Международное сообщество не согласилось со свержением президента Гвинеи Альфы Конде", Коммерсанте, June 9, 2021, https：//www.kommersant.ru/doc/4976055, accessed March 21, 2022.

③ EIU, *Country Report: Guinea*, 4th Quarter 2021, p.23.

④ 《中国重要"铝铁盟友"几内亚突发政变 矿产项目前景添变数》，BBC，2021 年 9 月 7 日，https：//www.bbc.com/zhongwen/simp/world-58474966，最后访问日期：2022 年 3 月 20 日。

口占中国铝土矿进口总量的 47.2%。据《中国有色金属报》报道，截至2020 年 12 月，中国进入几内亚开采与洽谈铝土矿开发的中资企业约 14 家，比世界其他国家总数（约 7 家）多 1 倍。[①] 其中，中铝集团在位于几内亚博法矿区的铝土矿项目于 2020 年 4 月投入运营，是中国在该国投资的最大铝土矿项目。据报道，该项目保有可开发资源量约 17.5 亿吨，可持续开采长达 60 年，一期工程总投资约 5.85 亿美元，设计规模为年产优质铝土矿 1200万吨。[②] 除了铝土矿外，政变也给位于几内亚东南部的西芒杜铁矿项目带来不确定因素。西芒杜铁矿是目前世界上尚未开发的储量最大、品位最高的露天赤铁矿，4 个区块的资源总储量估计超过 100 亿吨，铁矿石平均品位高达65%，一直是铁矿里的上品。2019 年 11 月，由中国山东魏桥创业集团、新加坡韦立国际集团、中国烟台港集团、几内亚联合矿业供应公司（UMS）共同组建的企业联合体"赢联盟"中标了 1 号、2 号区块矿权，总投资预计超过 150 亿美元。根据项目协议，赢联盟修建贯穿该国东西的铁路及港口等基础设施。项目建成后将促进几内亚铁矿石出口，不仅将为该国创造就业机会和提高当地收入，还将带动当地经济、社会发展，对几内亚来说无疑是一个双赢的协议。目前，西芒杜铁矿项目已经启动。南段 3 号、4 号区块的采矿证由澳大利亚力拓集团和中国铝业集团组成的合资公司持有。[③] 中国企业参与开发西芒杜铁矿有助于中国铁矿石供应来源多元化，加强铁矿石保障。俄罗斯企业在几内亚也投资不菲，主要包括俄罗斯铝业联合公司（Rusal）和俄罗斯北方黄金开采公司（Nordgold）。俄罗斯铝业在几内亚设有金迪亚铝土矿公司和丹丹铝土矿公司等分公司，从该国进口的铝土矿占俄罗斯企业

---

① 《2020 年中国铝工业成绩瞩目（上）》，中国有色金属网，2021 年 1 月 4 日，https：//www. cnmn. com. cn/ShowNews1. aspx？id＝424925，最后访问日期：2022 年 3 月 23 日。

② 《中铝几内亚博法项目全线贯通投运　为我国在几内亚投建的最大铝土矿项目》，新华网，2020 年 4 月 14 日，https：//www. xinhuanet. com/finance/2020－04/14/c_ 1125852947. htm，最后访问日期：2022 年 3 月 23 日。

③ 《几内亚内阁全体会议批准〈西芒杜铁矿 1 号和 2 号矿区基础矿业协议〉》，中华人民共和国驻几内亚共和国大使馆经济商务处网站，2020 年 6 月 6 日，http：//gn. mofcom. gov. cn/article/jmxw/202006/20200602971645. shtml，最后访问日期：2022 年 3 月 24 日。

对铝土矿总需求的近45%。①俄罗斯北方黄金开采公司自2010年以来在几内亚莱法矿（Lefa）投资，据俄罗斯卫星通讯社2021年9月6日的报道，2020年该矿黄金产量同比上升6%，达到17.75万盎司。俄罗斯总统新闻秘书佩斯科夫表示，俄罗斯期望在几内亚发生军事政变后俄公司的商业利益不会受损。

（三）政变背后的外部因素

政变发生后，不少媒体从敦布亚的个人经历和背景出发，怀疑美西方是几内亚这场政变背后的"黑手"。美国《纽约时报》透露，政变发生时，敦布亚及其领导的大约100名特种部队士兵正在弗雷卡利亚的一个基地接受美军的训练课程，他们在训练期间的一个夜晚溜出基地，乘军车赴首都科纳克里推翻了孔戴总统的统治。当美军得知其训练的学生发动政变夺权后，随即中止了训练计划。此外，社交媒体上流传着敦布亚2018年10月在美国驻几内亚使馆门口与三名美军军官合影的照片。敦布亚2018年执掌几内亚特种部队以后，多次带队参加美国非洲司令部主导的"燧发枪"多国大型军演。2019年在布基纳法索举行的一次演习中，敦布亚结识了邻国马里陆军上校阿西米·戈伊塔，后者于2021年5月通过政变上台，也接受过美军的培训，有人士不禁对美国在非反恐培训的作用和对有关非洲国家稳定的影响产生疑问。②此外，敦布亚与法国的密切联系也让一些人怀疑此次几内亚政变背后有法国因素。敦布亚拥有法国国籍，毕业于法国军事学校，2011年回国前曾在法国外籍军团服役，妻子是法国宪兵部队军官。由此，一些人士分析认为，几内亚政变不排除有外国干涉的成分。几内亚政变发生后，美国和法国虽然也谴责政变并呼吁释放孔戴，但都未要求恢复孔戴的职务。

---

① 《铝土矿已探明储量世界第一！几内亚政变对国际铝价影响几何？》，环球网，2021年9月18日，https://3w.huanqiu.com/a/de583b/44oPAZDXlsD? agt=8，最后访问日期：2022年3月20日。

② Daniel R. DePetris, "U. S. Counterterrorism in Africa", Newsweek, July 10, 2021, https://www.newsweek.com/us-counterterrorism-africa-opinon-1635944, accessed March 15, 2022.

102

## 二　政变后政治过渡进程

几内亚政变发生后，非洲地区组织尤其是西非国家经济共同体（以下简称"西共体"）积极调解并推动其政治过渡进程，取得一些进展，但也面临诸多挑战。

### （一）西非政变增多引发国际组织担忧

几内亚历史上多次发生军事政变，1984 年 4 月，兰萨纳·孔戴上校发动政变上台，执政至 2008 年 12 月 21 日病逝。次日，以穆萨·卡马拉为首的军人发动政变并于 2009 年 1 月组建过渡政府，2010 年 12 月几内亚军政权还政于民。军事政变也曾是非洲国家权力更迭的主要方式，据美国中佛罗里达大学副教授乔纳森·鲍威尔和肯塔基大学教授克莱顿·泰恩的一项合作研究，自 20 世纪 50 年代后期以来，非洲共发生了 200 多起政变，其中约一半成功夺权。2000 年非洲统一组织（"非洲联盟"前身）通过了《洛美宣言》，规定任何"违宪更换政府"的国家将被暂停成员国资格，此后非洲政变数量一度趋于减少，由前 40 年（1960~2000 年）的平均每年 4 次，下降到后 20 年（2001~2019 年）的平均每年两次。但 2021 年非洲已记录 5 次政变和未遂政变，其中西非地区就发生了 3 次政变，令联合国、非盟、西共体及国际上多家智库学者担忧政变在非洲尤其是西非"卷土重来"，联合国秘书长将这一现象称为"政变流行病"。①

### （二）地区组织力推政治过渡

此次几内亚发生政变后，西共体和非盟先后暂停了几内亚成员国资格。西共体成立于 1975 年，共有 15 个成员国，是非洲最大的区域性经济合作组

---

① Mucahid Durmaz, "2021, the Year Military Coups Returned to the Stage in Africa", Al Jazeera, December 28, 2021, https：//www.aljazeera.com/news/2021/12/28/2021 - year - military - coups-return-to-the-stage-in-africa, accessed March 27, 2022.

织。西共体不仅在经济领域发挥重要作用，在地区政治和安全方面也扮演调停者等重要角色。成员国发生政变或武装冲突后，西共体的立场和作用得到非盟、联合国及国际社会的重视，由西共体首先进行政治斡旋。几内亚政变发生后，西共体多次派代表团赴几内亚与政变军方领导人会谈，并多次举行特别峰会，推动几内亚在政变后实现政治过渡。2021年9月16日，西共体在加纳首都阿克拉举行特别峰会，决定对几内亚政变军方领导人、"全国团结和发展委员会"成员及其亲属实施金融财产冻结和旅行禁令等制裁。西共体要求几内亚政变军方领导人在6个月内进行过渡，举行选举，以恢复宪法秩序，并立即释放几内亚总统孔戴。西共体还要求军政权成员不得参加未来的选举。

### （三）过渡进程取得一些进展

在西共体等国际社会斡旋下，几内亚政变当局逐步开启政治过渡进程，2021年9月14~17日，几内亚举行全国磋商会议，政变军方领导人、"全国团结和发展委员会"主席敦布亚邀请该国各政党、民间团体、外交机构以及矿业公司代表等进行对话，讨论政治过渡。9月27日，"全国团结和发展委员会"公布了《过渡宪章》（相当于过渡时期基本法），该宪章将在政变后指导恢复宪法秩序。《过渡宪章》的主要内容包括：规定领导过渡时期的4个机构为"全国团结和发展委员会"、过渡总统、过渡政府和全国过渡委员会；过渡总统将任命一名文职总理来指导和协调政府工作；过渡政府成员将由过渡总统根据总理的提议进行任命；任何过渡政府成员不能成为过渡结束后下一次全国或地方选举的候选人；全国过渡委员会将作为一个协商议会，负责制定新宪法并监督过渡政府行动；全国过渡委员会将由几内亚国民组成，包括政党、企业家、新闻界、工会、民间社会、残疾人、宗教领袖等，其中妇女至少占30%；过渡时期的长短将由社会力量和"全国团结和发展委员会"共同协议来确定。根据《过渡宪章》，几内亚政变军人领导人马马迪·敦布亚将担任过渡总统，同时组建以总理为首的过渡政府和81人组成的全国过渡委员会。10月1日，马马迪·敦布亚宣誓就任几内亚过渡总统。10月6日，敦布亚任命曾在联合国粮食和农业组织担任高级主管的发展问题专家穆罕默德·贝阿沃吉为过渡政府总理。11 月 5 日，几内亚过渡政府完成内阁部长组阁工作，出台了以穆罕默德·贝阿沃吉为总理的文职过渡政府 27 位内阁部长名单。12 月 25 日，贝阿沃吉总理向过渡总统敦布亚提交了政府施政路线图，路线图包括机构整顿、宏观经济和金融框架、法律框架和治理、社会行动和就业能力以及基础设施和卫生设施建设 5 个领域；施政路线图的重要阶段包括成立过渡委员会，起草新宪法，建立选举管理机构和选民登记册，组织宪法公投以及地方和市镇选举、立法选举和总统选举。

2022 年 1 月，过渡总统敦布亚任命了全国过渡委员会（过渡议会）的主席丹萨·库鲁马及 81 名成员，主要包括来自政党（15 人），国防和安全部队（9 人），资源部门（8 人），社会组织（7 人），工会，海外的几内亚人组织及青年组织（各 5 人），雇主组织、妇女组织和社会职业组织（各 3 人），以及人权组织、文化组织、宗教组织、非正式职业部门、农民组织、地区长老、残疾人、领事馆、新闻机构（各 2 人）等几内亚全国各界人士。[①] 至此，《过渡宪章》规定的领导过渡时期的 4 个机构（"全国团结和发展委员会"、过渡总统、过渡政府和全国过渡委员会）均已就位并开始工作，但是随着时间的推移，各种矛盾和分歧逐步显现，预示政治过渡进程不会一帆风顺。

### （四）政治过渡面临挑战

目前，正处于政治过渡期的几内亚主要面临以下困境。第一，军方如何处理与主要政党的关系。在几内亚政治博弈中，常年交织着执政党、反对党、军队、两大族群（富拉族和马林凯族）和流亡海外的几内亚人等多方因素，在当前过渡期背景下，敦布亚及其领导的军方如何处理与前主要反对党及阿尔法·孔戴所属的前执政党之间的关系，直接影响几内亚过渡时期的进程和未来的政治格局。第二，军方执政能力将面临考

---

① "Guinée: Mamadi Doumbouya nomme Dansa Kourouma à la tête du CNT", Jeune Afrique, le 23 janvier 2022, https://www.jeuneafrique.com/1300683/politique/guinee-mamadi-doumbouya-nomme-dansa-kourouma-a-la-tete-du-cnt, accessed March 15, 2022.

验。包括防控疫情、稳定经济、减少贫困、改善社会治安，尤其是确保关乎几内亚经济命脉的矿业稳定运行等问题，将考验军方的政治智慧和执政能力。第三，来自地区组织的压力。当前主要由西共体推动几内亚过渡进程，其目标是促进过渡进程尽快取得成功。2021 年 11 月 7 日，西共体发布关于马里和几内亚局势第三次特别峰会公报，敦促几内亚过渡当局紧急提交一份关于过渡期活动的详细时间表。决定在宪法秩序恢复之前，继续暂停该国在西共体所有机构的成员资格，并维持对"全国团结和发展委员会"成员及其家属实施的旅行禁令和金融资产冻结。第四，域外势力的介入。考虑到几内亚政变发生的复杂国际背景，不排除域外势力利用政变军方或代表不同族群利益的党派来影响几内亚政局走向，谋求扩大本国在这个矿业大国的利益。

## 三　当前主要问题及未来前景

几内亚政变后，敦布亚及其领导的"全国团结和发展委员会"第一时间宣布将组建民族团结政府，发起全国磋商会议曾经得到包括主要反对党、民间社会、工会组织、海外侨民等在内的全国各界欢迎，但仅仅几个月后，有关各方对军方过渡当局的失望和不信任开始增加，给该国政治过渡的前景蒙上了阴影，突出表现在以下几个方面。

### （一）军方与主要政党的分歧加大

敦布亚公布《过渡宪章》，特别是组建有 81 名成员的全国过渡委员会后，几内亚主要政党对敦布亚及"全国团结和发展委员会"的失望和不信任增加。一个主要政党的领导人称，原因在于：一是各政党在全国磋商会议期间提出的建议在《过渡宪章》中未保留，包括由 23 名部长组建过渡政府，由 150 名成员组成全国过渡委员会；二是支持前总统孔戴的人员未被排除在过渡进程之外。包括海关、金融等部门的官员仍然留任，过渡政府中能源和水利部长阿贝·西拉是已被解散的国民议会议员。该领导人认为敦布亚"没有信守承诺"。① 2022 年 1 月初，除孔戴所属的前执政党几内亚人民联盟外，几内亚各主要政党在塞卢·达莱因·迪亚洛领导的前最大反对党几内亚民主力量同盟总部开会，讨论创建一个新的"政党集体"（Collectifs des Partis Politiques, CPP），准备就宪法和选举法的起草、管理选举机构的改革、过渡期时间表的制定、选民名单的修订等过渡期重大问题采取共同立场。鉴于几内亚政坛主要政党对敦布亚军政权失望和不信任增加，未来双方的斗争可能趋于激烈。

### （二）新冠肺炎疫情与经济社会形势恶化

几内亚新冠肺炎疫情趋于恶化，几内亚国家卫生安全局于 2021 年 12 月 27 日商讨应对疫情蔓延的紧急措施，称该国新冠确诊病例在过去 4 周增加了 700%以上，阳性率从 0.9%上升到 5.7%。截至 2021 年 12 月底，该国仅有不到 8%的人口接种了疫苗。② 疫情影响及政变带来的经济政策不确定性导致几内亚经济增长下滑，2021 年国内生产总值增长率从 2020 年的 7%降低至 5.7%，同期通胀率从 10.6%上升至 12.5%。③ 同时，粮价和油价上涨，失业加剧，其中青年失业问题尤其严重（高达 70%~80%）；治安形势脆弱，部族矛盾引发的暴力事件时有发生。未来几内亚经济社会发展走势有赖于政局和政策稳定，也依赖支柱产业采矿业的出口（占几内亚国内生产总值的 12%~15%）④，尤其是铝土矿、黄金和钻石的出口占几内亚出口总额的 97% 以上，以增加社会投入、创造就业和减少贫困。

### （三）西共体对几内亚过渡的乐观态度可能转变

2021 年 10 月底，西共体代表团对几内亚进行了为期 3 天的访问，注

① "Guinée: fin de la lune de miel entre Mamadi Doumbouya et la classe politique", Jeune Afrique, le 14 janvier 2022, https：//www.jeuneafrique.com/guinee-fin-de-la lune-de-miel-entre-mamadi-doumbouya-et-la-classe-politique, accessed March 27, 2022.
② 《几内亚新冠疫情有恶化趋势》，中华人民共和国驻几内亚共和国大使馆经济商务处网站，2021 年 12 月 30 日，http：//gn.mofcom.gov.cn/article/jmxw/202112/20211203232935.shtml，最后访问日期：2022 年 3 月 20 日。
③ EIU, *Country Report: Guinea*, 4th Quarter 2021, p.16.
④ EIU, *Country Report: Guinea*, 4th Quarter 2021, p.16.

意到该国《过渡宪章》已通过、过渡机构已到位、文职总理已获任命等进展，承诺将支持几内亚进行和平、有包容性的过渡，并呼吁该国的双边和多边合作伙伴也给予支持。但此后几内亚方面一直未公布过渡期时间表，也未在宪法和选举法的起草、选举机构的改革、选民名单的修订等过渡进程中的重要活动上取得进展，西共体在几内亚"6个月"过渡期满后，可能对该国实施经济制裁。如果西共体对几内亚进一步实施经济制裁，将对该国以出口矿产品为主的经济造成打击，并将可能影响全球矿产品尤其是铝土矿的供应。

### （四）矿产企业对政策环境不稳的担忧犹存

敦布亚深知留住外国矿产企业对几内亚经济的重要性，在政变夺权后第一时间安抚外国投资人，表示"非常希望巩固与几内亚税收和外汇收入重要贡献者的关系"，将遵守投资和矿产合同，取消在矿区的宵禁措施，确保矿产企业继续运营。随后，他又任命曾任几内亚金矿公司总经理的穆萨·马加苏巴为过渡政府的矿业和地质部长，并指示其加强治理采矿业中存在的管理不善、腐败、不公正、矿业投资及其雇用人员的不安全感以及违反采矿公约等行为，让采矿业成为几内亚经济发展的重要支撑。短期看，在几内亚的外国矿产企业能维持正常运营，但专家预计未来该国实行重审合同、提高税收、扩大当地参股比重等资源民族主义政策的风险犹存。一旦政策调整，可能导致西芒杜铁矿等正在进行的矿业基建项目的开发进度延迟。[①] 此外，由于与政变军方达成的任何协议都比与孔戴政府达成的协议更易在将来充满不确定性，在新的民选政府产生之前，外国矿业企业在追加新投资之前将会"三思而后行"。[②] 因此，政变后过渡期的长短和权力交接不可避免将会对几内亚采矿业乃至经济社会发展产生重要影响。

---

[①]　EIU，*Country Report：Guinea*，4th Quarter 2021，p. 24.

[②]　"Guinée：pourquoi les militaires doivent retenir les groupes miniers"，Jeune Afrique，le 9 septembre 2021，https：//www.jeuneafrique.com/1230274/economie/guinee－pourquoi－les－militaires－doivent－retenir－les groupes －miniers/，accessed October 9, 2021.

# 结　语

  军事政变曾经是非洲国家权力更迭的主要方式，但进入 21 世纪以来军事政变在非洲发生的次数明显减少，2021 年非洲军事政变"卷土重来"，尤其是几内亚所在的西非地区政变增多引发地区组织和国际社会担忧。西共体作为非洲最大的区域性经济组织，其在政治斡旋和推动政治过渡方面的作用受到高度关注。2022 年将是几内亚政治过渡的关键一年，在西共体 2021 年9 月 16 日为几内亚设定的 6 个月过渡期到期后，下一步西共体将会采取什么措施，几内亚政治过渡如何发展颇受关注。

  截至 2021 年底，几内亚过渡期时间表一直未定。主要政党对敦布亚领导的政变军方的失望和不信任显现，几内亚反对党联盟、曾经抗议孔戴政府修宪公投的"几内亚全国捍卫宪法阵线"已宣布反对长期过渡，考虑动员民众恢复抗议示威以"拯救"过渡。2022 年，几内亚过渡期仍不确定或被长时间延迟都将加剧军方与主要政党之间的分歧，可能出现政局紧张或社会动荡。敦布亚领导的政变军方能否与主要政党、社会各界通过对话实现和平、包容的政治过渡将考验其政治智慧和执政能力。

# 对外经济联系
## Foreign Economic Relation

# Y.8
# 非洲对外贸易

徐 强*

**摘　要：** 2021年非洲各范围面向各大伙伴的贸易额都经受住新冠肺炎疫
情冲击，并进入恢复阶段。在各大贸易伙伴之中，中国是唯一
在包括出口额、进口额在内的所有范围都实现正增长的合作伙
伴。经过持续升降重组，在单一关税区贸易伙伴之中，至2021
年，中国已成为非洲非四个工业国范围的最大进口伙伴；在其
他范围，中国则成为仅次于欧盟的第二大出口伙伴、进口伙伴；
印度则在大部分范围超过日本，成为非洲各范围的第三大或第
四大贸易伙伴。本文建议促进中国和非洲四个工业国（南非、
埃及、摩洛哥、突尼斯）的机电产品双向贸易，推动中非贸易
的低碳化和数字化，选择非洲贸易伙伴缔结各类贸易协定。

**关键词：** 非洲　商品贸易　贸易伙伴　中非合作

* 徐强，商务部国际贸易经济合作研究院副研究员，主要从事世界经济和国际经济合作问题
研究。

近年，从工业化程度差异来看，在整个非洲，实际上只有四个国家，即南非、埃及、摩洛哥、突尼斯具有成规模制造机电产品的能力，其他非洲国家则没有成规模的机电产品本地制造能力。除四国之外，据其他非洲国家海关数据，机电产品出口额、进口额年度波动幅度极大，实际反映的是过境贸易情况。正因为非洲上述四个工业国和其他国家的工业化程度差异较大，它们的贸易产品结构特点和各类产品的贸易伙伴格局，也会和其他非洲国家存在明显差异。因此，在论及非洲国际贸易伙伴格局及其变动态势的过程中，本文将上述非洲四个工业国（以下称为"非洲四国"）、其他非洲国家（以下称为"非四国"）作为非洲国家范围一个基本类别划分。

## 一 2020年和2021年非洲分范围和分伙伴贸易额

本文中关于非洲各范围2020年的出口额、进口额数据来自联合国贸易和发展会议（UNCTAD）发布的数据；关于非洲各范围2021年的出口额、进口额数据，本文采取合理假定予以估算，然后在估算数据基础上，计算2021年非洲各范围出口额、进口额在非洲内部及各大贸易伙伴之间的分布情况。

### （一）2020年非洲出口额和进口额的内部构成

如表1所示，2020年，非洲国家出口总额为3875亿美元，其中非洲四国出口总额为1532亿美元，占39.5%，非四国的出口总额占60.5%。同年，非洲国家进口总额为4943亿美元，其中非洲四国的进口总额为1917亿美元，占38.8%，非四国的出口总额占61.2%。

对于不同贸易伙伴，非洲四国的出口额、进口额占比表现出差异性。在对日本、英国、美国的出口额中，非洲四国占全非的比重超过50%，分别达到68%、60.2%和52%；在对欧盟、印度出口额中，非洲四国占比超过50%，分别达到51.3%、77.5%。在其他"伙伴-出口/进口"的组合情形下，非洲四国占比通常都低于50%。

表1　2020年非洲出口总额和进口总额的各范围分布

| 类别 | | | 世界 | 非洲 | 中国 | 美国 | 欧盟 | 日本 | 英国 | 印度 | 其他 |
|---|---|---|---|---|---|---|---|---|---|---|---|
| 出口 | 金额<br>(亿美元) | 全非洲 | 3875 | 691 | 529 | 200 | 1063 | 62 | 98 | 230 | 1003 |
| | | 四国[1] | 1532 | 278 | 107 | 104 | 518 | 42 | 59 | 52 | 373 |
| | | 非四国[1] | 2343 | 413 | 422 | 96 | 545 | 20 | 39 | 178 | 630 |
| | 占比<br>(%) | 四国 | 39.5 | 40.2 | 20.2 | 52 | 48.7 | 68 | 60.2 | 22.5 | 37.2 |
| | | 非四国 | 60.5 | 59.8 | 79.8 | 48 | 51.3 | 32 | 39.8 | 77.5 | 62.8 |
| 进口 | 金额<br>(亿美元) | 全非洲 | 4943 | 722 | 919 | 268 | 1295 | 84 | 90 | 234 | 1331 |
| | | 四国 | 1917 | 114 | 310 | 124 | 661 | 33 | 39 | 65 | 570 |
| | | 非四国 | 3026 | 608 | 609 | 144 | 634 | 50 | 50 | 169 | 761 |
| | 占比<br>(%) | 四国 | 38.8 | 15.8 | 33.8 | 46.3 | 51 | 39.8 | 44 | 27.7 | 42.8 |
| | | 非四国 | 61.2 | 84.2 | 66.2 | 53.7 | 49 | 60.2 | 56 | 72.3 | 57.2 |

注：欧盟包括27个成员（不包括英国）。

资料来源：UNCTAD STAT, https://unctadstat.unctad.org/EN/。

### （二）2021年非洲分范围和分伙伴的贸易额估算

在非洲贸易额中占大部分的贸易伙伴，包括欧盟、美国、中国、日本、印度，都已发布2021年1~10月逐月的对非贸易额数据，推算2021年非洲四国和非四国对外商品贸易出口额和进口额的数据基础是：非洲各国海关发布的2020年出口额、进口额数据，少数国家发布的2021年逐月（至10~12月）出口额、进口额数据，非洲大型贸易伙伴2020年和2021年逐月贸易数据所反映的贸易增速。

采用剩余月份补齐法，我们能够从世界贸易组织数据库获得非洲四国中某国$i$对某伙伴$j$的最新出口额、进口额月度指标，可能至2021年10月、11月或12月；对于少数剩余月份数据，按照日均出口额、进口额与最近月份相等的假定补齐。将所有月份数据加总，就能获得这些少数国家中某国$i$的2021年全年出口额、进口额。

非洲国家的主要大型伙伴包括中国、美国、欧盟（28国，包括英国）、印度、日本。关于这些大型伙伴，能够从中国海关、联合国商品贸易数据库获得伙伴$j$对非洲国家$i$在2020年、2021年的逐月进口额、出口额数据，数据缺失月份可能有 0~2 个月，少数剩余月份数据按照日均出口额、进口额与最近月份相等的假定补齐。在同年逐月数据加总后，就能计算或估算 2020 年和 2021 年伙伴 $j$ 对非洲国家 $i$ 的年度进口额、出口额。

主要非四国公共数据发布能力相对不足，未能获得其 2021 年逐月出口额、进口额数据，可采用"同方向贸易指数相等假定法"对非洲某范围 $afr-i$ 对某伙伴 $parter-j$ 的时期出口额、进口额做推定。基本思想是，$i$ 对 $j$ 的出口额（进口额）指数等于 $j$ 对 $i$ 的进口额（出口额）指数，而 $j$ 对 $i$ 的贸易数据可获得。这里以 2021 年非洲某国 $afr-i$ 对某伙伴 $parter-j$ 的出口额 $EXV_{ij}$（进口额 $IMV_{ij}$）的估算为例来说明具体步骤。

①计算 2021 年 $parter-j$ 对 $afr-i$ 进口额（出口额）的年度指数 $Index\text{-}IMV_{ji}$。

②假定 2021 年 $afr-i$ 对 $parter-j$ 出口额（进口额）指数等于 $parter-j$ 对 $afr-i$ 进口额（出口额）的年度指数。

$$Index - EXV_{ij} = Index - IMV_{ji} \tag{1}$$

$$Index - IMV_{ij} = Index - EXV_{ji} \tag{2}$$

③基于以下公式，计算 2021 年 $afr-i$ 对 $parter-j$ 的出口额、进口额：

$$EXV_{ij2021} = Index - EXV_{ij2021} \times EXV_{ij2020} \tag{3}$$

$$IMV_{ij2021} = Index - IMV_{ij2021} \times IMV_{ij2020} \tag{4}$$

采用若干伙伴贸易额比率相等假定法，在非洲各范围贸易伙伴之中，主要是"非洲""其他"二者的贸易数据提供能力较弱，因此，计算出 2021 年上述两伙伴之外其他贸易伙伴（包括欧盟、美国、中国、日本、印度）的贸易数据后，可以按照"非洲某范围在 2021 年和若干伙伴的出口额、进口额的比率关系同 2019 年的比率关系相等"这一假定，推算 2021 年"非洲某范围"对"非洲""其他"两伙伴的出口额、进口额。

这里在"比率相等"的比较基准选择上之所以以 2019 年量值作为参照，是因为 2020 年全球贸易受到新冠肺炎疫情的冲击，"非洲""其他"两

地域范围的贸易衰退程度尤其严重；而2021年全球贸易规模已恢复至稍高于2019年的规模。因此，2021年非洲某范围对若干伙伴的出口额、进口额比率关系应和2019年更加接近，而不是2020年。

### （三）2021年非洲分范围、分伙伴贸易额估算值及内部构成

2021年非洲分范围、分伙伴贸易额估算值如表2所示。根据估算的数据计算，在2021年非洲出口总额5260亿美元的内部构成中，非洲四国的占比从上年的39.5%上升至41%；非四国的占比从60.5%降至59%。关于2021年非洲进口总额5915亿美元的内部构成，非洲四国的占比从上年的38.8%上升至41.4%，非四国的占比从上年的61.2%降至58.6%。

**表2  2021年非洲分范围、分伙伴出口额和进口额估算值**

单位：亿美元

| 类别 | | 世界 | 非洲 | 中国 | 美国 | 欧盟 | 日本 | 印度 | 其他 |
|---|---|---|---|---|---|---|---|---|---|
| 出口额 | 全非洲 | 5260 | 946 | 747 | 335 | 1577 | 97 | 333 | 1225 |
| | 四国 | 2158 | 478 | 171 | 145 | 667 | 68 | 84 | 545 |
| | 非四国 | 3101 | 468 | 576 | 190 | 910 | 29 | 249 | 680 |
| 进口额 | 全非洲 | 5915 | 815 | 1197 | 322 | 1619 | 99 | 299 | 1564 |
| | 四国 | 2447 | 131 | 423 | 152 | 865 | 42 | 104 | 730 |
| | 非四国 | 3468 | 683 | 774 | 170 | 755 | 57 | 195 | 834 |

注：欧盟28个成员，包括英国。

资料来源：根据世界贸易组织和联合国商品贸易数据库关于各国2020年和2021年的月度数据估算。

### （四）2021年非洲分范围贸易额的伙伴占比

表3展示了到2021年中国和印度两大贸易伙伴在非洲三范围（全非洲、非洲四国、非四国）的出口额、进口额中的占比和其他伙伴对比情况（只比较单一关税区伙伴，即排序上不考虑"非洲""其他"两伙伴）。

中国在非四国进口额中的占比达22.3%，已成为非四国的最大进口伙

伴。中国在非四国出口额中的占比达 18.6%，成为非四国仅次于欧盟的第二大出口伙伴。

中国在非洲四国进口额、出口额中的占比分别为 17.3%、7.9%，在全非洲进口额、出口额中的占比分别为 20.2%、14.2%，中国在进口和出口领域都是全非洲和四国仅次于欧盟的第二大伙伴。

表3　2021年非洲分范围出口额和进口额中大贸易伙伴的占比

单位：%

| 类别 | | 非洲 | 中国 | 美国 | 欧盟 | 日本 | 印度 | 其他 |
|---|---|---|---|---|---|---|---|---|
| 出口额占比 | 全非洲 | 18.0 | 14.2 | 6.4 | 30.0 | 1.8 | 6.3 | 23.3 |
| | 四国 | 22.2 | 7.9 | 6.7 | 30.9 | 3.2 | 3.9 | 25.3 |
| | 非四国 | 15.1 | 18.6 | 6.1 | 29.3 | 0.9 | 8.0 | 21.9 |
| 进口额占比 | 全非洲 | 13.8 | 20.2 | 5.4 | 27.4 | 1.7 | 5.1 | 26.4 |
| | 四国 | 5.4 | 17.3 | 6.2 | 35.3 | 1.7 | 4.3 | 29.8 |
| | 非四国 | 19.7 | 22.3 | 4.9 | 21.8 | 1.6 | 5.6 | 24.0 |

注：欧盟 28 个成员，包括英国。
资料来源：UNCTAD STAT，https：//unctadstat.unctad.org/EN/。

印度在非四国出口额中的占比达到 8%，已经超过美国（6.1%），仅次于欧盟（29.3%）、中国（18.6%），成为该范围该项贸易额的第三大伙伴。

印度在非四国进口额中的占比达到 5.6%，已经超过美国（4.9%），仅次于中国（22.8%）、欧盟（21.8%），成为该范围该项贸易额的第三大伙伴。

印度在非洲四国出口额、进口额中的占比分别为 3.9%、4.3%；在全非洲出口额、进口额中的占比分别为 6.3%、5.1%，是上述范围和上述类别贸易额的第四大贸易伙伴。

## （五）小结

2020 年，非洲国家出口总额、进口总额分别为 3875 亿美元和 4943 亿美元；根据估算结果，2021 年，非洲国家出口总额、进口总额分别为 5260

亿美元和 5915 亿美元。与 2020 年相比，在 2021 年的非洲出口额、进口额中，非洲四国的占比都有所上升，并且都已上升至略超过 40%；非四国的占比都有所下降，并且都已降至略低于 60%。经过持续升降重组，在单一关税区贸易伙伴之中，至 2021 年，中国已成为非洲非四国范围的最大进口伙伴；在其他范围，中国则成为仅次于欧盟的第二大出口伙伴、进口伙伴；印度则在大部分范围超过日本，成为非洲相应范围的第三大或第四大贸易伙伴。

## 二　非洲贸易在疫情冲击下的衰退和恢复

2020 年是全球国际贸易受疫情冲击年，2021 年则是恢复年。非洲整体贸易、非洲各范围对大型伙伴贸易受疫情冲击和恢复的动态数量也呈现出年度特征。

### （一）疫情发生前后非洲贸易发展态势和世界贸易发展态势对比

如图 1 所示，从 2019 年第四季度至 2021 年第三季度，新冠肺炎在全球蔓延前的 2019 年第四季度作为对比基期（基期指数值为 100），对比非洲贸易规模可比指数和世界贸易规模可比指数的变动态势。

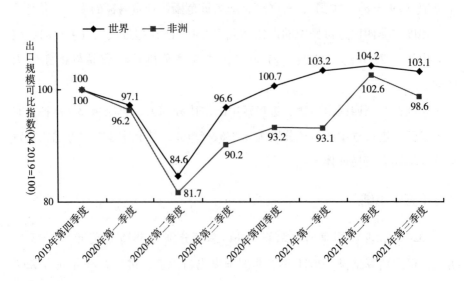

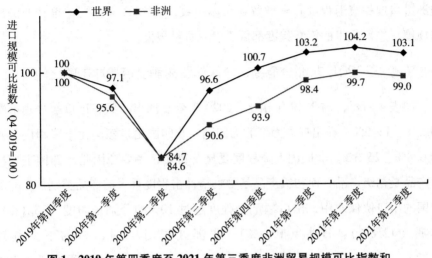

**图1　2019年第四季度至2021年第三季度非洲贸易规模可比指数和世界贸易规模可比指数变动态势**

资料来源：UNCTAD STAT，https：//unctadstat.unctad.org/EN/。

从出口规模变动（扣除价格变动后，经季节日历天数调整）来看，非洲和世界都在2020年第二季度衰退至最低谷状态。相比2019年第四季度，非洲2020年第二季度出口规模衰退程度达18.3%，高于世界出口规模衰退程度的15.4%。此后回升，到2020年第四季度，全球商品出口额已恢复至和2019年第四季度大致相当（指数值为100.7%），进入2021年，一直高于基期季3%～4%；但非洲的商品出口额直到2021年第二季度才回升到基期季之上，并且在下一季度又稍降至基期值之下（98.6%）。

从进口规模变动（扣除价格变动后，经季节日历天数调整）来看，相比2019年第四季度，非洲2020年第二季度的进口规模衰退程度达到15.3%，比出口规模的谷底衰退程度相对缓和，同全球贸易衰退程度大体相当。不过，进口规模回升后，其月度进口规模可比指数仍没有恢复到2019年第四季度的水平，2021年第二、三季度指数值分别为99.7%、99.0%，都明显低于世界贸易规模回升后的可比指数值。

由此可见，在疫情冲击下，非洲出口规模、进口规模可比指数同世界贸易规模可比指数的变动态势大体一致，但非洲出口规模衰退程度明显更高，

非洲进口规模衰退程度和全球贸易大体一致；至 2021 年第三季度，非洲出口规模、进口规模的恢复程度都低于世界贸易规模。

### （二）2020年非洲分范围、分伙伴贸易额受疫情冲击的比较

如表 4 所示，与 2019 年相比，2020 年全非洲出口额、进口额分别下降 19.6%、13.9%。在出口方面，非洲四国、非四国出口额同比下降程度分别为 6.8%、26.3%。非四国下降程度要显著得多，主要原因是非四国主要出口产品是初级产品，而初级产品是受疫情冲击程度最大的产品类别。在非洲四国的出口伙伴之中，出口额下降程度超过 10% 的分别是印度（23.1%）、非洲（12.8%）、日本（10.2%）；非洲四国对中国出口的下降程度（1.2%）非常轻微。在非四国的出口伙伴之中，出口额下降程度超过 30% 的分别是美国（45.1%）、欧盟（40%）、印度（33.8%），非四国对中国出口的下降程度（23.5%）比整体下降程度 26.3% 略低。

在进口方面，非洲四国、非四国的进口额同比下降程度分别为 19.9%、9.6%。在非洲四国的进口伙伴之中，进口额下降程度超过 25% 的分别是非洲（29.4%）、印度（25.7%）、日本（25.5%）；非洲四国自中国进口额的下降程度（13.6%）明显低于其整体进口额下降程度。在非四国的进口伙伴中，进口额下降程度超过 10% 的分别是印度（21.1%）、欧盟（14.4%）、中国（10.9%），其中自中国进口额的下降程度比其整体进口额下降程度（9.6%）略高。

表4　2020 年非洲分范围、分伙伴出口额和进口额的年增速

单位：%

| 类别 | | 世界 | 非洲 | 中国 | 美国 | 欧盟 | 日本 | 印度 | 其他 |
|---|---|---|---|---|---|---|---|---|---|
| 出口额 | 全非洲 | -19.6 | -14.0 | -19.8 | -28.4 | -26.9 | -8.8 | -31.7 | -7.7 |
| | 非洲四国 | -6.8 | -12.8 | -1.2 | -0.7 | -6.1 | -10.2 | -23.1 | -2.7 |
| | 非四国 | -26.3 | -14.7 | -23.5 | -45.1 | -40.0 | -5.7 | -33.8 | -10.5 |
| 进口额 | 全非洲 | -13.9 | -12.2 | -11.8 | -10.3 | -16.8 | -16.0 | -22.4 | -11.9 |
| | 非洲四国 | -19.9 | -29.4 | -13.6 | -21.3 | -19.0 | -25.5 | -25.7 | -20.7 |
| | 非四国 | -9.6 | -8.0 | -10.9 | 2.1 | -14.4 | -8.3 | -21.1 | -3.9 |

注：欧盟 28 个成员，包括英国。

资料来源：UNCTAD STAT，https：//unctadstat.unctad.org/EN/。

总的来看，2020 年，非洲四国和非四国的贸易衰退态势呈现出明显差异。非洲四国主要出口工业制造品，进口初级产品和机电产品，其出口额下降程度明显更轻微，进口额下降程度则相对更显著；非四国主要出口初级产品和初级产品加工品，其出口额下降程度明显更剧烈，其进口额下降程度则相对更缓和。从伙伴对比来看，非洲四国对中国出口额和进口额下降程度都明显更低；非四国对中国出口额和进口额降幅则与其出口额、进口额的整体下降程度大体相当。

## （三）2021年非洲分范围、分伙伴贸易额恢复情况的比较

如表 5 所示，2021 年非洲出口额、进口额分别同比增长 35.7%、19.7%。从出口额的回升看，非洲四国和非四国的增速分别为 40.9%、32.4%。在非洲四国的出口伙伴之中，对非洲、日本、印度的出口额增速超过 60%，对中国出口额增速接近 60%。在非四国的出口伙伴之中，对美国、欧盟的出口额增速超过 50%，对中国的出口额增速为 36.6%，稍高于其整体增速 32.4%。从进口额的回升看，非洲四国和非四国的增速分别为 27.6%、14.6%。在非洲四国的进口伙伴中，自印度、中国的进口额增速超过 35%。在非四国的进口伙伴中，只有自中国的进口额增速超过 25%。

表 5  2021 年非洲分范围、分伙伴出口额和进口额的年增速

单位：%

| 类别 | | 世界 | 非洲 | 中国 | 美国 | 欧盟 | 日本 | 印度 | 其他 |
|---|---|---|---|---|---|---|---|---|---|
| 出口额 | 全非洲 | 35.7 | 37.0 | 41.3 | 67.4 | 35.9 | 55.9 | 44.8 | 22.2 |
| | 四国 | 40.9 | 72.3 | 59.7 | 39.5 | 15.6 | 61.1 | 62.8 | 46.3 |
| | 非四国 | 32.4 | 13.2 | 36.6 | 97.6 | 55.9 | 44.7 | 39.6 | 7.9 |
| 进口额 | 全非洲 | 19.7 | 12.8 | 30.2 | 20.2 | 17.0 | 18.5 | 27.9 | 17.5 |
| | 四国 | 27.6 | 14.9 | 36.2 | 22.8 | 23.5 | 25.8 | 60.8 | 28.0 |
| | 非四国 | 14.6 | 12.4 | 27.2 | 18.0 | 10.3 | 13.7 | 15.3 | 9.6 |

注：欧盟 28 个成员，包括英国。

资料来源：UNCTAD STAT, https：//unctadstat. unctad. org/EN/。

如表 5 所示，2021 年，非洲四国对全世界的出口年增速和进口年增速都显著高于非四国，两者对不同贸易伙伴的贸易增速格局也表现出差异性。从出口伙伴增速格局看，非洲四国对大部分发展中国家伙伴的增速相对更高，非四国则对欧美两大发达伙伴的增速相对更高；从进口伙伴增速格局看，非洲四国、非四国自中国进口额都表现出相对更高的增速，且从发达经济体伙伴进口增速普遍不高。

## （四）2021年与2019年非洲分范围、分伙伴贸易额年均增速的比较

如表 6 所示，经过 2020 年疫情冲击下的下降和 2021 年的恢复性增长，相比于 2019 年，2021 年全非洲出口额、进口额的年均增速分别为 4.5%、1.5%。其中，非洲四国出口额、进口额的年均增速分别达到 14.6%、1.1%；非四国出口额、进口额的年均增速分别为-1.2%、1.8%。

从分范围、分伙伴贸易额年均增速的对比来看，中国是非洲大伙伴之中唯一一个在所有范围都实现正增长的大伙伴。从非洲四国出口伙伴增速对比看，对中国出口额两年年均增速为 25.6%，位居第一，且这一年均增速远远高于非洲四国对其他伙伴的年均增速；从非四国出口伙伴增速对比来看，对中国出口额两年年均增速为 2.3%。从非洲四国进口伙伴增速对比来看，从中国进口额两年年均增速为 8.5%，位居第二，仅次于印度（9.3%）；从非四国进口伙伴增速对比来看，从中国进口额两年年均增速为 6.4%，仅次于美国（9.8%）。

正因为在抗击疫情过程中，非洲对中国的双向贸易都相对更为强劲，经历疫情冲击之后，中国作为非洲各范围贸易伙伴地位势必总体趋向上升。

**表6　2021 年（相对于 2019 年）非洲分范围、分伙伴出口额和进口额的年均增速**

单位：%

| 类别 | | 世界 | 非洲 | 中国 | 美国 | 欧盟 | 日本 | 印度 | 其他 |
|---|---|---|---|---|---|---|---|---|---|
| 出口额 | 全非洲 | 4.5 | 8.6 | 6.4 | 9.5 | -0.3 | 19.2 | -0.5 | 6.2 |
| | 四国 | 14.6 | 22.6 | 25.6 | 17.7 | 4.2 | 20.3 | 11.9 | 19.3 |
| | 非四国 | -1.2 | -1.7 | 2.3 | 4.2 | -3.3 | 16.9 | -3.9 | -1.7 |

| 类别 | | 世界 | 非洲 | 中国 | 美国 | 欧盟 | 日本 | 印度 | 其他 |
|---|---|---|---|---|---|---|---|---|---|
| 进口额 | 全非洲 | 1.5 | -0.5 | 7.1 | 3.9 | -1.3 | -0.2 | -0.4 | 1.7 |
| | 四国 | 1.1 | -10.0 | 8.5 | -1.7 | 0.0 | -3.1 | 9.3 | 0.8 |
| | 非四国 | 1.8 | 1.7 | 6.4 | 9.8 | -2.8 | 2.1 | -4.6 | 2.6 |

注：欧盟 28 个成员，包括英国。

资料来源：UNCTAD STAT，https：//unctadstat.unctad.org/EN/。

## （五）小结

在新冠肺炎疫情冲击下，非洲的出口规模、进口规模（扣除价格变动）都在 2020 年第二季度跌入历史谷底，其中出口规模衰退程度大于对世界贸易，进口规模衰退程度与对世界贸易大体相当。2020 年，非洲四国和非四国的贸易衰退特征表现出明显差异，非四国出口衰退程度更轻，进口衰退程度更弱；但 2021 年非洲四国的出口、进口恢复程度都明显更高。经历衰退和恢复之后，相比于 2019 年，2021 年非洲各范围对各伙伴的名义贸易额表现出正增长的类别居多，也有若干类别表现出负增长。中国是非洲大伙伴之中唯一在所有范围以及出口额、进口额都实现正增长的大伙伴。

## 三 非洲分范围作为中国贸易伙伴的发展态势

自 2009 年以来，中国成为非洲第一大贸易伙伴。近年，新冠肺炎疫情对全球贸易包括中非贸易产生较大冲击，主要基于中国海关数据，中非贸易呈现以下若干方面的总体走势。

### （一）2020年、2021年中国和分范围非洲伙伴贸易发展态势

如表 7 所示，2020 年，在疫情冲击的背景下，中国对非洲四国、非四国的出口额都是略微上升，增速分别为 0.86%、0.79%，这与全球国际贸易的大走势逆向而行。该年中国从非洲四国、非四国的进口额显著下降，下降程度分别为 19.7%、25%。

2021 年，中国对非洲四国、非四国的出口额实现强劲回升，年增速分别为 36.2%、27.6%；进口额增速更是分别高至 61.5%、38.6%。相比于 2019 年，2021 年中国对非洲四国、非四国的出口额年均增速分别是 17.2%、13.4%，进口额年均增速分别是 13.9%、1.9%。

表 7　2019~2021 年中国和非洲分范围的双向贸易发展态势

| 指标 | 年份 | 出口额 | | | 进口额 | | |
|---|---|---|---|---|---|---|---|
| | | 非洲 | 四国 | 非四国 | 非洲 | 四国 | 非四国 |
| 金额<br>（亿美元） | 2019 | 1131 | 342 | 789 | 950 | 278 | 672 |
| | 2020 | 1140 | 345 | 795 | 727 | 223 | 504 |
| | 2021 | 1484 | 469 | 1014 | 1059 | 360 | 699 |
| 年(均)增速<br>（%） | 2020 | 0.81 | 0.86 | 0.79 | −23.4 | −19.7 | −25.0 |
| | 2021 | 30.2 | 36.2 | 27.6 | 45.6 | 61.5 | 38.6 |
| | 2019~2021 | 14.6 | 17.2 | 13.4 | 5.6 | 13.9 | 1.9 |

资料来源：中国海关数据和 UNCTAD 数据库。

总体上，在过去两年，中国对非洲四国出口额、进口额的增长强劲程度都高于对非四国的强劲程度，中国自二者进口额增长程度差异尤为明显，主要原因是非四国的贸易以资源为主导产品，受疫情冲击程度更大。

### （二）非洲分范围作为中国伙伴在中国贸易总额中占比的变动态势

如图 2 所示，作为中国的出口伙伴，2000~2015 年，非洲四国、非四国在中国出口总额中的占比都是总体保持上升态势。2009 年前上升的速度相对较快，2009 年后经历回调，上升的速度趋缓。对比两范围，2000~2015 年，中国对非四国的出口额占比提升幅度更快，从 1.13% 提升至 3.36%，提升近 2 倍；中国对非洲四国的出口额占比则从 0.87% 提升至 1.41%，提升不到 1 倍。2015 年后，中国对非洲四国的出口额占比总体在 1.4% 上下保持稳定；而中国对非四国的出口额占比则稍有下降，2020 年为 3.02%。

上述出口伙伴占比态势表明，在 2015 年前，中国对非洲出口的增速总体快于中国全部出口额增速，其中对非洲能源出产国的出口额增速相对更快。2015年后，在非洲非四国范围，主要因为资源价格降低，国家进口购买力整体下降，自中国进口增速总体慢于中国出口额增速。

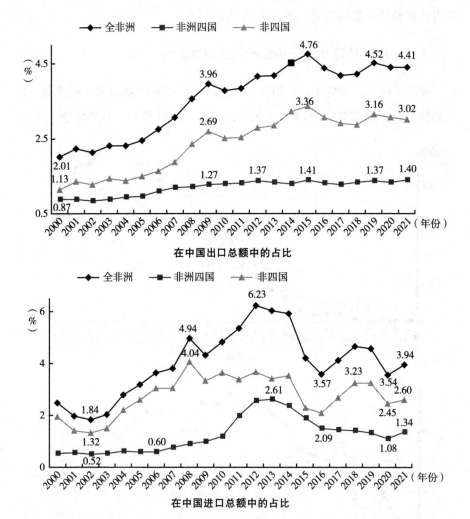

**图2 2000~2021年非洲分范围作为中国伙伴在中国出口额和进口额中的占比变动态势**
资料来源：中国海关数据和UNCTAD数据库。

作为中国进口伙伴，非洲四国在中国进口额中占比的显著时段是2006~2013年，从0.6%上升至2.6%。2013年后总体趋向缓慢下降，2021年为1.34%。非四国在中国进口额中占比的显著上升时段是2002~2008年，从

1.32%持续上升至4.04%。这一时期既是中国工业化快速推进时期，也是世界初级产品价格持续显著上涨的时期。2008年后，非四国在中国进口额中的占比在调整中趋向下降，2021年为2.6%。

### （三）中国从非洲进口初级产品的发展态势

如图3所示，1995年，中国从非洲进口初级产品的总额为6亿美元，此后总体保持上升态势，2014年达855亿美元。2014年后，该项总额上下波

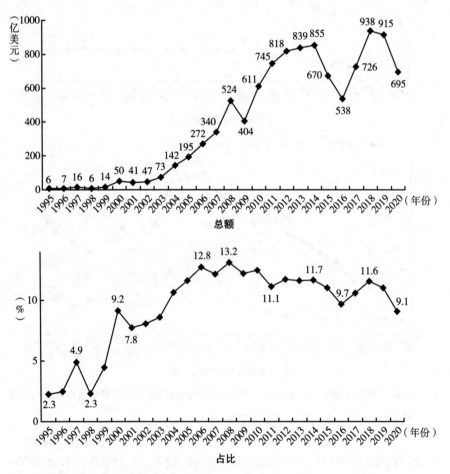

**图3 1995～2020年中国从非洲进口初级产品金额及其在中国该类产品进口总额中的占比**

资料来源：中国海关数据和UNCTAD数据库。

动，2020 年为 695 亿美元。历史最大值发生在 2018 年，为 938 亿美元。1998~2008 年，非洲在中国初级产品进口总额中的占比从 2.3% 上升至13.2%，2008 年后占比在波动中总体趋向下降，2020 年为 9.1%。

### （四）中国与非洲各范围出口和进口机电产品的发展态势

如图 4 所示，中国对全非洲范围的机电产品出口额总体攀升至 2014 年，达 363 亿美元，2014 年后总体呈上下波动态势，2020 年为 385 亿美元。历史最大值为 2019 年的 392 亿美元。其中，中国对非洲四国范围的机电产品出口额总体持续攀升至 2015 年，达 115 亿美元，此后在调整中仍稍有上升，2020 年为 135 亿美元，这也是该项出口额的历史最大值。中国对非四国范围的机电产品出口额总体攀升至 2014 年，达 258 亿美元，此后总体呈上下波动态势，2020 年为 250 亿美元。历史最大值为 2019 年的 262 亿美元。

从中国对非洲机电产品出口份额看，2004~2009 年，中国对全非洲范围的机电产品出口额在中国机电产品出口总额中的占比从 1.62% 持续上升至3.32%；此后占比总体在波动中稍有下降，2020 年为 3.05%。历史最大值为 2015 年的 3.42%。2004~2008 年，中国对非洲四国范围的机电产品出口额在中国机电产品出口总额中的占比从 0.56% 上升至 1.06%；此后占比总体保持稳定，2020 年为 1.07%。历史最大值为 2015 年、2019 年的 1.08%。

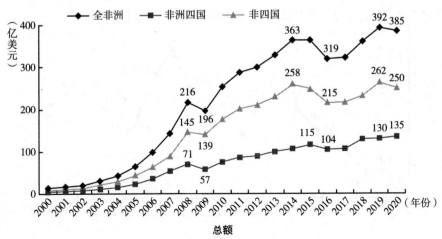

总额

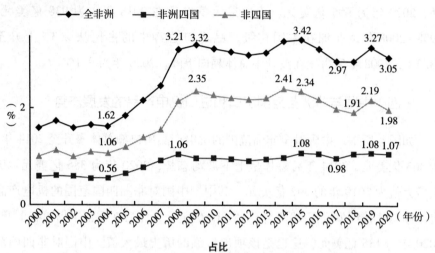

**图4 2000~2020年中国向非洲分范围出口机电产品金额
及其在中国机电产品出口总额中的占比**

资料来源：中国海关数据和UNCTAD数据库。

2004~2009年，中国对非四国范围的机电产品出口额在中国机电产品出口总额中的占比从1.06%上升至2.35%；此后占比总体在波动中稍有下降，2020年为1.98%。历史最大值为2014年的2.41%。

如图5所示，2000~2013年，中国自非洲四国的机电产品进口额从0.73亿美元上升至6.22亿美元，其间有少数年份没有保持持续上升。2015年降至3.45亿美元，此后稍有波动，2020年为3.85亿美元。

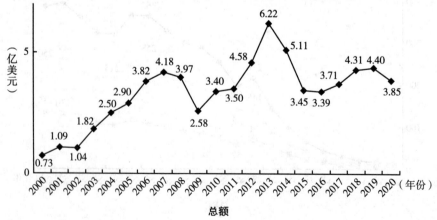

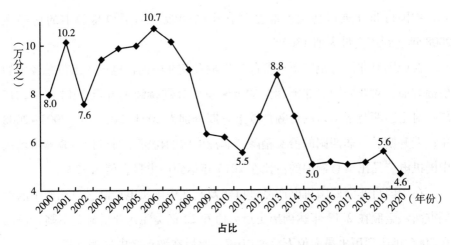

图 5  2000～2020 年中国自非洲四国进口机电产品金额
及其在中国机电产品进口总额中的占比

资料来源：中国海关数据和 UNCTAD 数据库。

2000～2006 年，中国自非洲四国的机电产品进口额在中国机电产品进口总额中的占比在万分之 8 至万分之 11 波动，2006 年达到历史最大值万分之10.7；此后占比在波动中下降，2020 年为万分之 4.6。

（五）小结

2019～2021 年，中国对非洲四国出口额、进口额的增长强劲程度都高于对非四国的强劲程度，中国对非洲各范围出口额的年均增速高于对同范围进口额的年均增速。

从非洲各范围作为中国贸易伙伴在中国出口额、进口额中的份额变化看，非洲四国、非四国在中国出口额的占比总体上升，都持续到 2015 年，其中非四国占比上升程度更显著。非洲四国、非四国在中国进口额中占比的持续上升期分别为 2006～2013 年、2002～2008 年。持续上升期的出现表明，中国对非洲各范围的出口额、进口额增速都曾在某段时间快于中国整体出口额、进口额的增速。

中国自非洲进口初级产品金额的最大值出现在 2018 年，达到 938 亿美

元，中国自非洲进口初级产品金额在中国初级产品进口总额中的份额在
2008 年达到历史最大值 13.2%。

在中国对非洲各范围机电产品出口额及其在中国机电产品出口总额中的
份额方面，对非四国、非洲四国的金额总体分别持续上升至 2014 年、2015
年；对上述两范围出口的份额持续上升期分别为 2004~2008 年、2004~2008
年；上升期后，非四国的份额稍降，非洲四国的份额相对持稳。非洲市场在
中国机电产品出口总额中的占比在 2015 年达到历史最大值 3.42%。

在中国自非洲四国机电产品进口额及其在中国机电产品进口总额中的份
额方面，金额在 2013 年达到历史最大值 6.22 亿美元，此后显著下降；份额
在 2006 年达到历史最大值万分之 10.7，此后在波动之中显著下降。

总的来看，作为中国出口市场，非洲四国的市场份额在停止持续上升后
总体持稳，非四国份额在经历上升后，则受到国际资源价格行情导致的购买
力变动影响，波动性较大。作为中国进口来源地，在初级产品方面，非洲的
份额在近 10 年稳中有降，机电产品份额则显得微不足道。

## 四 中非贸易伙伴关系未来趋势和相关建议

根据中非贸易发展的态势和趋势，未来一段时间，作为非洲四国、非四
国两范围的贸易伙伴，中国在其出口额、进口额中的占比情况如下：中国作
为出口目的地，2021 年在非洲四国出口额中的占比为 7.9%，近年波动，相
比较而言，考虑到中国总体进口需求增速仍相对强劲，同时非洲四国制造业
水平相对不高，预计该占比仍会有一定幅度上升，但不大可能表现为持续显
著上升；2021 年中国在非四国出口额中的占比为 18.6%，近年持续显著上
升，相比较而言，考虑到中国对资源产品进口需求增速仍相对强劲，同时世
界其他资源产地相对动荡不安，预计该占比仍可能持续显著上升。中国作为
来源地，2021 年在非洲四国进口额中的占比为 17.3%，近年持续显著上升，
相比较而言，考虑到中国制造业的全球竞争力仍处于上升态势，预计该占比
仍可能继续显著上升；2021 年在非四国进口额中的占比为 22.3%，近年持

续显著上升，预计该占比仍会持续显著上升。此外，预计未来 5 年或更长时间，中国进出口贸易增速仍会强于非洲各范围国际贸易，因此，预计非洲各范围作为伙伴，在中国出口额、进口额中的占比都不会持续显著上升，将会小幅波动或缓慢下降。

就中方而言，中国需继续发掘中非贸易发展潜力，并进一步巩固中国作为非洲贸易伙伴的相对优势地位。

第一，积极深化中国和非洲四国的机电产品双向贸易。2021 年，中国全部出口在非洲四国的市场占有率（17.3%）仍然远远落后于欧盟（35.3%）。2020 年中国对非洲四国机电产品出口额只占中国该类产品出口总额的 1% 左右，非洲四国机电产品在中国的市场占有率则微不足道。中国企业要在非洲四国巩固乃至提升自己的市场地位，可考虑通过促进中国制造企业加大对非洲四国投资、促进中国企业在非洲四国开展加工贸易等方式，逐渐和非洲四国之间培育机电、非机电产品的产业链双向贸易流。

第二，积极推动中非贸易的低碳化和数字化。随着中国经济低碳化转型，中国对传统能源产品的进口需求强度逐渐下降是必然趋势；另外，即使是石油、矿石等传统资源产品领域，今后其开采和贸易过程的清洁化、数字化也是趋势。为此，与中国经济低碳转型相适应，在中国企业前往非洲开展资源开发、产品推广的过程中，要做到生产技术和标准的低碳化、数字化和国内同步；要积极采取政府合作和金融合作等措施，对非洲各国生产和贸易公共管理的低碳化、数字化转型提供官方援助和金融支持。

第三，积极选择非洲贸易伙伴缔结各类贸易协定。当前，中国和非洲国家已经生效的自由贸易协定只有中国和毛里求斯之间一项；而大量非洲国家和欧盟缔结了为数众多的区域贸易协定。随着中非贸易的总量和质量不断迈上新台阶，中国可考虑在非洲国家之中积极选择伙伴，加大贸易协定谈判的工作力度，并不断为中非贸易注入新活力。

# Y.9
# 国际对非洲直接投资

周 密*

**摘 要:** 2020 年,非洲的外资流入量连续第 3 年减少,但在其他国家外
资流入下降幅度更大的情况下,非洲外资流入的全球占比却有所
上升。相比而言,非洲外资流出的下降幅度更大,双向投资的不
平衡继续扩大。在 5 个区域中,中部和东部非洲国家的外资流入
情况相对较好,北部和南部非洲吸引外资额偏少。中国作为非洲
外资的重要来源地,对非投资额逆势增长,建筑业、采矿业、制
造业、金融业仍是主要的行业领域。新冠肺炎疫情的冲击尚未过
去,全球经济面临如何加快疫情后复苏的重要挑战。鉴于此,中
国与非洲国家应充分发挥各方优势,减少信息不对称对企业决策
造成的制约,基于发展现状和预期适当调整合作方式及重点领域,
保护企业利益,鼓励创新技术的应用与更为多样化的合作模式,
为中国、非洲国家和其他合作方创造更可持续的发展支撑及价值。

**关键词:** 非洲 外国直接投资 中国

2020 年,全球遭受新冠肺炎疫情的严重冲击。疫情传播速度快,对经
济发展造成明显的收缩影响。非洲作为经济社会发展水平相对较低的区域,
公共卫生的响应能力不足,社会和经济受到疫情的冲击更大,这也对包括中
国企业在内的各国投资者的信心和行动造成了较大影响。

---

\* 周密,商务部国际贸易经济合作研究院研究员,主要研究对外投资合作,服务贸易,国际规
则与协定。

# 一 非洲外资流出降幅明显超过流入降幅

2020 年，非洲的外资流入量比上年有所下降，但在全球外资流入量中的占比上升。相比而言，外资流出的下降幅度更大，反映出非洲国家因经济产业发展水平而形成的参与全球投资合作的能力。

## （一）2020年非洲外资流入量减少但全球占比上升

非洲的外资流入规模较小。2020 年，非洲的外资流入量为 397.9 亿美元。2020 年的非洲外资流入量再创新低，比上年减少了 12.3%。如果将非洲国家的外资流入量加总参与全球经济体排名，2020 年非洲总体的外资流入量低于美国、中国、中国香港特区、新加坡、印度和卢森堡，只有美国外资流入量的 25.5%，相当于中国当年外资流入量的 26.6%。

与此同时，在全球外资流入量锐减的情况下，非洲外资流入量的全球占比却出现明显上升，这一特点在近 5 年更为清晰。如图 1 所示，非洲国家 2020 年的外资流入量比 2017 年的 10 年内次低点还要少 17.5 亿美元。但 2020 年非洲在全球外资流入量中的占比则达到了 4.0%，高于 2014 年的 10 年内次

图 1　2011～2020 年非洲的外资流入量及全球占比

资料来源：联合国贸易和发展组织：《世界投资报告 2021：投资于可持续复苏》。

高点（3.8%）。在发生全球金融危机的 2008 年和 2009 年，非洲在全球外资流入量中的占比也分别出现了 3.9% 和 4.6% 的较高值。这种现象似乎表明，流向非洲的外资抵抗外部冲击的能力更强，全球经济下行时外资依旧对非洲保持较强的信心。

### （二）非洲外资流出量下降幅度更大

经济产业的竞争力对一国或地区的对外投资有着决定性影响，但短期内环境因素对当年投资流量的影响不容忽视。在新冠肺炎疫情的冲击下，实业类对外投资的难度上升，而非洲的对外投资多与其经济发展阶段有密切关系。如图 2 所示，2020 年，非洲的外资流出量只有 15.9 亿美元，比上年下降了70.2%。外资流出量的大幅下降导致非洲双向投资的不平衡更为明显，2020年外资流出量占非洲双向外资总流量的比重再创新低，只有 3.8%。这个比重与非洲外资流入量的全球占比接近。由此可见，非洲在全球外资流入量中的占比极小，而对外投资又在非洲双向外资流动量中的占比极小。联合国贸易和发展会议（UNCTAD）在对最不发达国家包含的国家范围 50 年来情况进行回顾时指出，过去 50 年，只有 5 个国家凭借发展从最不发达国家清单中移出。虽然 3 个非洲国家（博茨瓦纳、佛得角和赤道几内亚）成功移出

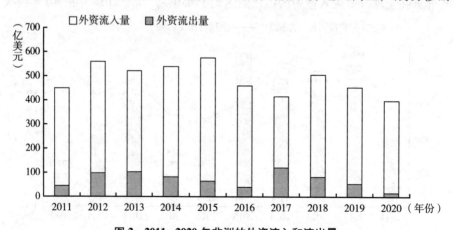

**图 2　2011~2020 年非洲的外资流入和流出量**

资料来源：联合国贸易和发展会议：《世界投资报告 2021：投资于可持续复苏》。

名单，但目前名单中的 46 个国家中的绝大部分仍分布在非洲，尤其以西部、东部和中部非洲国家最为集中。面对疫情的威胁，许多非洲国家没有能力推广疫苗接种，许多国家采取限制非洲国家居民入境的边境管控措施，进一步减弱了非洲国家开展对外投资的能力。

### （三）非洲双向直接投资年末存量在发展中国家中的比重保持稳定

与投资流量相比，投资存量更能够反映历史情况；投资存量受当年因素的影响相对较小，在进行趋势分析时更为稳健。尽管投资流量有明显的下降，非洲的双向直接投资年末存量在发展中国家中基本保持稳定。如图 3 所示，虽然 2011~2020 年的 10 年间，整体上非洲的投资存量占比呈现下降趋势，但2020 年末与上年末相比并未出现下降，反而还出现了触底回升的态势。2020年末，非洲年末外资流入存量的占比与上年持平，均为 8.3%。而截至当年末的外资流出存量的比重有所上升，从 3.6% 上升到 3.8%。即便如此，非洲外资流出存量和流入存量在发展中国家整体存量中的比重仍然有较大的差距，这说明在发展中国家中非洲对外资的吸引力总体仍高于其开展对外投资的能力。

**图 3　2011~2020 年非洲外资流入和流出年末存量占发展中国家比重**

资料来源：联合国贸易和发展会议：《世界投资报告 2021：投资于可持续复苏》。

## 二 非洲5个区域对外资的吸引力持续变化

2020 年，非洲 5 个地理区域的外资流入量呈现出不同的变化态势，中部非洲外资流入量增加，东部非洲外资流入量保持稳定，西部非洲外资流入量下降但占比上升。相比而言，北部和南部非洲的外资流入量均明显下降，反映出疫情冲击下非洲不同区域对外资吸引力的差异。

### （一）北部非洲国家的外资流入量下降明显

与撒哈拉以南非洲相比，北部非洲是传统上非洲国家中经济发展水平较好的区域。但是，在疫情的冲击下，北部非洲对外资的吸引力有所下降。2020 年，北部非洲 7 国的外资流入量之和为 101.3 亿美元，比上年下降了 26.0%，在非洲外资流入量中的占比也从 30.2% 降至 25.5%，是 2016 以来表现最差的一年。7 个北部非洲国家中，利比亚依旧没有数据，其动荡的国内环境阻碍了外资的流入，而缺乏有效的政府管理也使得有关数据的统计无法获得。尽管拥有丰富的油气资源和一定的开采能力，但因基础设施条件差、政局不稳，加之疫情冲击下全球能源价格大幅下跌，2020 年南苏丹①的外资流入量只有 1800 万美元，与上年基本持平。苏丹近年来的外资流入量持续萎缩，比 2008 年的高点下降了 3/4。2020 年，苏丹的外资流入量为 7.2 亿美元，与突尼斯（6.5 亿美元）水平相近。北部非洲国家中，外资流入量最多的国家依旧是埃及，虽然 2020 年同比下降了 35.1%，但仍保持了北部非洲最大外资流入国的地位，实现外资流入 58.5 亿美元。据总部位于科威特的阿拉伯投资和出口信用担保公司的报告，在 2015～2019 年的 5 年内，埃及吸收的外资额占整个阿拉伯地区的 35.2%，项目数占到 10.9%，为埃及创造了超过 1 万个就业岗位。按照此数据计算，埃及不仅是阿拉伯国家中

---

① 尽管南苏丹于 2016 年 4 月 25 日加入东非共同体，但在联合国贸易和发展会议的《世界投资报告》中仍被纳入北部非洲地区进行外资流动统计。

吸引外资规模最大的国家，而且在埃及的投资项目平均规模要远大于其他阿拉伯国家。埃及与阿尔及利亚（11.3亿美元）和摩洛哥（17.6亿美元）是北部非洲当年3个外资流入量超过10亿美元的国家。其中，2020年摩洛哥的外资流入量实现了同比增加，也是北部非洲国家中外资流入量增加的唯一国家。重要的地理位置和相对有效的疫情防控措施在一定程度上使摩洛哥成为外资的"避风港"，摩洛哥的物流网络也为疫情下的欧洲大陆提供了贸易窗口。

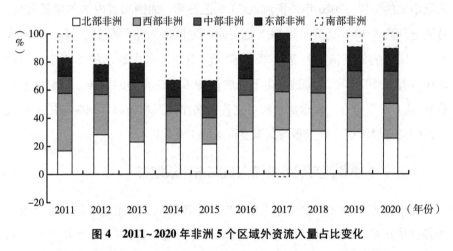

**图4　2011~2020年非洲5个区域外资流入量占比变化**

资料来源：联合国贸易和发展会议：《世界投资报告2021：投资于可持续复苏》。

## （二）西部非洲外资流入量占比略有上升

西部非洲是非洲5个区域中国别数量最多的地区。2020年，西部非洲16个国家的外资流入量合计97.7亿美元，比上年下降了10.1%，降幅低于全部非洲国家（同比下降12.3%）。受此影响，西部非洲国家2020年在非洲外资流入量中的占比也从24.0%上升到24.6%，与北部非洲的外资流入量的占比之差比2019年减少了5.3个百分点。其中，几内亚和多哥的外资流入量同比实现了较大增长，分别增长625.3%和379.7%。冈比亚（41.7%）和毛里塔尼亚（10.4%）的外资流入量也实现了增长。相比而言，在西部非洲国家中，2020年外资流入量下降最大的国家是科特迪瓦（-49.6%），接下来

分别是尼日尔（-38.1%）、马里（-37.6%）和利比里亚（-36.9%）。虽然西部非洲也受到疫情的巨大冲击，但在国际社会的助力下，获得了相对宽松的外部环境。根据世界银行数据，二十国集团提出的"暂缓最贫穷国家债务偿付倡议"可在 2020 年帮助提出申请的西部非洲国家节省 7.439 亿美元开支。科特迪瓦是上述倡议最大受益国，获得的暂停支付本金和利息占西部非洲地区总额的 31.2%。在西部非洲国家中，尼日利亚依旧保持了外资流入量最多的位置，2020 年外资流入 23.9 亿美元。加纳和塞内加尔紧随其后，外资分别流入 18.8 亿美元和 14.8 亿美元。与北部非洲国家相似，西部非洲也有 3 个国家的外资流入量超过 10 亿美元。其中，塞内加尔的外资流入量比 2019 年增长 50.6%，在疫情冲击下仍然保持了连续 8 年的增长，增速比上年提升 34.6 个百分点。塞内加尔相对完善的法律体系和振兴计划带来的不断改善的营商环境吸引了外资参与其重点推动的工业化进程。

### （三）中部非洲实现外资流入量和占比双增长

受资源禀赋和交通物流等因素影响，中部非洲国家也是非洲对外资吸引力较强的区域。2020 年，西部非洲国家的外资流入量共计 91.8 亿美元，同比增加 5.5%，成为非洲 5 个区域中唯一实现增长的区域。而且，西部非洲的外资流入量在非洲外资流入量中的占比也从 19.2% 上升至 23.1%，在 5 个区域中成为份额增加最大的区域。但 10 个国家 2020 年的外资流入量差异较大。与北部非洲和西部非洲相同，2020 年中部非洲国家中也有 3 个国家吸引了超过 10 亿美元的外资。外资流入量最大的国家是刚果（布），外资流入 40.2 亿美元，同比增长 19.3%。刚果（金）外资流入 16.5 亿美元，加蓬外资流入 17.2 亿美元，分别同比增长 11.4% 和 10.5%。布隆迪依旧是外资流入量最小的中部非洲国家（600 万美元），外资流入量比上年增长了 479.6%。中非共和国、圣多美和普林西比的外资流入量也都不足 1 亿美元，分别只有 3500 万美元和 4700 万美元。新能源汽车的蓬勃发展对锂电池的需求显著上升，而按照当前的技术方案，中部非洲成为跨国矿业公司重点投资对象。但是，非洲投资东道国政策的不确定性也在相当程度上影响了外国投资者的决策。相对于服务业的投资，能矿领域的投资周期较长，前序准备较多，企业在投资时对政策环境考虑的权重也更高。作为中部非洲最具吸引力的国家之一，刚果（金）政府在2020年8月宣布对氢氧化钴出口禁令的无限期豁免，虽然这在一定程度上缓解了外资对其资源产品出口的担忧，但2021年齐塞克迪总统、恩桑巴矿业部长和国家矿业总公司董事长等人多次批评前政府与跨国公司签订的矿业协议存在欺诈及不公平现象，再次提出整顿矿业措施，包括暂停发放矿权许可、清查企业履行社会责任情况以及监督政府持有股份收益。

### （四）东部非洲的外资流入规模基本保持稳定

工业化在东部非洲吸引外资中扮演着重要角色，也使其外资流入量更加稳定且具有可持续性。2020年，东部非洲国家的外资流入为64.6亿美元，同比减少16.7%，在非洲国家外资流入总量中的占比为16.2%，比上年略低0.9个百分点。11个东部非洲国家中，马达加斯加外资流入量实现了58.0%的增长。马达加斯加总统在2021年11月参加联合国工业发展组织会议时表示，该国已建立了糖、食用油、小麦粉和水泥的本地化生产工厂，并将在2023年实现自给自足。为应对疫情冲击，马达加斯加将在国内各地建立产业孵化器和区域生产合作中心，通过打造完整的生产价值链，提高"马达加斯加制造"标签的影响力。吉布提、厄立特里亚、科摩罗和索马里的外资流入量也都实现了增长，比上年分别增加了31.9%、10.0%、8.9%和3.8%。外资流入量降幅较大的国家是毛里求斯（-47.9%）、肯尼亚（-46.2%）和乌干达（-35.0%）。东部非洲国家中，2020年外资流入量超过10亿美元的国家只有两个，即埃塞俄比亚（24.0亿美元）和坦桑尼亚（10.1亿美元）。埃塞俄比亚的外资流入受萨法利电信公司联合体的投资拉动，仅电信牌照费就高达8亿美元以上。包括近期建成的宝利莱米、科林托、德雷达瓦、塞梅拉工业园及贝布拉、布热、耶格拉姆综合农业加工产业园等投资项目，为外资在埃塞俄比亚的投资发展提供了更多的选择。

### （五）南部非洲外资流入规模下降但占比上升

近年来，南部非洲国家对外资的吸引力明显减弱。2015 年，流入南部非洲国家的外资还占到非洲所有外资流入量的 1/3 以上（33.6%）。2020 年，南部非洲国家的外资流入在 5 个区域中已经位列最后，在非洲外资流入量中的占比仅有 1/10（10.7%），比上年略高 1.1 个百分点。2020 年，流入南部非洲国家的外资总额为 42.5 亿美元，比上年略降 2.5%。在南部非洲国家中，外资流入量排名第一的是南非，外资流入量为 31.1 亿美元，同比下降了 32.8%。谷歌在南非开发海底光缆以及百事可乐收购先锋食品集团是两笔交易额较大的投资项目。新冠病毒变异毒株奥密克戎的出现和恶化的安全局势严重削弱了南非对外资的吸引力。南非前总统雅各布·祖马因"藐视法庭罪"被判入狱 15 个月，豪登省约翰内斯堡和夸祖鲁-纳塔尔省德班两个城市爆发骚乱，造成了数百人丧生，折射出政治和社会冲突下南非长期存在的产能不足、经济垄断、国有企业治理缺失等一系列经济弊端。相比而言，外资流入量超过 10 亿美元的另一个南部非洲国家莫桑比克在 2020 年实现了 23.4 亿美元的外资流入，比上年增加了 5.7%。曾经非洲外资流入量排名第一的安哥拉自 2016 年以来的外资流入量持续为负值，2020 年的外资流入量为-18.7 亿美元。疫情对全球能源市场的冲击，加之前期国内市场经济过热后的回调，使得外资对安哥拉信心减弱，持续流出。从投资的产业结构来看，近年来流入安哥拉的投资以工业部门为主，其次是农业和服务业领域。安哥拉的采矿、卫生、酒店、旅游、电信和金融项目也吸引了不少外资的关注。产业结构的调整以及制造业和服务业项目对能矿投资项目的替代也对安哥拉外资流入量产生了明显影响。

## 三 中国对非投资触底复苏

2020 年，中国企业对非洲投资逆势增长，相对集中的行业反映出双方存在共同发展的利益诉求。经济产业的互补性为中国对非投资提供了更为有效的市场动力。

### （一）中国企业对非投资规模和占比双双增长

2020 年，中国企业对非投资额相较于上年下降的情况明显恢复。根据中国商务部统计，2020 年中国企业对非投资流量为 42.3 亿美元，比上年增长了 56.7%。值得注意的是，2020 年，中国的对外投资总额仅比上年增加了 12.3%。可见，非洲成为中国企业在 2020 年对外投资中更为重要的目的地。如图 5 所示，2020 年，中国企业对非投资在全部对外投资中的占比也呈现上升态势，从上年的 2.0% 上升至 2.7%。这一占比为过去 10 年间中国企业对非投资额平均占比的 101.1%，比 2019 年 71.8% 的水平明显提升，从另一个角度说明中国企业对非投资的趋势性回归。不过，相比其他国家和地区，非洲国家尚未成为中国企业对外投资的主要目的地，2020 年中国企业对非投资额的全球占比依旧很低，距离 2011 年 4.3% 的高点也还有不小的差距。

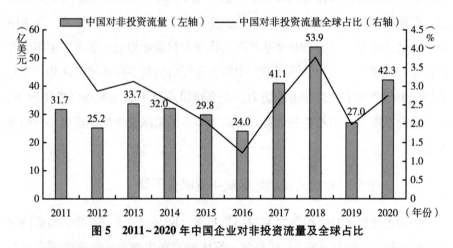

**图 5　2011~2020 年中国企业对非投资流量及全球占比**

资料来源：根据《2020 年度中国对外直接投资统计公报》测算，参见中华人民共和国商务部、国家统计局、国家外汇管理局编《2020 年度中国对外直接投资统计公报》，中国商务出版社，2021。

### （二）对非投资存量行业集中度较高

年末投资存量更能反映出企业的投资意愿。在中非合作论坛机制下，中非双方共同确定了"十大合作计划"，并提出"八大行动"，双方共同推动

包括基础设施、制造业、采矿业、农产品加工和工业园区等领域的合作，以中国对非投资合作为主。铁路、公路、机场、港口和电站等一系列项目的实施，为非洲经济在疫情后的发展提供了更好的条件，也带动其他领域的资金流入。开拓非洲的民营企业数量众多，行业分布广泛，从餐饮、零售到轻工业、食品、化工和土畜等领域，再到更为多元的投资行业领域。2020年末，中国企业在非洲的投资存量共计434.0亿美元，比上年末减少2.2%。其中，中国企业在建筑业的投资存量为151.5亿美元，排名第一，占中国企业在非投资总存量的34.9%；在采矿业的投资存量为89.4亿美元，占比为20.6%；在制造业的投资存量为61.3亿美元，占比为14.1%；金融业以及租赁和商业服务业的投资存量分别为41.4亿美元和23.5亿美元，占比分别为9.6%和5.4%。上述五大产业领域的2020年末投资存量合计367.1亿美元，占中国企业在非洲投资总存量的84.6%。这一占比比2019年末略低0.8个百分点，但建筑业和制造业的占比分别比去年高4.3个和1.5个百分点。这说明面临疫情的冲击，中国企业在基础设施建设和制造业领域与非洲东道国的合作伙伴有着更为广泛的共同利益。中国企业凭借公共卫生领域的优势，支持非洲国家增强抗击疫情冲击的能力。在全球供应链不稳定性增强的情况下，中国企业在制造业的经验和优势，又成为非洲国家减轻供应链脆弱影响的重要方式。

### （三）中国对非投资国别地区集中度略有下降

中国企业对非洲的投资主要流向肯尼亚、刚果（金）、南非、埃塞俄比亚、尼日利亚、刚果（布）、尼日尔、赞比亚和塞内加尔，而这些国家也是2020年外资流入量较大的非洲国家。不过，2020年中国对外投资前20位的国家或地区都不包括非洲国家。中国对非投资前10位的国家共吸收了33.1亿美元，比上年的29.2亿美元增长了13.4%。流向这10个非洲国家的中国企业投资额占中国企业2020年对非投资总流量的近八成（78.3%）。中国企业对肯尼亚和刚果（金）的投资流量占比都超过10%，分别达到了14.9%和14.5%。与2019年相比，中国企业对肯尼亚、刚果（布）、马达加斯加和摩洛哥的投资额在 2020 年大幅增加。这四国在 2019 年都未能进入中国企业对非投资前 10 位，其中马达加斯加和摩洛哥的投资额都是负值。近年来，随着肯尼亚扩大市场开放，中国企业在该国包括工程、制造业和服务业等在内的领域持续扩大投资，在投资和工程领域都成为肯尼亚最主要的外资来源。

与当年投资流量相比，截至 2020 年末中国企业对非投资存量的国别分布更为稳定，与上年末相比变化较小。如表 1 所示，截至 2020 年末前十大非洲投资存量国别的投资存量之和为 273.9 亿美元，比上年末减少了 6.4 个百分点。从国别集中度来看，中国对非前十大投资存量国占比之和为 61.7%，比上年末略有下降。2020 年末，中国企业在南非的投资存量占比达到 12.2%。在这 10 个国家中，南非、刚果（金）、安哥拉、阿尔及利亚和加纳的占比都比上年末有所下降，津巴布韦维持了 4.0% 的比重不变，而赞比亚、埃塞俄比亚、尼日利亚和肯尼亚的占比分别比上年末增加了 0.4 个、0.9 个、0.4 个和 1.2 个百分点。中国企业在非洲国家经济发展中的作用依然重要。以安哥拉为例，虽然在 2020 年中国对非投资流量排名上已经退出了前 10 位，但在年末投资存量上依然排名第 5 位。《安哥拉日报》称，2021 年中国在安哥拉的外资榜单上排名第三，而当年的外国直接投资为安哥拉公民创造了 30364 个就业岗位。[①]

**表 1　2020 年中国企业对非投资流量和年末存量前 10 位**

单位：万美元，%

| 序号 | 国别 | 投资流量 | 占比 | 国别 | 投资存量 | 占比 |
|---|---|---|---|---|---|---|
| 1 | 肯尼亚 | 62962 | 14.9 | 南非 | 541722 | 12.2 |
| 2 | 刚果（金） | 61151 | 14.5 | 刚果（金） | 368813 | 8.3 |
| 3 | 南非 | 40043 | 9.5 | 赞比亚 | 305500 | 6.9 |
| 4 | 埃塞俄比亚 | 31080 | 7.4 | 埃塞俄比亚 | 299280 | 6.7 |
| 5 | 尼日利亚 | 30894 | 7.3 | 安哥拉 | 269009 | 6.1 |
| 6 | 刚果（布） | 24749 | 5.9 | 尼日利亚 | 236754 | 5.3 |
| 7 | 尼日尔 | 23514 | 5.6 | 肯尼亚 | 215430 | 4.9 |

---

① Hélder Jeremias, "Investimentos absorvem 4,5 mil milhões de dólares", Jornal de Angola, February 13, 2022, https://www.jornaldeangola.ao/ao/noticias/investimentos-absorvem-4-5-mil-milhoes-de-dolares/.

续表

| 序号 | 国别 | 投资流量 | 占比 | 国别 | 投资存量 | 占比 |
|---|---|---|---|---|---|---|
| 8 | 赞比亚 | 21426 | 5.1 | 津巴布韦 | 179580 | 4.0 |
| 9 | 塞内加尔 | 21340 | 5.1 | 阿尔及利亚 | 164352 | 3.7 |
| 10 | 马达加斯加 | 13598 | 3.2 | 加纳 | 158403 | 3.6 |
| | 合计 | 330757 | 78.5 | 合计 | 2738843 | 61.7 |

资料来源：根据《2020年度中国对外直接投资统计公报》测算，参见中华人民共和国商务部、国家统计局、国家外汇管理局编《2020年度中国对外直接投资统计公报》，中国商务出版社，2021。

## 四　积极推动后疫情时期中国企业对非投资合作

2022年，全球经济从疫情冲击中加快复苏。尽管中国经济面临需求收缩、供给冲击和预期转弱三重压力，非洲经济与全球经济的发展周期存在明显差异，但疫情防控和经济发展的需求强劲，中国企业在非洲扩大投资规模和领域前景可期。

第一，根据疫情冲击的影响合理调整投资合作目标。中非合作基础扎实，双方为发展确定了较高的目标。一般而言，较快的经济社会发展需要容量更大、更为高效的软硬件市场连接保障。而相关基础设施的建设对资金的使用规模和效率的要求更高。在经济持续扩张期，基础设施投资项目的实施进度需要比经济社会发展的进度提前。当前形势下，新冠肺炎疫情在短期内难以完全消除，非洲国家可能因新冠疫苗接种范围小、速度慢而需要更长的时间实现安全稳定的社会经济发展，病毒新的变异在国际上扩散还可能给非洲国家带来新的外部冲击。非洲国家原定的经济社会发展目标需要根据形势做出调整，对包括基础设施建设速度、能源资源保障能力增长速度等硬环境支撑的需求进行调整。中非双方政府需要重新校准经济发展目标，调整投资节奏。中方可整体上适当放缓硬件基础设施网络扩张的速度，将更为有效的财政金融资源用于弥补经济发展弱项和缺环，帮助非洲国家加快到达疫情后经济下滑的拐点，同时为财政金融资源的可持续发展创造更好的环境；引导社会发展和投资合作的预期，做好经济发展降速情况下的社会民生保障。

第二，调整中国企业对非投资的国别和行业指导重点。部分非洲国家的经济发展动力更强，对外资流入的需求更大。对中国企业加强指导，通过政府间合作增强市场透明度，减少疫情防控措施对信息流动的阻碍，帮助企业做好投资决策。疫情冲击下，非洲国家对公共卫生所需的个人保护用品和消杀用品的需求显著增加，相关产品供不应求的情况较为突出。疫情冲击还对原有的就业市场造成较大影响，能够创造更多就业机会的投资更能赢得非洲投资东道国政府的欢迎。近年来，发展较快的数字经济企业在疫情下为实体经济的供需对接提供了较好的平台，也可能帮助非洲国家在经济复苏的同时减少疫情传播的风险。与此同时，物流基础设施，更为高效、安全的经济社会发展保障也有利于非洲国家加快经济复苏的进程。在疫情冲击下，部分非洲国家的经济表现依然稳健，出口持续增长，为财政收入提供了保障。中国企业在非洲的发展也需要对东道国的市场表现进行甄别，通过互利合作，在满足发展需求的同时降低投资和经营风险。政府、行业组织和各类相关机构应与企业建立更多的联系合作机制，提高协同发展的能力。

第三，鼓励企业加强对非创新领域的投资合作。面对疫情的冲击，全球各国加强了对低碳经济发展承诺的履行。碳达峰、碳中和的发展目标给各国政府和企业的行动模式带来了较强影响。例如，对煤炭资源的利用强度明显下降，发达经济体和发展中国家需要找到更多的可替代清洁能源。中国企业在非洲的投资合作也应该敏锐发现此类经济社会发展中的重大变化，积极探索使用创新技术，在满足社会原有能源需求的同时，探索能否实现供需关系的创新性匹配。减少温室气体排放总量和结构需要更为有效的方式，对煤炭等化石能源的替代也会对各国经济发展动力和方式造成较大的冲击。安哥拉等非洲产油国对外资的吸引力可能还将持续减弱。但前期较快的扩张性基础设施建设可能造成财政收入与支出的显著不匹配。解决发展中的问题需要在制度设计、企业合作模式等方面加大创新力度，而东道国政府为企业创新活动提供的法律法规和权益保障也需要更为有效，从而确保创新活动更可持续。

第四，探索多赢的三方或多方合作模式。伴随近年来美、欧、日等各方对非洲关注度的上升，市场竞争更为激烈。中国企业在对非投资合作中，需要更多地聚焦于非洲的发展需求，在可能的情况下欢迎并与各国投资者探索多种合作模式。经济产业的发展需求往往较为多元。中国企业与来自其他国家的投资者在资金、技术、智力资源、网络和品牌等方面有着不同的比较优势。以开放的态度与其他投资者合作不仅有利于中国企业更好地实现非洲东道国的经济社会发展目标，也有助于它们从合作中学习到更好的管理方式，优化企业文化。开放包容不仅是中国在处理对外经贸关系中的基本准则，也适用于企业微观层面的合作。中非正在推动实施的互联互通合作应进一步优化升级，在减少疫情扩散风险的同时，保障包括商品、服务、人员、资金和技术在内的各种资源要素的流动，为各方的发展提供更为有效的支持。通过相互学习、优势互补，各方都可能实现更好的投资合作结果。近些年来，中国与许多国家在推动第三方合作，但政府的推动仍可能只涉及较为有限的三方或多方合作领域。企业能够在政府项目的基础上，以自身的优势探索更为丰富的合作模式，在领域和方式上进行拓展，创新性地解决新的本地化发展问题。

第五，注重并有效管控经济社会发展的风险。新冠肺炎疫情对经济社会的冲击拐点仍未到来，新的病毒变异还可能出现，已变异的病毒感染对人体的长期影响尚未得到有效评估。面对公共卫生领域的挑战，战乱、恐怖袭击、自然灾害给非洲带来巨大的冲击，包括联合国"2030年可持续发展目标"在内的经济社会发展目标在非洲的实现更为困难。中国企业对非开展投资合作，需要重视环境变化可能给企业带来的影响，合理做好投资规划和进度安排，争取更为有效的政府保障。在投资地点、行业选择等方面，中国企业不仅要考虑企业自身的能力和市场需求，更要考虑能否获得稳定和可持续的发展。在可能的情况下，企业应适当加强对投资合作领域相关金融服务的使用。发挥专业机构的优势，以金融产品和服务降低企业的风险敞口，在发生人身、财产等风险时获得经济补偿，减少不确定因素给企业投资活动带来的损失。

# Y.10
# 国际社会对非洲援助

宋 微 尹浩然*

**摘 要：** 2020年，尽管受到新冠肺炎疫情的冲击，但国际社会对非洲的官方发展援助净交付额逆势增长，同比上升了23.14%。其中，美国、德国、法国、英国和日本是对非援助额最多的5个国家。新兴援助国与私人基金会在协助非洲国家抗击疫情的过程中也发挥了更加重要的作用。其中，中国通过更大规模的医疗物资援助、基础设施援建等方式帮助非洲国家抗击疫情，保证非洲国家粮食安全，以期推动其经济复苏。与此同时，疫情的蔓延使非洲面临更为严峻的发展挑战，域外大国在非洲的竞争也进一步升级，需要国际社会以更大的决心推动全球发展治理议程，共同促进非洲的复苏与经济发展。

**关键词：** 非洲 官方发展援助 DAC国家 中国援助

2020年非洲面临严峻的发展挑战，新冠肺炎疫情与自然灾害、武装冲突等因素叠加对非洲的减贫和经济发展造成了沉重的打击。在此背景下，国际发展援助对非洲发展的作用愈加凸显。基于此，系统梳理国际社会对非洲的援助、把握国际发展援助动态，并在此基础上精准定位中国援助的发力点，对于助推非洲国家早日战胜疫情、实现经济的复苏与增长具有重要意义。

---

* 宋微，法学博士，北京外国语大学国际关系学院教授，主要从事非洲问题研究；尹浩然，中共中央对外联络部干部。

# 一 发达国家和国际组织对非洲的援助

2020 年官方发展援助（ODA）达到了有史以来的最高水平。[①] 国际社会提供的 ODA 净交付额达到 1716.29 亿美元，较 2019 年实际增加了 3.01%。其中，多边机构提供的 ODA 净交付额为 210.56 亿美元，较上年上升 37.92%，增幅明显；经济合作与发展组织发展援助委员会成员国（以下简称"DAC 国家"）提供的 ODA 净交付额为 1625.86 亿美元，比 2019 年实际增加 10.96%，ODA 占国民总收入（GNI）的比重为 0.33%。其中匈牙利(+35.8%)、瑞典（+17.1%）、斯洛伐克共和国（+16.3%）、德国（+13.7%）、法国（+10.9%）、瑞士（+8.8%）等国提供的 ODA 净交付额增幅最明显。[②] 此外，从 ODA 占 GNI 比重看，1970 年 DAC 国家承诺遵守联合国制订的 ODA 占国民总收入比重达到 0.7%的目标，2020 年仅有瑞典（1.14%）、挪威（1.11%）、卢森堡（1.03%）、丹麦（0.72%）、德国（0.73%）和英国（0.70%）这 6 个国家兑现了承诺。

## （一）对非援助规模

2020 年，国际社会对非洲的 ODA 净交付额为 637.79 亿美元，比 2019 年实际增加了 23.14%。从双边援助看，DAC 国家的援助金额为 292.94 亿美元，比上一年实际增加了 11.49%。2020 年对非洲援助最多的前五大援助国是美国（112.93 亿美元）、德国（40.82 亿美元）、法国（34.91 亿美元）、英国（28.17 亿美元）、日本（12.03 亿美元）。从主要援助方的表现看，2020 年，美国对非援助金额同比上升了 22.28%，法国上升了 43.9%，

---

① OECD, *Development Co-operation Report 2021*: *Shaping a Just Digital Transformation*, pp. 390.

② OECD, "Development Co-operation during the COVID-19 Pandemic: An Analysis of 2020 Figures and 2021 Trends to Watch", OECD iLibrary, https://www.oecd-ilibrary.org/sites/2dcf1367-en/1/3/1/1/index.html?itemId=/content/publication/2dcf1367-en&_csp_=177392f5df53d89c9 678d0628e39a2c2&itemIGO=oecd&itemContentType=book, accessed April 20, 2022.

德国上升了 24.07%，英国下降了 14.01%，日本下降了 8.1%。从多边援助看，2020 年多边机构对非洲的援助金额为 328.52 亿美元，比上一年实际增加了 37.52%。其中，世界银行的援助额为 120.99 亿美元，比上一年增长 10.71%；欧盟的援助额为 53.93 亿美元，增长 4.58%；各地区发展银行的援助额为 19.38 亿美元，上升 39.42%；联合国机构的援助额为 18.57 亿美元，下降 7.93%。

表 1　2020 年主要援助方对非洲的援助交付额

单位：亿美元，%

| 主要援助方 | 2020 年 | |
| --- | --- | --- |
| | 金额 | 占援助总额比重 |
| 一、DAC 国家 | 292.94 | 45.93 |
| 其中：美国 | 112.93 | 17.71 |
| 德国 | 40.82 | 6.40 |
| 法国 | 34.91 | 5.47 |
| 英国 | 28.17 | 4.42 |
| 日本 | 12.03 | 1.89 |
| 二、多边机构 | 328.52 | 51.51 |
| 三、其他双边援助 | 16.33 | 2.56 |
| 以上合计 | 637.79 | 100 |

资料来源：根据 OECD 统计数据整理。

## （二）对非援助流向

近年来，虽然国际社会对非洲援助占援助总额的比重有所上升，但是援助流入国仍然相对比较集中。2020 年，接收援助最多的前 5 位非洲国家是埃塞俄比亚（53.02 亿美元）、肯尼亚（39.88 亿美元）、刚果民主共和国（33.77 亿美元）、尼日利亚（33.75 亿美元）、乌干达（30.83 亿美元）。

表2　2019~2020年国际社会对非洲的重点援助国

单位：亿美元，%

| 2019 年 | | 2020 年 | |
|---|---|---|---|
| 非洲接收援助总额 | 517.92 | 非洲接收援助总额 | 637.79 |
| 埃塞俄比亚 | 47.99 | 埃塞俄比亚 | 53.02 |
| 尼日利亚 | 33.69 | 肯尼亚 | 39.88 |
| 肯尼亚 | 32.56 | 刚果民主共和国 | 33.77 |
| 坦桑尼亚 | 21.76 | 尼日利亚 | 33.75 |
| 乌干达 | 20.80 | 乌干达 | 30.83 |
| 前5位占比 | 30.27 | 前5位占比 | 29.99 |

资料来源：根据 OECD 统计数据整理。

从援助重点部门看，2020年DAC国家对非洲援助最多的3个部门是社会基础设施（占49.43%）、人道主义援助（占18.42%）、经济基础设施（占10.20%）。其中社会基础设施、生产部门和债务减免部门的援助金额和占比均有所上升，债务减免部门上升最快，较2019年债务减免金额上升了450倍。经济基础设施、跨部门、方案援助以及人道主义领域的援助较同期都有所下降。

表3　2019~2020年DAC国家对非援助承诺额重点部门分布

单位：亿美元，%

| 主要部门 | 2019 年 | | 2020 年 | |
|---|---|---|---|---|
| | 金额 | 占比 | 金额 | 占比 |
| 社会基础设施 | 137.91 | 43.88 | 164.27 | 49.43 |
| 经济基础设施 | 46.98 | 14.95 | 33.89 | 10.20 |
| 生产部门 | 22.95 | 7.30 | 27.16 | 8.17 |
| 跨部门 | 19.80 | 6.30 | 17.45 | 5.25 |
| 方案援助 | 11.99 | 3.81 | 9.48 | 2.85 |
| 债务减免 | 0.016 | 0.005 | 7.22 | 2.17 |
| 人道主义援助 | 65.34 | 20.79 | 61.22 | 18.42 |
| 其他 | 9.31 | 2.96 | 11.67 | 3.51 |
| 总计 | 314.30 | 100 | 332.36 | 100 |

资料来源：根据 OECD 统计数据整理。

从主要援助国看，各国援助的重点部门不完全相同。其中，美国、法国、德国、日本和英国均侧重于对非洲社会基础设施（主要是教育和饮用水）的援助，占比分别高达 52.46%、37.63%、45.37% 和 39.86% 和 44.54%；不同于法国、德国、日本三国对非洲的经济基础设施较为关注，美国和英国两国更加侧重于对非洲的人道主义援助，2020 年分别达到 30.41% 和 23.95%。

表 4　2020 年主要援助国对非援助承诺额的主要部门分布

单位：亿美元，%

| 主要援助部门 | 美国 | | 法国 | | 德国 | | 日本 | | 英国 | |
|---|---|---|---|---|---|---|---|---|---|---|
| | 金额 | 占比 | 金额 | 占比 | 金额 | 占比 | 金额 | 占比 | 金额 | 占比 |
| 社会基础设施 | 71.62 | 52.46 | 22.17 | 37.63 | 20.78 | 45.37 | 5.58 | 39.86 | 5.43 | 44.54 |
| 经济基础设施 | 2.54 | 1.86 | 16.17 | 27.44 | 6.76 | 14.76 | 5.34 | 38.14 | 0.73 | 6.00 |
| 生产部门 | 5.27 | 3.86 | 7.60 | 12.90 | 4.90 | 10.70 | 0.79 | 5.64 | 0.49 | 4.02 |
| 人道主义援助 | 41.52 | 30.41 | 0.32 | 0.54 | 6.67 | 14.56 | 1.33 | 9.5 | 2.92 | 23.95 |
| 总额 | 136.52 | | 58.92 | | 45.80 | | 14.00 | | 12.19 | |

资料来源：根据 OECD 统计数据整理。

# 二　非传统援助方对非洲的援助

2020 年非 DAC 国家对非援助总额较 2019 年增长不明显，同比上升 0.23%。其中前五大援助国仍然集中于中东地区，即阿联酋、沙特阿拉伯、卡塔尔、土耳其和科威特。与此同时，新兴援助国与私人基金会在协助非洲国家抗击疫情的过程中发挥了更加重要的作用。

## （一）非 DAC 国家与新兴国家对非援助

2020 年，受新冠肺炎疫情影响，非 DAC 国家对非援助净交付额为 16.33 亿美元，涨幅放缓。对非援助前 5 名的非 DAC 国家分别是阿联酋（11.64 亿美元）、沙特阿拉伯（2.96 亿美元）、卡塔尔（7744 万美元）、土耳其（5708 万美元）、科威特（2805 万美元）。其中，除阿联酋相较 2019

年实现对非援助净交付额增长外，其余 4 国对非援助均有所降低。例如，相较 2019 年，沙特的援助净交付额下降了 39.41%，科威特的援助净交付额下降了 56.23%。与此同时，包括中国、印度、巴西以及南非在内的新兴援助国作为经合组织的关键合作伙伴和国际发展筹资的重要来源，积极协助非洲国家抗击疫情，并发挥了重要作用。例如，印度将对非援助锚定于合作和分享发展经验的协商模式，重点解决非洲国家的优先发展诉求。2020 年 1 月 24 日，印度海军发起了"香草行动"（Operation Vanilla），为遭受飓风"黛安"（Diane）袭击的马达加斯加灾民提供人道主义援助和救援；[①] 10 月 24 日，印度政府向苏丹、南苏丹、吉布提和厄立特里亚提供了 270 吨粮食援助，缓解受疫情影响国家的粮食危机。[②]

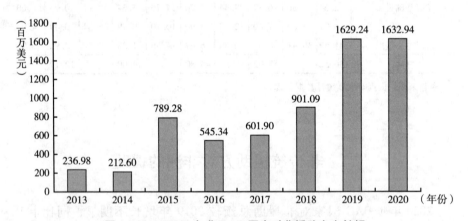

**图 1  2012~2020 年非 DAC 国家对非援助净交付额**

资料来源：根据 OECD 统计数据整理。

## （二）非政府组织对非援助

2020 年，以私人基金会为代表的非政府组织对外援助额达到 89.92 亿

① Mol, Rajani, et al., "India's Health Diplomacy as a Soft Power Tool towards Africa: Humanitarian and Geopolitical Analysis", *Journal of Asian and African Studies*, September 17, 2021, p. 10.

② Mol, Rajani, et al., "India's Health Diplomacy as a Soft Power Tool towards Africa: Humanitarian and Geopolitical Analysis", *Journal of Asian and African Studies*, September 17, 2021, p. 10.

美元，其中对非援助额为 27.64 亿美元，同比上升 33.59%。其中，2020 年
盖茨基金会对非援助额达到 11.49 亿美元，同比上升 2.14%，占非政府组织
对非援助额的 41.57%。盖茨基金会开展了一系列疾病预防、农业发展、环
境卫生以及改善健康与营养水平等项目，支持非洲受援国的发展；援助渠道
主要是与非洲主要受援国政府、非政府组织、多边机构等开展三方合作。①
此外，为帮助非洲等发展中国家和地区应对新冠肺炎疫情，2020 年盖茨基金
会共承诺提供 17.5 亿美元的资金来帮助受援国抗击疫情。其中 3.12 亿美元用
于资助新冠肺炎的诊断、治疗以及疫苗的开发和生产等，并确保新冠疫苗上
市后低收入国家与中等收入国家具有可及性和可担负性。盖茨基金会还特别
划拨 4750 万美元支持撒哈拉以南非洲国家和南亚国家的新冠疫情防治工作，
帮助受援国提高医疗水平，应对不断增加的病例。②

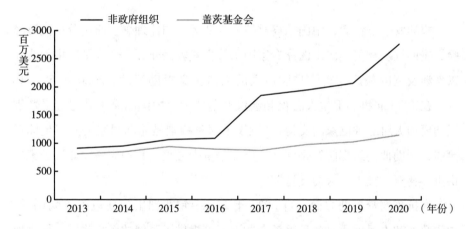

**图 2    2013~2020 年非政府组织与盖茨基金会对非援助交付额**

资料来源：根据 OECD 统计数据整理。

---

① "Our Work", Bill & Melinda Gates Foundation, https://www.gatesfoundation.org/our-work/
places/africa, accessed April 18, 2022.

② "Bill and Melinda Gates Call for Collaboration, Continued Innovation to Overcome Challenges of
Delivering COVID-19 Scientific Breakthroughs to the World", Bill & Melinda Gates Foundation,
https://www.gatesfoundation.org/ideas/media-center/press-releases/2020/12/bill-and-melinda-
gates-call-for-collaboration-innovation-to-deliver-covid-19-breakthroughs, accessed April 18, 2022.

## 三　中国对非洲的援助

2020 年正值中非合作论坛成立 20 周年。经过 20 年的友好合作，中非由"新型伙伴关系""新型战略伙伴关系"发展为"全面战略合作伙伴关系"，为世界发展与合作树立了典范。在这个过程中，中国始终从合作共赢出发，秉持"真实亲诚"的对非政策理念和正确义利观，对非洲国家提供了力所能及的支持与帮助，极大地推动了非洲国家的建设与经济发展。新冠肺炎疫情发生后，中非之间更是患难与共、守望相助，再次谱写了中非团结友好、共克时艰的新篇章。

### （一）助力非洲国家抗击疫情

非洲发生疫情后，中国始终秉持人类命运共同体理念，通过分享抗疫经验、援助抗疫物资、派出医疗专家团队等方式驰援非洲，展开了新中国成立以来涉及范围最广、实施难度最大的人道主义援助行动。2020 年 5 月 18 日，在第 73 届世界卫生大会视频会议开幕式上，中国国家主席习近平特别强调要加大对非洲国家的支持，"发展中国家特别是非洲国家公共卫生体系薄弱，帮助他们筑牢防线是国际抗疫斗争重中之重。我们应该向非洲国家提供更多物资、技术、人力支持"。[①]

在抗疫物资援助方面，自 2020 年 2 月中旬非洲出现新冠确诊病例后，中国政府和人民就通过各种渠道向非洲国家提供了紧俏的医疗物资，极大地缓解了非洲抗疫物资的紧缺情况。3 月 22 日，作为中国对非援助的一部分，马云公益基金会和阿里巴巴公益基金会捐赠的 540 万只口罩以及 108 万只新冠病毒检测试剂盒等抗疫物资抵达埃塞俄比亚亚的斯亚贝巴的国际机场，驰援 54 个非洲国家。埃塞俄比亚卫生部长利娅·塔德塞在迎接援助物资时由

---

① 习近平：《团结合作战胜疫情　共同构建人类卫生健康共同体》，中华人民共和国商务部网站，2020 年 5 月 18 日，http：//www. mofcom. gov. cn/article/i/jyjl/l/202005/202005029
66664. shtml？ivk_sa=1023197a，最后访问日期：2022 年 4 月 1 日。

衷表示，这批捐赠物资对埃塞俄比亚以及整个非洲抗击新冠肺炎疫情有着重大意义。① 中国在非企业和侨胞也积极行动，自发帮助当地抗疫。例如，3月底，在南非的中资企业和华人华侨向南非政府转交 300 万兰特善款和新冠病毒检测试剂盒，支持南非政府抗击疫情。② 据统计，自 2020 年起，中国根据有关国家需求，统筹地方政府、企业以及民间组织等各类资源，向非洲53 国和非盟提供了 120 批检测试剂、防护服、口罩、隔离眼罩、呼吸机等紧急抗疫物资援助，实现对非抗疫援助"全覆盖"。③

在提高抗疫能力方面，中国积极与非洲国家分享抗疫经验，并派出医疗专家组直接协助非洲国家抗击疫情。2020 年 3 月 18 日，中国外交部和国家卫健委同非洲疾控中心及 24 个非洲国家的政府官员、卫生专家举行视频会议，分享抗疫信息与经验。为进一步加大对非洲国家抗疫工作的技术支持，中国外交部会同国家卫健委于 4 月 27 日起开始组织召开"中非连线携手抗疫"系列视频技术交流会，围绕疫情防控策略、临床救治、检测方法、边境检疫、风险评估等主题向非洲国家分享经验。中国还派出援外医疗专家组，直接赴非进行指导与培训。截至 2020 年 5 月 19 日，在中国派出的 21 支医疗专家组中，有 7 支是前往非洲国家。与此同时，40 多支中国援非医疗队积极协助当地抗疫，同相关国家分享抗疫经验，培训当地医护人员，帮助非洲国家提高疫情防控能力和水平。在特殊形势下，中国医疗队支持相关国家抗击疫情，用实际行动践行了"不畏艰苦，甘于奉献，救死扶伤，大爱无疆"的中国医疗队精神，展现了中国医者的高尚情操。

---

① 《一批中国援助物资运抵埃塞，支持非洲 54 国抗疫》，中华人民共和国驻几内亚共和国大使馆经济商务处网站，2020 年 3 月 24 日，http://gn.mofcom.gov.cn/article/zxhz/202003/20200302947758.shtml，最后访问日期：2022 年 4 月 1 日。

② 《在南中资企业和华人华侨捐资支持南非抗击新冠肺炎疫情》，中国新闻网，2020 年 3 月 22日，https://www.chinanews.com.cn/hr/2020/03-22/9134059.shtml，最后访问日期：2022年 4 月 1 日。

③ 国务院新闻办公室：《新时代的中非合作》，中国政府网，2021 年 11 月 26 日，http://www.gov.cn/zhengce/2021-11/26/content_ 5653540.htm，最后访问日期：2022 年 4 月 3 日。

此外，中国积极推进疫苗公共产品化，帮助非洲国家解决疫苗问题。当下，提高疫苗接种率是抗击新冠肺炎疫情的有效方式。中国是疫苗研发的领跑者之一，多支疫苗已经取得很大进展。在第73届世界卫生大会视频会议开幕式上，习近平主席庄严宣布中国新冠疫苗研发完成并投入使用后，将作为全球公共产品，为实现疫苗在发展中国家的可及性和可担负性做出中国贡献。而在中非团结抗疫特别峰会上，习近平主席更是庄严承诺，"新冠疫苗研发完成并投入使用后，愿率先惠及非洲国家"，充分展现了中非命运共同体下中非之间的深厚友谊与真诚相待。[1] 2020年10月8日，中国正式加入"新冠肺炎疫苗实施计划"，旨在帮助更多非洲国家获得疫苗保障，为共建中非卫生健康共同体做出更大的贡献。

### （二）推动经济复苏

新冠肺炎疫情不仅严重危害了各国人民的生命健康安全，而且给世界经济带来了灾难性影响。非洲国家发展薄弱、经济结构单一，新冠肺炎疫情所导致的边境关闭、运输中断等对其经济造成了更为严重的打击。根据世界银行发布的《非洲脉搏》报告，2020年撒哈拉以南非洲地区进入25年来的首次经济衰退，并可能导致多达4000万人陷入极端贫困，至少消除国际发展援助在过去5年来取得的减贫进展。[2] 基于此，中国积极提供援助，推动非洲经济复苏。

一是减轻发展负担，对非洲多国进行债务减免。经济的极速下滑导致非洲国家的偿债困难加重。为此，在中非团结抗疫特别峰会上，习近平主席指出，中方将在中非合作论坛框架下免除有关非洲国家截至2020年底到期对华无息贷款债务，并呼吁二十国集团（G20）在落实当前缓债倡议基础上，进一步延长对包括非洲国家在内的相关国家的缓债期限；中方积极鼓励中国

---

① 习近平：《团结抗疫 共克时艰——在中非团结抗疫特别峰会上的主旨讲话》，新华网，2020年6月17日，http://www.xinhuanet.com/world/2020-06/17/c_1126127508.htm，最后访问日期：2022年4月3日。

② WTO, *Strengthening Africa's Capacity to Trade*, 2021, p.9.

有关金融机构参照二十国集团缓债倡议，根据市场原则同非洲国家就商业主权贷款安排进行友好协商；中方希望国际社会特别是发达国家和多边金融机构在非洲减缓债问题上采取更有力行动。① 截至 2020 年 10 月，中国进出口银行作为双边官方债权人，已同 11 个非洲国家签署缓债协议。此外，中国政府也积极推动其他非官方债权人参照二十国集团缓债倡议，同一些非洲国家达成缓债共识。目前，中方已免除了 15 个非洲国家截至 2020 年底到期无息贷款，并继续推动国际社会特别是二十国集团进一步延长缓债期限。②

二是帮助非洲国家提高发展能力，推动经济多元化发展。非洲国家大多经济结构单一，对外依赖度高，特别是非洲国家有超过一半的出口产品是农产品以及石油等大宗产品，而受新冠肺炎疫情影响，多数大宗商品价格下跌，导致非洲多国经济陷入困境。为此，中国特别注重帮助非洲国家提高经济发展能力，增强非洲经济的韧性。2020 年，中国援埃塞俄比亚亚的斯亚贝巴河岸绿色发展项目在疫情期间正常开工，一期工程的标志性项目友谊广场已于 9 月 10 日顺利竣工。该项目对于埃塞俄比亚旅游业的带动作用受到了广泛关注。对于该项目在短时间内建成，埃塞俄比亚《先驱报》给予高度评价，认为该项目改变了以往埃塞俄比亚重大项目反复拖延的状况，同时该项目作为埃塞俄比亚主要的旅游目的地，将有力推动埃塞俄比亚国际旅游业发展、传播埃塞俄比亚传统文化和价值观、创造就业和增加外汇收入，并成为埃塞俄比亚民众的休闲娱乐中心。③ 此外，2020 年 12 月，中国援苏丹屠宰场项目进入正式施工阶段，该项目是中苏农业战略合作的重点项目，将

① 习近平：《团结抗疫　共克时艰——在中非团结抗疫特别峰会上的主旨讲话》，新华网，2020 年 6 月 17 日，http://www.xinhuanet.com/world/2020-06/17/c_1126127508.htm，最后访问日期：2022 年 4 月 3 日。
② 国务院新闻办公室：《新时代的中非合作》，中国政府网，2021 年 11 月 26 日，http://www.gov.cn/zhengce/2021-11/26/content_5653540.htm，最后访问日期：2022 年 4 月 3 日。
③ 《埃塞媒体关注我援助项目对其旅游业的带动作用》，中华人民共和国驻埃塞俄比亚联邦民主共和国大使馆经济商务处网站，2020 年 6 月 19 日，http://et.mofcom.gov.cn/article/jmxw/202006/20200602975891.shtml，最后访问日期：2022 年 4 月 3 日。

"以点带面"助力苏丹打造现代化畜牧业产业链，对提振苏丹经济造血能力、改善苏丹农牧民生活具有深远意义。[①]

三是开展促贸援助，提振非洲贸易发展能力。自2005年中国首度对非洲25个最不发达国家190个税目的商品实施零关税之后，中国不断扩大零关税待遇受惠面。2011年，中国国家领导人在二十国集团戛纳峰会上宣布，将对与中国建交的最不发达国家97%税目的产品给予零关税待遇。时至今日，中国已吸收了最不发达国家25%的出口，[②]极大地推动了非洲最不发达国家与中国的贸易增长。特别是在疫情时期，中国与非洲国家的贸易成为支撑相关国家发展的重要因素。2020年，中国积极邀请非洲国家参加一系列展会，为其产品出口创造平台。例如，中国邀请非洲国家参加第三届中国国际进口博览会，并免除非洲最不发达国家的参展费用，进一步带动了埃塞俄比亚的咖啡、赞比亚的野生蜂蜜等农产品对华出口。

### （三）改善基础设施

对非基础设施援建一直是中国对非援助的重要组成部分。2020年，尽管受到新冠肺炎疫情影响，但许多中国援非项目建设仍不断取得进展。特别是面对疫情，中国加快对非洲医院、交通等公共和经济基础设施的援建，为受援国疫情防控与民生改善做出了积极的贡献。

在公共基础设施领域，中国对非洲医院、疾控中心的援建等极大地满足了相关国家防控疫情的需要，其他项目的有序建设也帮助当地改善环境、提高民众生活水平。在卫生领域，2020年3月，毛里塔尼亚疫情形势持续严峻，毛里塔尼亚总理紧急约见中国大使，希望中方尽快完成传染病门诊楼和友谊医院维修两个成套项目建设移交，以更好地收治病人。为此，中国尽最大努

---

① 《中国援苏丹屠宰厂项目正式签署实施协议》，中华人民共和国驻苏丹共和国大使馆经济商务处网站，2020年12月14日，http://sd.mofcom.gov.cn/article/todayheader/202012/2020 1203022640.shtml，最后访问日期：2022年4月3日。

② 《中国给予最不发达建交国97%税目产品零关税待遇》，中新网，2011年11月4日，https://www.chinanews.com.cn/cj/2011/11-04/3436557.shtml，最后访问日期：2022年9月14日。

力、克服重重困难，最终成功将项目移交，极大地改善了毛里塔尼亚的医疗条件，对其抗击疫情发挥了重要作用。此外，2020 年底中国紧急推动援非疾控中心破土动工，项目完成后将进一步提高非洲疾病预防、监测能力和疫情应急反应速度，增强非洲公共卫生防控体系建设。在农田水利方面，2020 年 12 月，中国援塞内加尔阿菲尼亚姆水坝修缮项目正式移交。中国于 20 世纪 80 年代援建的阿菲尼亚姆水坝是塞内加尔济金绍尔地区的核心水利设施，为当地民众新开辟了 1.1 万公顷稻田，至今仍在为塞内加尔南部地区农业发展发挥重要作用，而此次大坝的修缮将进一步助力塞内加尔的农业可持续发展。[①] 在公共文化设施领域，2020 年 2 月 28 日，中国援赞比亚国际会议中心项目正式开工，该项目不仅将使赞比亚拥有现代化的一流基础设施来承办 2022 年非盟峰会，而且将大幅提升赞比亚的会展能力和国家形象。[②]

在经济基础设施领域，中国对非道路、桥梁、电力等经济基础设施的援助不仅为加强当地的互联互通以及提高经济发展水平做出了重要贡献，而且为当地加强疫后经济复苏奠定了重要基础。在交通运输方面，2020 年 5 月 28 日，中国援几内亚博法省乡村公路正式通车，改变了当地多年来交通出行不便的状态，给当地人民出行和经济发展带来了巨大的便利。[③] 2020 年 9 月 24 日，中国援南苏丹朱尔河大桥项目签署补充协议，该项目将成为南苏丹大扎加勒地区的交通枢纽，连接各地区人民，促进当地贸易、商业和交通发展。[④]

---

① 《肖晗大使出席援塞内加尔阿菲尼亚姆水坝修缮项目移交仪式》，中华人民共和国驻塞内加尔共和国大使馆经济商务处网站，2020 年 12 月 21 日，http：//senegal. mofcom. gov. cn/article/c/202012/20201203025330. shtml，最后访问日期：2022 年 4 月 5 日。

② 《援赞比亚国际会议中心项目举行开工仪式》，中华人民共和国驻赞比亚共和国大使馆经济商务处网站，2020 年 3 月 3 日，http：//zm. mofcom. gov. cn/article/jmxw/202003/20200302941 449. shtml，最后访问日期：2022 年 4 月 3 日。

③ 《要想富，先修路！几内亚博法省这条乡村路通车啦！》，中华人民共和国驻几内亚共和国大使馆经济商务处网站，2020 年 5 月 31 日，http：//gn. mofcom. gov. cn/article/zxhz/202005/20200502969041. shtml，最后访问日期：2022 年 4 月 4 日。

④ 《中国援南苏丹朱尔河大桥项目实施补充协议签字仪式和山东高速抗疫物资捐赠仪式在朱巴举行》，中华人民共和国驻南苏丹共和国大使馆经济商务处网站，2020 年 9 月 26 日，http：//nsd. mofcom. gov. cn/article/jmxw/202009/20200903004519. shtml，最后访问日期：2022 年 4 月 4 日。

在数字基础设施建设方面，中国提供了 9000 万美元优惠贷款的"智慧布基纳法索"项目已签署政府间框架协议，将在布基纳法索全国铺设 2200 千米的光纤网络。① 在电力方面，2020 年 12 月 16 日，中国援莱索托马费腾光伏电站一期工程项目正式开工，项目建成后将帮助莱索托有力缓解电力紧缺困境，降低高价进口电力成本，优化能源结构，培养本土光伏技术人才，促进地区经济发展，为改善民众生活做出重要贡献。②

### （四）保障粮食安全

农业是国家经济发展和社会稳定的根本。中国一直以来都注重与非洲国家的农业合作，助力其实现粮食自给。2020 年，不仅新冠肺炎疫情所导致的交通封锁严重破坏了非洲粮食产业链的运转，而且自然灾害加剧了相关国家的粮食危机。基于此，中国在继续推进与相关国家进行农业技术合作的同时，开展了迅速的人道主义紧急援助，帮助受灾国家渡过危机。

一方面，中国对相关非洲国家提供物资援助，解其燃眉之急。2020 年初，近 25 年来最为严重的蝗灾侵袭东非地区，肯尼亚、埃塞俄比亚等国家大批农作物被蝗虫毁灭。在埃塞俄比亚约有 600 万人生活在受到蝗虫灾害影响的地区，如果不加以防控，农作物、牧场和森林植被将受到大面积破坏，导致粮食和饲料安全问题恶化。基于此，中国紧急向埃塞俄比亚、肯尼亚、乌干达 3 国提供灭蝗物资援助，并从中国-联合国粮农组织"南南合作信托基金"中拨款支持 3 国购买防控物资。此外，受新冠肺炎疫情以及洪灾等自然灾害的影响，南苏丹的人道主义危机进一步加剧，超过一半人口面临严重的粮食危机，2020 年 9 月 17 日，中国向南苏丹提供紧急粮食援助，帮助

① 《化梦想成力量，变远景为现实：驻布基纳法索大使李健于中布复交 2 周年之际在使馆"脸谱"主页直播演讲实录》，中华人民共和国驻布基纳法索大使馆网站，2020 年 5 月 27 日，http://bf.china-embassy.org/chn/sbjw/t1783064.htm，最后访问日期：2022 年 4 月 5 日。

② 《我援莱索托马费腾光伏电站项目一期举行开工仪式》，中华人民共和国驻莱索托王国大使馆经济商务处网站，2020 年 12 月 17 日，http://ls.mofcom.gov.cn/article/todayheader/202103/20210303046956.shtml，最后访问日期：2022 年 4 月 5 日。

其渡过难关;① 10 月 26 日,中国向南苏丹提供第二批粮食援助,助力南苏丹早日恢复和平与稳定。②

另一方面,开展农业技术援助,提高非洲国家的农业生产能力。例如,援多哥农业第七期技术援助项目是 2018 年中非合作论坛北京峰会"八大行动"中产业促进行动的重要内容,也是中多农业合作领域的重点项目,精准对接多哥农业发展战略。2020 年,援多哥第七期技术援助项目组在多哥卡拉成功试验旱季杂交水稻的种植,打破了卡拉地区旱季无水稻种植的历史。而且水稻的增产幅度高达 60%,进一步带动了当地农业发展和民生改善。③ 再如,在马达加斯加,中国专家克服疫情困难,通过组织技术培训和现场示范,指导当地农民开展杂交水稻种植、农场规划、农田管理等工作,使当地粮食产量从 2.8 吨/公顷提高到 10.28 吨/公顷,水稻收获后损失由 14%减少到 4%,帮助当地农民大幅提高了农业生产能力和粮食安全水平,为马达加斯加及其他非洲国家实现联合国"2030 年可持续发展目标"中的"消除饥饿"愿景增添信心。④

## 四　国际社会对非援助的趋势和展望

自 2020 年持续至今的新冠肺炎疫情对世界经济造成了沉重的打击,但是从国际社会对非援助金额和趋势来看,各出资方对非洲援助仍稳定增长。

---

① 《蔡森明参赞陪同华宁大使出席援南苏丹紧急粮食援助项目交接仪式》,中华人民共和国驻南苏丹共和国大使馆经济商务处网站,2020 年 9 月 18 日,http://nsd.mofcom.gov.cn/article/jmxw/202009/20200903002123.shtml,最后访问日期:2022 年 4 月 6 日。
② 《蔡森明参赞陪同华宁大使出席中国政府向南苏丹提供粮援交接仪式》,中华人民共和国驻南苏丹共和国大使馆经济商务处网站,2020 年 10 月 28 日,http://nsd.mofcom.gov.cn/article/jmxw/202010/20201003011508.shtml,最后访问日期:2022 年 4 月 6 日。
③ 《旱季水稻在卡拉试验示范成功》,中华人民共和国驻多哥共和国大使馆经济商务处网站,2020 年 4 月 22 日,http://tg.mofcom.gov.cn/article/zxhz/202006/20200602971609.shtml,最后访问日期:2022 年 4 月 6 日。
④ 张陆彪、于浩森:《中非农业南南合作:为"中国种子"点个赞》,中国日报网,2020 年 12 月 9 日,http://cn.chinadaily.com.cn/a/202012/09/WS5fd0adcfa3101e7ce9734515.html,最后访问日期:2022 年 4 月 6 日。

特别是国际组织、新兴援助国以及私人基金会在提供对非援助、加强全球发展治理方面发挥了越来越大的作用，凸显了全球发展治理的动力犹存。但同时也应意识到，疫情使非洲面临沉重的发展挑战，距离实现"2030年可持续发展目标"还有很大的资金缺口，这也需要国际社会以更大的决心推动合作，积极推动非洲的复苏与经济发展。

### （一）非洲面临更为严峻的发展挑战

2020年2月14日埃及检测出非洲首例新冠肺炎患者，短短6个月内非洲累计确认病例就已超百万。而众多非洲国家医疗系统薄弱、经济结构单一，面临更为严峻的挑战。一方面，疫情所引发的边境关闭、运输中断等对非洲经济造成了严重影响。受新冠肺炎疫情影响，多数大宗商品价格下跌，其中能源和金属类大宗商品所受影响最大。而尼日利亚、安哥拉、乍得等非洲国家高度依赖大宗商品和石油的出口，疫情发生后，这些国家的出口直接减少，导致其国际收支严重失衡。2020年非洲经济增长率为-2.6%，进入近25年来的首次衰退期。① 另一方面，经济下滑加剧了非洲其他维度的脆弱性。在疫情的冲击下，非洲的高失业率、贫困、粮食紧缺、债务危机等社会问题加剧。根据全球应对粮食危机网络发布的《2021年全球粮食危机报告》，2020年约9800万的非洲人口处于粮食危机状态，占人口总数的63%，高于2019年的54%。② 为了缓解疫情的冲击，非洲各国政府不得不进一步加大财政支出，加之非洲国家的高负债率，导致其财政收支赤字显著增加，偿债压力变大。

### （二）域外国家在非洲的竞争进一步加剧

近年来，非洲因其重要的地缘经济地位和发展潜力，日益成为美国、英国、法国等大国博弈的热点地区。伴随美国对华政策转变和中美战略竞争加剧，美国将中国在非洲地区的活动视作对其国家安全与利益的威

---

① United Nations Economic Commission for Africa, *Building forward for an African Green Recovery*, p. 3.

② Global Network Against Food Crises, *Global Report on Food Crises 2021*, p. 16.

胁。早在特朗普政府时期宣布的"新非洲战略"中就明确提出，美国在非洲的所有投入都要以增进美国利益为前提，美国要与中国"争夺非洲"。而拜登政府上台后，一改特朗普政府对对外援助的忽略，将对外援助视为与中国竞争的重要工具，而非洲无疑将是竞争的重心所在。除美国外，法国和英国作为大部分非洲国家的前宗主国，继续通过历史联系在非洲施加影响力，并调整对非政策，企图通过对非援助增强其在非洲大陆的竞争力。与此同时，疫情发生后，印度总理莫迪也频繁与多个非洲国家首脑通话，重申印度与非洲人民团结一致抗击疫情的立场，充分发挥其"世界药房"的角色，向 35 个非洲国家提供医疗援助，帮助非洲抗击疫情，以此进一步加强与非洲的联系。可以预见，未来域外国家将在非洲展开多维度的竞争，而在发展援助领域的竞争势必更加激烈。

### （三）疫苗将成为推动非洲应对疫情的关键变量

新冠疫苗的大范围推广与接种将成为非洲国家乃至全世界应对疫情影响的关键所在。然而，许多非洲国家不仅国内医疗科研能力有限，根本无力研发疫苗，而且经济实力薄弱，难以支付疫苗大规模普及的费用。伴随疫情的蔓延，国际社会也越来越意识到对非洲欠发达国家提供卫生系统和疫苗支持的重要性。例如，2020 年 4 月经合组织发展援助委员会发表的联合声明中指出，"在卫生系统、政府结构和社会安全网薄弱的地方，穷人将受到最严重的打击"，并强调对欠发达国家提供系统支持的重要性；[1] 2020 年 11 月，DAC 国家进一步承诺使用官方发展援助"继续实施保护健康、水和环境卫生以及社会安全网计划，并支持将免疫接种作为全球公共产品进行投资"。[2] 但是，伴随疫苗的逐步交付和投入使用，许多国家囤积居奇，出现"疫苗

---

① "COVID-19 Global Pandemic: Joint Statement by the Development Assistance Committee (DAC) of the Organisation for Economic Co-operation and Development (OECD)", OECD, https://www.oecd.org/dac/development-assistance-committee/DAC-Joint-Statement-COVID-19.pdf?_ga=2.226454040.360260858.1650542245-1800586226.1646670004, accessed April 15, 2022.

② "DAC High Level Meeting Communiqué 2020", OECD, http://www.oecd.org/dac/development-assistance-committee/dac-high-level-meeting-communique-2020.htm, accessed April 15, 2022.

民族主义"的霸道行径，这无疑给非洲国家疫苗的可及性和可负担性带来严峻的挑战。疫苗的低接种率不仅将使非洲持续面临疫情的困扰，进一步限制非洲国家的复工复产，而且由于缺乏对疫情的有效控制，非洲极易成为全球疫情防控的薄弱环节。因此，国际社会需要积极开展新冠疫苗的国际合作，尽快推动疫苗的公共产品化，从而为非洲的疫情防控提供更多的助力。

### （四）新兴援助国仍需继续提高对全球发展议程的话语权

在长期的发展实践中，西方援助国对受援国大量生产要素的注入并没有获得其预期的发展效果，而疫情的发生同样暴露出国际多边发展机构的脆弱性、全球治理体系有效性问题。与之不同的是，近年来新兴援助国在加强发展援助方面的意愿和能力不断提高，正逐步成为推动非洲发展建设的重要力量。特别是在应对新冠肺炎疫情方面，新兴援助国对非洲等脆弱地区提供的物资和疫苗援助在很大程度上弥补了 DAC 国家对疫情防控领域支持的不足，缓解了受援国医疗物资短缺的困境。但是全球发展治理体系长期以来被 DAC 国家垄断，国际发展援助的规则仍由其主导，中国等新兴援助国虽然对全球发展议程的参与不断深入并积极作为，但在全球发展议程的话语权方面仍处于弱势地位。基于此，新兴援助国需要以更加积极的态度参与全球发展治理体系的变革，进一步推动全球发展治理朝着更加包容普惠的方向变革，从而为非洲落实《2030 年可持续发展议程》做出更大贡献。

# Y.11
# 世界主要国家对非洲经贸合作格局

徐泽来　郝　睿\*

**摘　要：** 当前大国对非洲的经贸合作格局经历着与政治格局类似的重组过程，即西方大国优势地位不断削弱，新兴国家影响力不断提高。无论贸易还是投资领域，欧美传统大国在非洲的份额均呈下降趋势，以中国为首的"后来者"赶超势头明显，非洲对外经贸秩序正在朝着多元化方向发展。在全球经济增长放缓、新冠肺炎疫情冲击背景下，美国等发达国家对非经贸力度有所下降，但仍未放弃在非洲开展地缘角逐和经济竞争的意图，将遏制中国影响力作为对非政策重要目标，使得大国在非洲经贸领域的"共赢"合作明显减少，"排他性"竞争更为突出。

**关键词：** 非洲　对非贸易　对非投资

近年来，大国在非洲政治格局演化呈现"群雄争锋、多方博弈"的趋势①，与此相对应，在经贸领域，大国与非洲合作格局也在经历相似的重组过程，即西方大国在非洲对外经贸中占据的优势地位正在不断削弱，新兴国家与非洲的经贸往来日渐紧密、影响力不断提高。非洲对外经贸秩序不再由少数西方大国主导，而是朝着多元化、均衡化的方向发展，大国在非洲经贸

---

\*　徐泽来，经济学博士，中非发展基金研究发展部副总经理，主要研究领域为经济发展、非洲经济；郝睿，经济学博士，中非发展基金研究发展部总经理，主要研究领域为经济发展、非洲经济。

①　张宏明：《大国在非洲格局的历史演进与跨世纪重组》，《当代世界》2020年第11期，第34页。

中呈现出"竞争+合作"的新态势。美国等发达国家不甘于自身在非洲影响力的下降，重新定义非洲的战略价值，加大对非洲的关注，同时推动国际发展融资体系改革，试图重新主导国际发展领域的规则制定话语权。2016年特朗普就任美国总统后，将"美国优先"作为外交原则，推行单边主义、保护主义，导致全球化受阻、大国博弈升级。非洲更加成为美欧国家争夺地缘政治影响、扩大经济利益的重要地区之一，大国在非洲的"共赢"合作明显减少，"排他性"竞争更加突出。

## 一　大国对非经贸合作态势

近年来，在人口老龄化、技术进步放缓、结构性改革推进不力以及逆全球化等多重因素影响下，全球经济增长严重乏力。2019年全球经济增速为2.8%，同比下降0.8个百分点，创2010年以来的最低水平。[①] 2020年，受新冠肺炎疫情冲击，全球经济更是经历了20世纪30年代大萧条以来最严重的衰退。在此背景下，各国政策重心转向国内的经济复苏及疫情应对，对非合作的力度有所下降、规模明显收缩。但发达国家并未放弃在非洲开展地缘角逐和经济竞争的意图。实际上，最近几年，大国与非洲的外交互动甚至较此前更为频繁、高调，多个国家出台对非合作新计划、举办各类对非峰会、承诺对非提供大规模资金支持。特别是以美国为首的西方国家继续将遏制中国、俄罗斯的影响力作为对非政策重要目标，一方面保持对非合作舆论温度，聚焦非洲重点国家，推出各种倡议、计划，在维持国际"道义"形象的同时，谋取经济实利；另一方面借助国际舆论，挑起"债务陷阱"、新冠肺炎疫情溯源、"疫苗援助竞赛"等话题，挑拨中非关系，干扰中国对非正常经贸活动。这一阶段，大国对非经贸合作的实用主义特点更为明显。

---

① "World Economic Outlook Update", IMF, January 2021, https://www.imf.org/en/Publications/WEO/Issues/2021/01/26/2021-world-economic-outlook-update, accessed April 20, 2022.

## （一）美西方推动发展融资改革，试图重夺国际发展话语权

欧美发达国家传统的发展融资体系以援助为主，越来越难以满足发展中国家的实际需求。中国在非洲等地区探索实施贸易、投资、援助相结合的多层次发展融资模式，在缓解东道国发展资金瓶颈、提高自主发展能力方面取得了良好效果。中国的发展融资模式给发达国家带来了挑战和压力，促使后者推动其发展融资体系改革。

2018年9月，美国推出《有效利用投资引领发展议案》（BUILD）法案，将海外私人投资公司（OPIC）升级为一个现代化、全新的开发性金融机构，即国际开发金融公司（IDFC）。这个机构一方面承担了美国对外援助机构的部分职能，统筹管理对外投资和对外援助，另一方面将海外私人投资公司的境外资产规模上限由300亿美元增至600亿美元，同时扩展海外私人投资公司的职能，以股权投资、基金出资的形式对美国企业的境外项目提供支持。2019年4月，美国联合加拿大、欧洲共同建立"开发性金融机构联盟"（DFI Alliance），加强三方在对外投资、对外援助和发展政策等领域的协调与合作，制定新的国际发展融资规则，"为不可持续、国家主导的投融资模式提供强有力的替代方案"。① 2021年6月举行的七国集团（G7）首脑峰会发表联合公报称，建立以价值为驱动、密切协作、市场主导、高标准、多边金融机构支持的"重建更美好世界"（Build Back Better World，简称"B3W"）伙伴关系，计划投入40多万亿美元，以满足发展中国家基础设施建设需求。

实际上，美国国际开发金融公司已经开始在非洲国家实施排挤中国企业和金融机构的行动。2020年，该机构承诺为埃塞俄比亚的全国无线网络建设项目提供5亿美元的低息贷款，条件是禁止采购中国华为和中兴通讯公司的电信设备。2021年，埃塞俄比亚政府宣布，由美国国际开发金融公司提

---

① US Congressional Research Service，"OPIC, USAID, and Proposed Development Finance Reorganization"，July 2018.

供融资支持的英国沃达丰公司在该项目的竞标胜出，击败了由中国丝路基金提供部分融资支持的南非 MTN 公司。而 MTN 也是华为和中兴通讯的长期客户。①

### （二）美国推出"新非洲战略"框架，加强对非经贸合作

2018 年底，特朗普政府推出"新非洲战略"，将经贸、反恐、援助列为对非合作 3 个重点领域，并将打压中俄两国影响力作为对非政策的重要出发点，确立了在非洲与中国开展地缘竞争的战略方向。在对非经贸方面，特朗普政府推出"繁荣非洲"（Prosper Africa）倡议，提出将美国对非洲的投资翻一番等目标。2019 年 8 月，美国在科特迪瓦举行第 18 届"非洲增长与机遇法案"（AGOA）论坛，同非盟委员会签署《美国与非盟贸易联合声明》，同意加强双方在贸易与投资领域的对话和合作。2020 年 2 月，美国时任国务卿蓬佩奥访问塞内加尔、安哥拉、埃塞俄比亚 3 国，并同非盟领导人会谈。访问期间，蓬佩奥见证美国企业与塞内加尔签署多项合作协议，宣布美国企业将在安哥拉油气领域投资 20 亿美元，并在联合国非洲经济委员会宣布，新成立的美国国际开发金融公司将以其 600 亿美元的融资能力，带动对非洲投资，加速美非经济合作。不过，由于非洲并不是特朗普对外政策的重点，"新非洲战略"没有取得实质性成果。

2021 年拜登就任美国总统后，基本沿袭了美国既有的对非政策框架，继续寻求在世界范围内、与中国博弈背景下重新定义非洲的战略价值。在经贸方面，拜登政府继续以更加灵活务实的方式支持美国企业在非洲投资。2021 年 7 月，第 13 届美非商业峰会举行，主题为"建立更强大美非经济伙伴关系的新途径"，拜登政府宣布扩大美国企业与非洲商业联系的新举措，重点关注非洲大陆的清洁能源、健康、农业综合发展和交通基础设施。白宫国家安全委员会非洲事务高级主任班克斯在峰会上表示，拜登政府计划重振

---

① 《美中科技之争开辟新战线》，雪球网，2021 年 5 月 24 日，https://xueqiu.com/2764867591/180696432。

"繁荣非洲"倡议，当年为该计划安排了约8000万美元预算，并计划启动5亿美元的"繁荣非洲贸易和投资计划"。拜登政府还试图利用非洲大陆自贸区建设，推动非洲向美国开放市场，加强美非间的贸易联系。

### （三）英国宣布多项举措，重新安排"后脱欧"时代对非合作

为缓解"脱欧"后英国可能面临的对外贸易困境，英国政府在"脱欧"前后积极推动对非合作，为"后脱欧"时代的英非经贸做出重新安排。2018年9月，时任英国首相特雷莎·梅访问南非、尼日利亚、肯尼亚3国，宣布将拨款40亿英镑用于对非洲经济发展的支持，并与莫桑比克及由6个非洲国家组成的南部非洲关税联盟（Southern African Customs Union）达成了英国"脱欧"后的首个贸易协定。2019年7月，约翰逊就任首相后继续推动英国加强同非洲的经贸联系。鉴于英国"脱欧"后，不能再按照欧盟同非洲之间的优惠贸易安排与非洲开展贸易，英国政府与多个非洲国家展开谈判，相继与肯尼亚、埃及等国家签署经济伙伴关系协议（EPA），保障与非洲主要国家贸易的延续性。

2020年1月，首届英国-非洲投资峰会在伦敦举行，来自20多个非洲国家的领导人、高级官员及工商界人士1000余人出席，成为英国和非洲政商界人士间最大规模的一次交流活动。峰会主要探讨了英非双方如何在贸易、投资、共同价值和互利基础上建设更为紧密、持久与可持续的繁荣伙伴关系。约翰逊在会上将"脱欧"后的英国形容为"崭新的英国"，呼吁非洲国家的领导人和企业家将英国视为"非洲的首选投资伙伴"。峰会期间，英国政府宣布总额超过15亿英镑的对非经贸资金支持举措。其中，英国国际发展署（DFID）宣布向非洲提供超过3亿英镑资金，用于支持非洲国家绿色能源、基础设施、教育等领域的建设与发展。英国国际金融机构CDC集团宣布将新增3亿英镑对非投资，并计划在接下来的两年内再追加20亿英镑。其他促进英非贸易投资合作的举措还包括发起成立新的非洲投资集团（Africa Investors Group）、投资3700万英镑建立"增长门户"（Growth Gateway）服务平台、投资2000万英镑用于贸易联通项目等。

英国还承诺利用本国的金融优势加强英非合作，帮助非洲发展，具体举措包括：在伦敦证券交易所发行15亿英镑的世界银行英镑债券，用于对非洲重大项目的融资；为非洲大陆金融市场提供近4亿英镑资金支持，用于提高45个非洲国家的金融管理水平；与世界银行集团国际金融公司（IFC）合作，帮助非洲国家开发更多的本币债券，减少对外币资金的依赖等。

### （四）法国重塑对非伙伴关系，巩固在非既有利益

非洲在法国对外政策中占有重要地位。2017年5月，马克龙当选法国总统后，针对法国在非洲影响力下降的现状，调整对非政策，力图摆脱"前殖民宗主国"形象，维护和巩固法国在非洲的经济利益。马克龙频繁访问非洲，2017年11月到访布基纳法索、科特迪瓦、加纳西非3国，2018年2月访问突尼斯、塞内加尔两国，2019年3月又访问了吉布提、埃塞俄比亚、肯尼亚东非3国。这些到访国家并不都属于法国在非洲的传统势力范围，表明马克龙意在加强同非洲非法语国家的合作，寻求超越传统盟友的伙伴关系。在出访东非3国期间，法国电力公司等一批法国企业陪同，与当地签署了总金额高达30多亿欧元的合同，其中仅与肯尼亚一国的合同额就超过20亿欧元。马克龙政府力图将法非合作从中部非洲、西部非洲拓展至东部非洲乃至整个非洲大陆，重塑法国在非洲合作布局。①

2022年2月，法国总统府发布题为《同非洲构建新型伙伴关系》的公报，对马克龙就任以来在重塑法非合作关系方面的具体行动进行了总结和回顾。② 其中，经贸方面的行动主要涉及金融、投资、抗疫支持等领域。一是

---

① "Inside the French Push for Stronger Trade with Kenya", The Star, October 28, 2021, https://www.the-star.co.ke/news/big-read/2021-10-28-inside-the-french-push-for-stronger-trade-with-kenya/, accessed April 20, 2022.

② 《同非洲构建新型伙伴关系——法国总统府公报》，法国驻华使馆及总领事馆官方网站，2022年2月15日，https://cn.ambafrance.org/%E5%90%8C%E9%9D%9E%E6%B4%B2%E6%9E%84%E5%BB%BA%E6%96%B0%E5%9E%8B%E4%BC%99%E4%BC%B4%E5%85%B3%E7%B3%BB-%E6%B3%95%E5%9B%BD%E6%80%BB%E7%BB%9F%E5%BA%9C%E5%85%AC%E6%8A%A5，最后访问日期：2022年4月20日。

推动西非法郎改革。2019 年 12 月，法国总统马克龙和科特迪瓦总统瓦塔拉在阿比让宣布对西非法郎进行改革，以摆脱这一货币的殖民时代印记。主要内容包括法国从西非金融部门管理机构撤出、西非国家中央银行（BCEAO）不必再将其外汇储备的一半存入法国中央银行、法国向其移交外汇储备等，并推动西非国家经济共同体向单一货币过渡。二是加大对非洲私营领域的扶持，推出为 1 万家非洲中小企业提供总金额为 25 亿欧元支持的"选择非洲"（Choose Africa）项目、支持数字领域企业创投的"数字非洲"（Digital Africa）项目、支持非洲侨民创业的"欧洲非洲创业动员计划"（MEET Africa）项目和"非洲通"（PASS Africa）项目。三是与非盟合作，帮助非洲大陆应对新冠肺炎疫情，积极参与"全球加速开发、生产、公平获取新冠肺炎防控新工具"（ACT-A）倡议、"新冠肺炎疫苗实施计划"（COVAX）等机制，支持南非、塞内加尔建设疫苗生产厂等。四是呼吁国际社会给予非洲融资支持。2021 年 5 月，法国倡议并发起了非洲经济体融资峰会，讨论帮助非洲国家克服疫情影响、推动经济发展，呼吁发达国家重新分配国际货币基金组织特别提款权，使非洲国家获得的提款总额达到 1000 亿美元。五是拓展和创新法非民间对话通道，2021 年 10 月举行了新型法国-非洲峰会，没有邀请非洲国家领导人，而是邀请包括企业家在内的非洲青年代表，与马克龙直接对话交流。

## （五）德国提出对非援助新思路，重视加大对非投资

由于历史原因，德国与非洲的经贸合作规模相对不大。默克尔担任总理后，德国政府外交进取心上升，对非洲的重视程度也在提升。德国政府出台《非洲新战略》《对非政策指导方针》等一系列政策文件，默克尔频繁与非洲领导人互动，开展一系列对非主场外交，显示出其重视非洲发展、推动对非国际合作的姿态。

援助方面，德国提出对非发展援助的新思路。2016 年 11 月，德国联邦经济发展与合作部发布《非洲马歇尔计划》研究报告，提出统筹使用各种手段，综合解决非洲经济社会发展问题，塑造新时期德非关系。在此框架下，德国

主张探索新援助模式，鼓励私人投资，帮助非洲国家提高一体化水平等。

2017 年 6 月，德国借主办二十国集团汉堡峰会之机，主持召开了"G20 非洲峰会"，提出了"非洲契约"（Compact with Africa）倡议，核心在于摒弃简单的单向援助模式，与非洲开展可持续发展的合作。2018 年 10 月，德国主办有 12 个非洲国家领导人参加的首届"非洲契约投资峰会"，并成立总额 10 亿欧元的基金，为在非洲的德国企业提供贷款及投资担保。2019 年 11 月，第二届"非洲契约投资峰会"在德国柏林开幕。默克尔在峰会上表示，非洲大陆存在的机遇大于风险，呼吁德国企业加大对非投资。会议期间德国复兴开发银行和德国安联集团宣布发起成立规模为 1.7 亿欧元的非洲增长基金（Africa Grow Fund），为非洲私募股权基金和创投基金提供资金支持，目标是到 2030 年资助 150 个非洲新创立的公司和中小企业，创造 25000 个就业岗位。

### （六）意大利加强对非能源合作，提高对非议程影响力

意大利与北非隔地中海相望，地理上的临近决定了意大利与非洲密切的经贸往来。意大利在非洲最主要的经济活动是在能源领域。多年来，意大利政府参股的国际石油巨头埃尼（Eni）公司在尼日利亚、安哥拉、莫桑比克、埃及、阿尔及利亚等国开展了广泛的石油、天然气项目开发。近年来，意大利企业也在上述国家及非洲之角地区的运输、基础设施、农业、食品等领域加大了投入。不过，相对于美国、法国、英国、德国等大国来说，意大利在非洲政治资源投入不足，与其对非经贸合作规模并不匹配。截至 2020 年 3 月，意大利在撒哈拉以南非洲地区仅设有 22 个使馆，而法国、德国和英国则分别设有 42 个、39 个和 33 个使馆。

近年来，从解决意大利的非洲国家非法移民问题出发，意大利在对非政策调整中进一步细化了发展合作优先议题，同时加大了财政投入力度，赢得更多非洲国家支持，在多边框架下关于非洲可持续发展议程中的话语权有所提高。非洲国家的支持也帮助意大利赢得 2017~2018 年联合国安理会非常任理事国席位。在欧盟范围内，意大利对非洲移民政策的塑造力得以加强。2016 年，欧盟基于意大利递交的《移民契约》的基本原则，推出了《移民

伙伴关系框架》和支持非洲发展的《欧盟对外投资计划》。

政治资源投入不足导致意大利在撒哈拉以南非洲地区和平进程中未能发挥协调和引领作用。2018年议会选举后，中左翼政党的衰落和民粹主义政党的兴起使意大利内部在对非政策上的分歧加剧。新冠肺炎疫情的发生使本就疲弱的意大利经济雪上加霜，未来意大利对非政策关注恐将再次受限。不过，乌克兰危机爆发后，意大利将更加倚重与非洲的能源合作。2022年4月，意大利埃尼公司相继与埃及、阿尔及利亚签署了增加天然气供应协议。意大利总理德拉吉访问了阿尔及利亚，随后指派官员访问安哥拉、刚果（布），意在扩大同非洲国家的能源合作，寻求对俄罗斯能源进口的替代。

### （七）日本、俄罗斯借助峰会机制拓展与非洲合作

俄罗斯在2019年10月首次举办了面向全非洲规模的峰会，会议主题是"和平、安全与发展"。40多个非洲国家的领导人、11个非洲国家的代表以及非洲多个国际组织代表出席，俄罗斯总统普京与埃及总统塞西共同主持本次峰会。会议发布联合声明，指出俄罗斯将全面扩大与非洲的合作，既包括加强传统的政治联系，也包括增进经贸合作。峰会同步举办了俄非商业论坛，俄罗斯和非洲国家均派出规模庞大的商业代表团参加，签署了50余份总额约125亿美元的协议。普京还宣布，将减免苏联时期非洲所欠总额为200亿美元的债务。普京与非洲领导人一致同意，将俄非峰会机制化，每3年举办一次。通过本届峰会，俄罗斯高调"重返非洲"。

2017年5月，日本与印度共同发起"亚非增长走廊"（Asia Africa Growth Corridor，AAGC）倡议，提出创建新的海洋走廊，将非洲大陆与印度以及南亚和东南亚国家连接起来，建立一个"自由和开放的印度-太平洋地区"，还设想在亚洲和非洲国家之间建立强大的保障工业和运输的基础设施，使亚洲和非洲的经济体进一步融合。① 2019年6月，日本借主办二十国

---

① 《"亚非增长走廊"，印度和日本在想什么》，半月谈网，2017年6月30日，http：//www.banyuetan.org/chcontent/sz/hqkd/2017630/230500.shtml，最后访问日期：2022年4月20日。

集团领导人第 14 届峰会的机会，积极推动非洲问题成为会议主题之一。同年 8 月，第 7 届东京非洲发展国际会议在日本横滨召开，超过 50 个非洲国家的领导人或代表参加会议。时任日本首相安倍晋三在会上表示，今后 3 年日本力争对非民间投资超过 200 亿美元。为此，日本政府将"竭尽一切可能为在非投资的日本企业提供相应支持"。从主题上看，第 7 届东京非洲发展国际会议与上届会议一脉相承，反映了日本对非政策重点从援助向投资转变，展现了日本力图以经济为抓手"走进非洲"的战略意图。

## 二　大国对非贸易格局

西方国家是非洲最早的贸易伙伴，通过与非洲的贸易往来，获取廉价原材料，销售制成品。全球化快速发展后，新兴经济体与非洲贸易迅猛增长，非洲贸易伙伴更加多元。最近几年，这一趋势更为明显。在非洲对外贸易中，燃料、矿产品等初级原料成为最主要出口商品类别，工业制成品则是最主要进口商品类别。受全球原油及其他大宗商品价格剧烈震荡影响，非洲与全球主要经济体的商品贸易往来呈现出较大波动。新冠肺炎疫情发生后，全球经济活动一度停滞，供应链严重受阻，导致 2020 年非洲对外贸易大幅下滑。随着全球疫情形势缓解和经济恢复，2021 年非洲对外贸易也出现触底反弹。联合国贸易和发展会议组织报告显示，2021 年第三季度，非洲货物进口额和出口额分别同比增长 31% 和 40%。① 疫情期间，中国积极支持非洲增强出口能力，并以自身经济强大韧性带动非洲贸易强劲增长，成为非洲对外贸易复苏的重要动力。而美欧发达国家或受自身经济下滑影响，或出于保护主义目的，对非贸易规模普遍呈现下降势头。本节基于联合国贸易和发展会议组织数据，对 2016~2020 年世界主要国家对非洲贸易格局特点进行总结。②

---

① 《中非贸易疫情下再创新高　凸显中非经贸合作韧性》，新华网，2020 年 3 月 1 日，http：//m. news. cn/2022-03/01/c_1128425904. htm，最后访问日期：2022 年 4 月 20 日。
② 联合国贸易和发展会议组织数据中，按照贸易伙伴国统计的非洲对外贸易数据最新年份为2020 年。

## （一）中国对非贸易规模遥遥领先

中国自 2009 年超过美国，成为非洲第一大贸易伙伴国。其后，中国继续保持这一领先地位，与非洲地区的贸易规模远远超过其他国家，且这一差距不断拉大。2016 年，中国对非商品贸易①金额为 1487 亿美元，与排名第 2、3、4 位的法国（505 亿美元）、美国（494 亿美元）、印度（478 亿美元）同非洲的商品贸易总额相当。2020 年，中国对非贸易金额为 1867 亿美元，与排名第 2 至第 5 位的印度（519 亿美元）、美国（464 亿美元）、法国（456 亿美元）、德国（434 亿美元）同非洲的贸易总额相当。

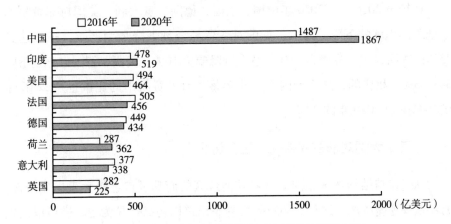

**图 1　2016 年、2020 年主要国家对非洲商品贸易金额**

资料来源：根据联合国贸易和发展会议公布的数据整理。

## （二）大国对非贸易结构"东升西降"

近年来，中国、印度、俄罗斯等新兴经济体与非洲的贸易规模迅速上升，美欧发达国家对非贸易规模则普遍下降，导致发达国家在非洲对外贸易中的比重明显降低。2016 年，中国与非洲贸易金额为 1487 亿美元，约占非洲对外贸易的 17%。2019 年，中国与非洲贸易金额达到 2081 亿美元，较

---

①　为行文方便，下文中除非特别注明，"贸易"特指商品贸易。

2016 年增长近 40%，占非洲对外贸易的比重上升至 20%。2020 年，受新冠肺炎疫情等因素影响，中国对非贸易有所下滑，但下滑幅度小于其他国家，因此在非洲整体对外贸易中的比重继续上升，达到 21%。

印度 2017 年的对非贸易规模达到 588 亿美元，较 2016 年增长 23%，首次超过美国、法国，成为非洲第二大贸易伙伴国，并在 2018 年继续增长 16%，达到创纪录的 680 亿美元。2019 年、2020 年，印度对非贸易金额有所下降，但仍高于美欧国家。俄罗斯虽然对非贸易规模整体不大，但近年增长迅速，从 2016 年的 94 亿美元增至 2018 年的 142 亿美元，2019 年有所回落，但 2020 年又重回 140 亿美元的高点，较 2016 年增幅近 50%。

相较于 2016 年，2020 年美国、法国、德国、意大利、英国对非贸易均出现不同程度的下降。其中，英国对非贸易金额下降最为严重，降幅达到 25%；法国其次，降幅为 11%，意大利降幅为 10%，美国、德国也分别下降 6%、3%。相应的，这 5 个国家在非洲整体对外贸易中的比重也从 2016 年的 24% 降至 2020 年的 20%。

### （三）大国对非贸易保持"出多进少"

从进出口结构看，非洲对世界其他地区的商品进口金额大于出口金额，常年呈现逆差状态。这与非洲对外贸易中出口以初级产品为主、进口以制成品为主的产品结构相关，反映了长期以来非洲制造业水平低下、在全球产业链中处于低端、国际贸易条件处于劣势的现状。不过，整体来看，非洲近 5 年的贸易逆差规模呈收窄趋势，2020 年，非洲对世界其他地区的贸易逆差从 2016 年的 1366 亿美元降至 1226 亿美元，下降了 10.2%，表明近年来非洲国家推动产业多元化、提高出口产品附加值的努力取得了一定的效果。

非洲主要贸易伙伴国中，多数国家对非洲的商品出口金额大于自非洲进口金额。中国、俄罗斯、荷兰、法国、德国对非洲的贸易顺差规模较大，2020 年分别为 413 亿美元、99 亿美元、56 亿美元、52 亿美元、32 亿美元。其中，俄罗斯对非进出口不平衡最为严重，在其 2020 年 140 亿美元的对非贸易总金额中，有约 120 亿美元为对非出口。这与俄罗斯和非洲的资源禀赋及产业结构特点相关，非洲对俄罗斯的小麦、食用油进口需求较大，但俄罗斯能源、矿产资源丰富，对非洲的主要出口产品并没有太大需求。意大利、印度对非贸易也分别保持 5 亿美元、2 亿美元的小额顺差状态。英国、美国、日本等少数国家对非洲商品出口金额小于进口金额，2020 年对非商品贸易逆差分别为 55 亿美元、22 亿美元、9 亿美元。

从各国对非洲出口金额变化来看，2016~2020 年，中国对非出口金额增长明显，从 920 亿美元上升至 1140 亿美元，增幅达到 23.9%。俄罗斯、荷兰、印度对非出口金额分别实现 55.4%、29.8%、15.0% 的大幅增长，美国对非出口金额则小幅增长（1.4%）。同期英国、德国、法国、意大利对非出口金额均有所下滑，降幅分别为 25.4%、15.0%、10.2%、9.9%（见图 2）。从各国自非洲进口金额变化来看，2016~2020 年，中国自非进口金额从 567 亿美元增长至 727 亿美元，增幅达到 28.2%。荷兰、俄罗斯、德国自非进口金额也分别实现 21.4%、20.5%、14.9% 的快速增长，印度自非进口金额小幅增长 2.4%。同期美国、英国、意大利、法国自非进口金额分别出现 12.0%、17.2%、9.7%、9.0% 的下降（见图 3）。

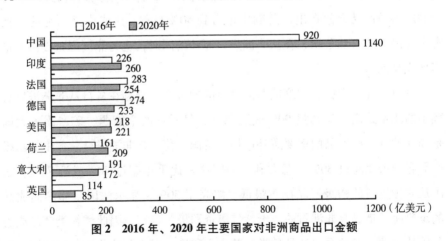

**图 2　2016 年、2020 年主要国家对非洲商品出口金额**

资料来源：根据联合国贸易和发展会议公布的数据整理。

如表 1 所示，从产品结构来看，多数贸易伙伴国对非洲出口以制成品为主，自非洲进口以初级产品为主。出口方面，中国、德国作为全球制造业大

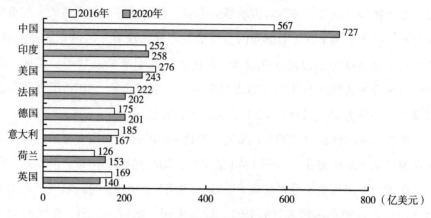

**图 3 2016 年、2020 年主要国家自非洲商品进口金额**

资料来源：根据联合国贸易和发展会议公布的数据整理。

国，对非洲的制成品出口金额在各自对非商品出口总额中所占比重最高，
2020 年分别高达 94%、89%。法国、英国、意大利对非出口制成品金额占
比超过 70%，印度、美国这一比重也超过 60%。值得注意的是，与其他国
家不同，荷兰对非出口制成品金额占比较低，仅为 40%左右，而其对非出
口的燃料类产品金额在出口总额中也占到 40%左右。这或许是因为荷兰拥
有全球最大的石油公司，在从非洲进口原油的同时，也为非洲国家提供大量
当地成品油。

　　进口方面，中国、印度从非洲进口的初级产品金额在各自从非洲进口总
额中的比重最高，均超过 90%或近 90%，显示这两个能源、矿产需求大国
是非洲油气、矿产品的重要海外市场。英国、荷兰自非洲进口总额中的初级
产品金额占比超过 80%，意大利、美国这一比重也超过 70%或近 70%。法
国从非洲进口的初级产品比重最低，略高于 50%，显示法国是非洲制成品
的重要海外市场。非洲石油、天然气等资源极为丰富，因此燃料类产品成为
各国从非洲进口的重要产品种类。其中，印度、意大利从非洲进口的燃料金
额在各自从非洲进口总额中的比重高达 50%左右。美国从非洲进口燃料金
额在其从非洲进口金额中的比重在 2016 年也高达 45%，不过，到 2020 年，
美国这一比重骤降至 18%，而同期其他国家这一比重基本保持稳定或仅出

现小幅下降。这可能与美非距离遥远，新冠肺炎疫情对非洲原油输美通道产生巨大冲击有关。

表1　2016年、2020年非洲主要贸易伙伴国对非进出口产品结构

| 国别 | 对非出口 | | | | 自非进口 | | | |
|---|---|---|---|---|---|---|---|---|
| | 2016年 | | 2020年 | | 2016年 | | 2020年 | |
| | 金额（亿美元） | 占比（%） | 金额 | 占比（%） | 金额（亿美元） | 占比（%） | 金额（亿美元） | 占比（%） |
| 中国 | | | | | | | | |
| 初级产品 | 47 | 5.1 | 66 | 5.8 | 538 | 95.0 | 695 | 95.5 |
| 其中燃料 | 7 | 0.8 | 15 | 23.1 | 222 | 39.1 | 286 | 39.3 |
| 制成品 | 872 | 94.9 | 1073 | 94.2 | 29 | 5.3 | 33 | 4.7 |
| 印度 | | | | | | | | |
| 初级产品 | 76 | 33.5 | 90 | 34.6 | 232 | 92.0 | 231 | 89.4 |
| 其中燃料 | 38 | 16.7 | 41 | 15.6 | 138 | 54.7 | 135 | 52.3 |
| 制成品 | 150 | 66.5 | 170 | 65.4 | 20 | 8.0 | 27 | 10.6 |
| 美国 | | | | | | | | |
| 初级产品 | 58 | 31.5 | 75 | 37.8 | 196 | 72.6 | 157 | 66.3 |
| 其中燃料 | 17 | 9.5 | 21 | 10.7 | 122 | 45.2 | 42 | 17.7 |
| 制成品 | 126 | 68.5 | 124 | 62.2 | 74 | 27.4 | 80 | 33.7 |
| 法国 | | | | | | | | |
| 初级产品 | 63 | 22.7 | 60 | 24.0 | 122 | 54.9 | 108 | 53.4 |
| 其中燃料 | 11 | 3.8 | 5 | 2.1 | 75 | 33.9 | 64 | 31.7 |
| 制成品 | 214 | 77.3 | 189 | 76.0 | 100 | 45.1 | 94 | 46.6 |
| 德国 | | | | | | | | |
| 初级产品 | 21 | 8.5 | 25 | 11.4 | 105 | 60.8 | 118 | 58.9 |
| 其中燃料 | 1 | 0.5 | 1 | 0.6 | 46 | 26.7 | 40 | 20.2 |
| 制成品 | 231 | 91.5 | 196 | 88.6 | 68 | 39.2 | 81 | 40.8 |
| 荷兰 | | | | | | | | |
| 初级产品 | 95 | 58.6 | 122 | 58.4 | 106 | 84.1 | 129 | 84.2 |
| 其中燃料 | 61 | 37.5 | 82 | 39.1 | 43 | 33.8 | 43 | 28.2 |
| 制成品 | 62 | 38.6 | 84 | 40.0 | 14 | 10.9 | 15 | 9.8 |
| 意大利 | | | | | | | | |
| 初级产品 | 40 | 21.1 | 37 | 21.3 | 147 | 79.2 | 127 | 76.3 |
| 其中燃料 | 23 | 12.0 | 21 | 12.4 | 101 | 54.3 | 80 | 47.7 |
| 制成品 | 150 | 78.2 | 130 | 76.0 | 38 | 20.7 | 38 | 23.0 |

续表

| 国别 | 对非出口 | | | | 自非进口 | | | |
|---|---|---|---|---|---|---|---|---|
| | 2016 年 | | 2020 年 | | 2016 年 | | 2020 年 | |
| | 金额<br>（亿美元） | 占比（%） | 金额 | 占比（%） | 金额<br>（亿美元） | 占比（%） | 金额<br>（亿美元） | 占比（%） |
| 英国 | | | | | | | | |
| 初级产品 | 25 | 22.4 | 23 | 27.3 | 142 | 84.3 | 113 | 85.1 |
| 其中燃料 | 8 | 7.3 | 9 | 10.6 | 30 | 17.8 | 22 | 16.6 |
| 制成品 | 87 | 77.6 | 61 | 72.7 | 26 | 15.7 | 20 | 14.9 |

资料来源：根据联合国贸易和发展会议公布的数据整理计算。

## 三　大国对非直接投资格局

与贸易往来相似，西方国家在非洲开展投资的历史也最长。多年来，西方矿业、油气等领域的跨国企业在非洲投入巨额资金，控制了大量矿山、油田等资源类资产，成为西方国家对非直接投资存量的主体，在非洲外资格局中占据绝对优势地位。相比而言，以中国为首的"后来者"在非洲的直接投资流向领域更加多元，除能矿外，还覆盖了制造业、基础设施等更多行业，为非洲经济多元化和提高自身发展能力做出积极贡献。最近几年，随着国际大宗商品市场的剧烈波动，西方矿业、油气巨头纷纷调整海外策略，其在非洲投资出现较大波动，部分年份出现大额撤资。2020 年，受新冠肺炎疫情影响，非洲吸收外国直接投资仅为 400 亿美元，同比下降 16%[①]。中国对非直接投资则保持相对稳定，甚至逆势增长。本节基于经济合作与发展组织数据，对 2015～2019 年世界主要国家对非洲直接投资格局特点进行总结。[②]

---

[①] UNCTAD, *World Investment Report 2021*, June 2021, https://unctad.org/webflyer/world-investment-report-2021, accessed April 20, 2022.

[②] 经济合作与发展组织数据中，分国别统计的对非洲直接投资数据的最新年份为 2019 年。

### （一）西方大国保持绝对优势，中国赶超势头明显

从排名来看，无论是 2015 年还是 2019 年，荷兰、法国、英国、美国均位于对非洲直接投资存量规模最大的 5 个国家之列，且这 4 个国家的相对排名保持不变。中国也一直在前 5 个国家之列，不过，2015 年中国排名在上述 4 国之后，列第 5 位，到 2019 年，中国已超过英国、美国，从第 5 位跃居至第 3 位，英、美则分别退居第 4、5 位。

从规模变化来看，2015~2019 年，荷兰、英国、美国对非直接投资均出现明显下降。2015 年，荷兰对非直接投资存量超过 1000 亿美元，2019 年降至 668 亿美元，降幅高达 34%；2015 年英国、美国对非直接投资存量均超过 500 亿美元，2019 年分别降至 440 亿美元、432 亿美元，降幅分别为 24%、17%。2015 年中国对非直接投资存量仅为 347 亿美元，2019 年增至 444 亿美元，增幅高达 28%。从相对比重来看，荷兰、英国、美国、法国 4 个国家在非洲吸收直接投资存量中的整体份额有所下降，从 2015 年的 34.1%降至 2019 年的 23.2%。中国在非洲吸收直接投资存量中的份额略有上升，从 2015 年的 4.3%上升至 4.7%。

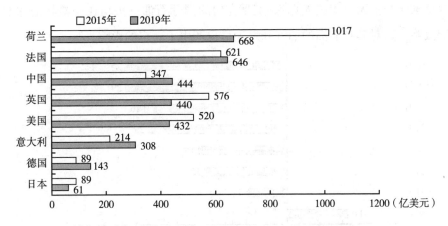

**图 4　2015 年、2019 年主要国家对非洲直接投资存量**

资料来源：根据 OECD International Direct Investment Statistics 2020 数据整理。

## （二）中国对非投资保持稳定，西方国家波动较大

从流量看，2019年当年对非直接投资最多的5个国家依次为法国、英国、中国、意大利、德国。不过，由于各国对非投资流量规模普遍相对较小，个别年份容易受单个大金额项目的影响而产生较大波动，采用2015～2019年的对非直接投资流量平均值来进行国家间的比较更为准确。按照这一指标，对非直接投资流量最高的5个国家依次为中国、意大利、英国、法国、德国。

可以看出，中国近年来对非直接投资保持稳定，在20亿～50亿美元的区间波动。荷兰、英国、美国对非投资波动较为剧烈。荷兰2015年对非直接投资达到199亿美元的高位，但接下来的4年均出现负值。美国对非直接投资也在2016年、2018年、2019年出现负值。英国2016年对非直接投资出现85亿美元的负值，2018年又出现133亿美元的峰值。荷兰、美国、英国对非投资剧烈波动，或与其在非洲投资的油气项目有关。近年来，随着全球经济增速放缓、地缘政治事件频发、资本市场震荡，国际原油价格也剧烈波动，加之国际范围内能源转型大势持续推进，包括英国BP石油公司、荷兰皇家壳牌集团、美国埃克森-美孚在内的国际石油巨头均在调整其全球发展战略，这对其在非洲的油气开发项目也产生了一定的影响。

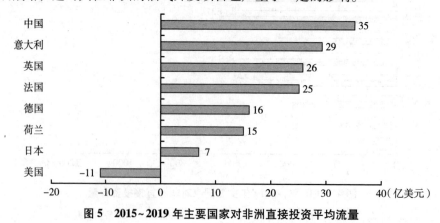

**图5　2015～2019年主要国家对非洲直接投资平均流量**

资料来源：根据OECD International Direct Investment Statistics 2020数据整理。

## （三）意大利、德国对非投资"小步快跑"

从存量看，德国、意大利对非直接投资规模相对不大，可以说是发达国家中对非投资的"后来者"。但值得注意的是，最近5年来，德国、意大利对非投资呈现稳定增长势头。德国对非直接投资存量从2015年的89亿美元增至2019年的143亿美元，增幅高达61%。意大利对非直接投资存量从2015年的214亿美元增至2019年的308亿美元，增幅高达44%。从流量看，2015年以来，德、意对非投资规模已位居世界前列。这表明，随着非洲在国际政经格局中地位的显著提升，德、意等此前对非洲关注相对较少的国家正在加大对非洲经贸领域的实际投入。2015~2019年，意大利每年对非投资流量保持在15亿~40亿美元的稳定区间，德国则保持在7亿~25亿美元的区间。从5年平均值来看，意大利对非直接投资流量规模仅次于中国，位列第2，高于英国、法国。德国位列第5，高于荷兰、日本、美国。

# 结　语

作为"后来者""赶超者"，中国近10年在对非贸易、投资等领域，规模迅速增长，份额不断扩大，影响力日益提高，深刻改变着大国对非经贸合作格局，推动非洲对外经贸秩序进一步朝着多元化方向发展。在新冠肺炎疫情加速国际格局演变、加剧全球经济困难的背景下，拥有巨大自然资源、市场资源和政治资源的非洲，将继续成为大国开展地缘角逐和经济竞争的重要地区。世界主要国家既有各自的传统和现实优势，也各有自身的短板和瓶颈，但都将扩大、深化对非贸易和投资作为重心，努力塑造新的对非合作关系。当前及未来一段时间内，大国对非经贸合作格局仍将处于变动相对较大的重组期，并将与大国在非政治博弈相伴随，二者相互影响，使得大国对非关系呈现出"实质竞争+意愿合作"的总体态势。

# 文献资料

## Documentation

# Y.12
## 2021年非洲地区大事记

赵苹<sup>*</sup>

## 1月

**1月1日** 非洲大陆自由贸易区自由贸易启动仪式在线上举行，非洲大陆自由贸易区秘书长梅内宣布非洲国家正式开始在自贸区内开展贸易活动。

中国和毛里求斯自贸协定生效，这是中国与非洲国家首个自贸协定。

**1月2日** 尼日尔西部两个村庄遭到武装人员袭击，至少70名平民死亡。

**1月4~9日** 中国国务委员兼外长王毅应邀访问尼日利亚、刚果（金）、博茨瓦纳、坦桑尼亚和塞舌尔5国。访问期间，分别同五国领导人和外长进行会见会谈，就新形势下落实中非领导人重要共识、继承弘扬中非传统友谊、提升政治互信、携手抗击疫情、加快重大合作项目复工复产、推

---

* 赵苹，中国社会科学院西亚非洲研究所、中国非洲研究院图书信息室馆员。

进共建"一带一路"、加强国际地区事务协调达成广泛共识,并签署了一系列合作协议,达到了深化友谊、增进互信、促进合作、凝聚共识的目的。

**1月7日** 纳纳·阿库福-阿多宣誓就任加纳总统,这是他的第二个任期。

**1月10日** 埃塞俄比亚、埃及和苏丹3国灌溉部部长和外交部部长召开线上会议,讨论复兴大坝的装填和运营规则等事宜。

**1月16日** 乌干达选举委员会主席西蒙·比亚巴卡马宣布,现任总统约韦里·穆塞韦尼在1月14日举行的总统选举中获得最高选票,再次连任乌干达总统。这是他的第六个总统任期。

**1月17日** 苏丹通讯社报道,苏丹西达尔富尔州首府朱奈纳地区16日以来持续发生暴力冲突事件,截至17日已造成至少48人死亡、97人受伤。

**1月18日** 中非共和国宪法法院院长达尼埃勒·达兰宣布,驳回反对党总统候选人关于总统大选存在舞弊行为的上诉,确认现任总统图瓦德拉在选举首轮中以53.16%的得票率获得连任。

**1月20日** 埃及和卡塔尔两国交换正式照会,同意恢复外交关系。

上万名示威者在马里首都巴马科独立广场举行游行示威活动,要求法国军队离开马里。

**1月22日** 摩洛哥正式批准在摩洛哥紧急使用中国国药集团研发的新冠灭活疫苗。

**1月24日** 马里中部莫普提区两处军营遭到袭击,造成6名士兵死亡。

**1月25日** 索马里政府军在南部边境地区与朱巴兰地方武装交火,造成至少11人死亡、多人受伤,政府军逮捕近百名武装人员。

肯尼亚和英国签署一项新的安全协议,加强两国的防务联系。

# 2月

**2月6日** 尼日利亚北部卡杜纳州两个村庄遭到不明身份武装分子袭击,造成19人死亡、多人受伤。

**2月6~7日**  第 34 届非洲联盟首脑会议（非盟峰会）举行。受新冠肺炎疫情影响，本届非盟首脑会议在线上举行。加强防疫与恢复经济等议题备受关注。会议上，非盟通过决议，将"非洲消弭枪声"的总体路线图实施期限从 2020 年延长至 2030 年。非盟体制改革也是此次会议的关注焦点之一，各国首脑通过了卢旺达总统卡加梅所做的关于非洲联盟体制改革的中期报告。各成员国对非盟委员会和非洲发展新伙伴关系提出了一系列建设性建议，旨在提高非盟组织运行效率。根据非盟机构改革方案，非盟委员会委员从 8 名缩减为 6 名。会议重新选出了新一届非盟委员会主席、副主席和 6 名非盟委员会委员，法基连任非盟主席，来自卢旺达的南萨巴甘瓦当选非盟委员会副主席。

美国总统拜登向第 34 届非洲联盟首脑会议发表视频贺词。

**2月10日**  中国国家主席习近平同尼日利亚总统布哈里互致贺电，庆祝两国建交 50 周年。习近平主席强调，愿同布哈里总统一道努力，以两国建交 50 周年为契机，弘扬传统友好，在共建"一带一路"和中非合作论坛框架内深化各领域合作，为构建更加紧密的中非命运共同体做出积极贡献。

**2月14日**  几内亚卫生部确认当地出现埃博拉病例。据世界卫生组织发布的信息，截至 19 日，几内亚已报告 7 例埃博拉病例，其中 3 例确诊，4 例为疑似病例，311 人与确诊病例有过接触。

**2月15日**  萨赫勒五国集团峰会在乍得首都恩贾梅纳召开。与会多国代表呼吁，国际社会应采取全面、综合性方式，帮助萨赫勒地区打击恐怖主义和极端主义。

世界贸易组织举行总理事会特别会议，164 个成员一致同意尼日利亚经济学家恩戈齐·奥孔乔-伊韦阿拉出任第七任总干事。奥孔乔-伊韦阿拉将成为首个执掌该组织的女性总干事和首位非洲籍总干事，任期为 2021 年 3 月 1 日至 2025 年 8 月 31 日。

**2月16日**  塞拉利昂总统比奥结束对几内亚为期两天的访问，并与几内亚总统孔戴签署了重新开放两国陆地边境的协议。

**2月19~23日**  应卡塔尔、乌干达、赞比亚、科威特政府邀请，中共中

0

央政治局委员、中央外事工作委员会办公室主任杨洁篪对上述 4 国进行正式访问。

**2 月 22 日** 中国国家主席习近平同埃及总统塞西通电话。习近平主席强调，埃及是第一个同新中国建交的阿拉伯国家和非洲国家，中埃关系是中阿、中非团结合作、互利共赢的典范。

**2 月 27 日** 东非共同体首脑会议以线上形式举行，这也是东非共同体首次以虚拟模式举办峰会。肯尼亚总统肯雅塔接替卢旺达总统卡加梅当选东非共同体新任轮值主席。

# 3月

**3 月 2 日** 埃及外交部长舒克里在开罗会见苏丹外交部长萨迪克。会后双方发表联合声明，呼吁埃塞俄比亚在复兴大坝的争议上表现出诚意，并参与有效的谈判程序，以达成相关协议。

**3 月 4 日** 联合国粮农组织发布《作物前景和粮食形势》报告，列举了45 个需要粮食援助的国家，其中包括 34 个非洲国家。

**3 月 9 日** 肯尼亚总统肯雅塔在内罗毕会见欧洲理事会主席查尔斯·米歇尔，双方探讨了肯尼亚和欧盟的双边以及多边利益问题。

**3 月 17 日** 坦桑尼亚总统马古富力因心脏疾病去世，享年 61 岁。

中共中央对外联络部部长宋涛同肯尼亚朱比利党总书记图朱举行视频通话，就增进党际交往和经验交流、推动务实合作等深入交换意见。

**3 月 19 日** 坦桑尼亚总统马古富力因心脏疾病去世后，副总统萨米娅·苏卢胡·哈桑继任总统，成为坦桑尼亚第六任总统，也是坦桑尼亚的第一位女总统。

**3 月 23 日** 刚果（布）内政部长宣布，根据选举委员会公布的临时结果，现任总统德尼·萨苏-恩格索以 88.57% 的选票获得连任，任期 5 年。

中国国家主席习近平就坦桑尼亚总统马古富力逝世向坦桑尼亚新任总统哈桑致唁电，代表中国政府和中国人民并以个人的名义表示深切的哀悼，向

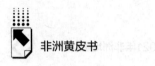

坦桑尼亚政府和人民以及马古富力总统亲属致以诚挚的慰问。

悬挂巴拿马国旗的重型货轮"长赐"号在苏伊士运河新航道搁浅,造成航道堵塞。29日,埃及苏伊士运河管理局发布声明说,搁浅在苏伊士运河上的重型货轮已经完全移动至正常航道并驶离搁浅位置。

**3月24日** 中国驻非盟使团在埃塞俄比亚首都亚的斯亚贝巴向联合国非洲经济委员会援助一批抗疫物资。

**3月25日** 欧洲议会经辩论投票通过了关于欧盟对非新战略的报告。报告强调,有必要根据新冠肺炎疫情的影响调整欧非伙伴关系,人的发展、实现可持续发展目标和消除贫困仍然是欧盟-非洲伙伴关系的核心,并呼吁在欧盟预算中为对非发展合作提供更多资金。

**3月26日** 中国国家主席习近平同喀麦隆总统比亚互致贺电,庆祝两国建交50周年。

**3月29日** 中国国家主席习近平同布隆迪总统恩达伊施米耶通电话。

**3月30日** 中非共和国现任总统图瓦德拉宣誓就职,开启第二个总统任期。

**3月31日** 中共中央对外联络部部长宋涛同刚果(金)民进盟总书记卡布亚举行视频通话,就中国共产党同民进盟建立党际关系、加强治国理政经验交流、推动务实合作等深入交换意见。

# 4月

**4月2日** 尼日尔举行总统就职典礼,穆罕默德·巴祖姆正式接任穆罕默杜·伊素福成为尼日尔新一任总统。

**4月3~5日** 埃塞俄比亚、苏丹和埃及三国举行新一轮会谈,为期三天的谈判在非洲联盟现任轮值主席国刚果(金)首都金沙萨举行,讨论埃塞俄比亚复兴大坝的相关事宜。

**4月6日** 南部非洲发展共同体宣布,莫桑比克、马拉维、坦桑尼亚、博茨瓦纳、南非和津巴布韦六国总统将于4月8日在马普托举行紧急会谈,商讨莫桑比克恐怖主义问题的解决措施。

埃及、苏丹和埃塞俄比亚三方就埃塞俄比亚复兴大坝举行的新一轮谈判再一次无果而终。

**4月7日** 全国人大常委会委员长栗战书在北京人民大会堂以视频方式同摩洛哥众议长马勒基举行会谈。

**4月9日** 吉布提现任总统盖莱在大选中胜出，成功连任。这是盖莱第五次当选吉布提总统。

**4月16日** 德尼·萨苏-恩格索在刚果（布）首都布拉柴维尔宣誓就任总统，任期为5年。

**4月20日** 乍得军方宣布，总统代比在前线指挥军队作战时负伤去世。军方当天宣布解散国民议会和政府，成立军事过渡委员会，由代比的儿子穆罕默德·代比领导。

中国国务委员兼外长王毅同加蓬外长穆贝莱通电话。

全国人大常委会委员长栗战书在北京人民大会堂以视频方式同埃及众议长贾巴利举行会谈。

**4月21日** 中国科兴公司与埃及VACSERA公司的代表分别在北京和开罗举行关于中国新冠疫苗在埃及本地化生产合作协议签署仪式。埃及总理马德布利和中国驻埃及大使廖力强在埃及总理府分会场线上见证签署仪式并举行会见，埃及卫生部长扎耶德等出席。

**4月23日** 非洲开发银行宣布，已批准清除苏丹4.13亿美元债务计划。

**4月27日** 美国国务卿布林肯以视频形式与尼日利亚总统布哈里和外长奥尼亚马，以及肯尼亚总统肯雅塔和外长奥马莫举行会谈，并"云参观"美国捐助建设的一个移动式野外医院和当地一些可再生能源公司。

**4月28日** 中国国家主席习近平就乍得总统代比逝世向乍得军事过渡委员会主席穆罕默德致唁电，代表中国政府和中国人民并以个人的名义表示深切的哀悼，向乍得政府和人民以及代比总统亲属致以诚挚的慰问。

**4月29日** 南非、津巴布韦、博茨瓦纳和莫桑比克外长举行区域会谈，评估当地安全局势并确定如何帮助莫桑比克应对恐怖袭击。

# 5月

**5月4日** 美国国务院"非洲之角特使"杰弗里·费尔特曼启程前往东非，希望通过外交手段化解"埃塞俄比亚提格雷地区的暴行以及人道危机"，这是拜登政府展开对非洲布局的最新外交努力。

**5月4~5日** 坦桑尼亚总统哈桑访问肯尼亚。

厄立特里亚总统伊萨亚斯访问苏丹。

**5月6日** 埃及与土耳其发表联合声明称，两国就双边关系正常化在开罗举行为期两天的"探索性会谈"，由双方副外长主持。

**5月7日** 中国国家主席习近平同塞拉利昂总统比奥通电话。

中国国家主席习近平同刚果（金）总统齐塞克迪通电话。习近平主席强调，中方支持刚果（金）履职非盟轮值主席，愿同刚方加强沟通和协调，开好新一届中非合作论坛会议，深化中非在自由贸易区建设、公共卫生、和平安全、气候变化等领域合作，共同开创中非全面战略合作伙伴关系新局面。

**5月10日** 全国政协主席汪洋在北京以视频方式会见埃及参议长阿卜杜拉齐格。

**5月11日** 非洲联盟和平与安全理事会召开会议，决定将非盟驻索马里特派团的任务期限延长至2021年12月31日，以继续维护索马里的和平与稳定。

**5月12日** 乌干达当选总统穆塞韦尼在首都坎帕拉宣誓就职，正式开启其第六个总统任期。

中国和坦桑尼亚在达累斯萨拉姆签署中坦经济技术合作协定。

**5月15日** 埃及苏伊士运河管理局发表声明，指出苏伊士运河南段航道已开始挖泥作业，以拓宽该段航道，使其拥有双向通航能力。5月11日，埃及总统塞西批准了苏伊士运河南段航道拓宽计划，该计划主要涵盖苏伊士运河苏伊士市至大苦湖段的约30千米航道，将在此前基础上加宽40米，最大深度从约 20 米加深至约 22 米，该计划预计在两年内完成。

　　**5 月 16 日**　埃及总统塞西应法国总统马克龙的邀请，开始对法国进行国事访问。

　　**5 月 17 日**　西班牙在非洲的飞地休达自治市发生移民危机。两天内约有 8000 名移民非法进入休达，西班牙与摩洛哥的外交局势紧张。

　　**5 月 18 日**　非洲经济体融资峰会在法国首都巴黎举行，讨论帮助非洲国家克服新冠肺炎疫情影响，推动经济发展，会议以线上线下相结合方式举行，通过了《非洲经济体融资峰会宣言》。峰会由法国总统埃马纽埃尔·马克龙发起。非洲联盟轮值主席国刚果（金）总统费利克斯·齐塞克迪、塞内加尔总统马基·萨勒等 20 多名非洲国家和政府领导人，欧洲联盟委员会主席乌尔苏拉·冯德莱恩，以及国际货币基金组织、非洲开发银行等国际金融机构负责人与会。

　　**5 月 19 日**　在联合国安理会本月轮值主席国中国倡议下，安理会以视频方式举行"非洲和平与安全：推进非洲疫后重建，消除冲突根源"高级别会议。

　　全国人大常委会委员长栗战书在北京人民大会堂以视频方式同马达加斯加国民议会议长克里斯蒂娜举行会谈。

　　**5 月 21 日**　埃及从中国采购的首批疫苗原液运抵开罗，埃及成为非洲大陆第一个同中国合作生产新冠疫苗的国家。

　　**5 月 23 日**　贝宁总统塔隆在首都波多诺伏戴高乐体育馆宣誓就职，开启第二个总统任期。

　　**5 月 25 日**　西非国家经济共同体代表团从加纳首都阿克拉启程，前往马里斡旋当地局势。

　　**5 月 27 日**　南部非洲发展共同体在莫桑比克首都马普托举行峰会，并听取南共体轮值主席关于莫桑比克北部德尔加杜省安全局势的报告。

　　乌干达和刚果（金）签署一份政府间协议和一份项目开发协议，以加强双边贸易和基础设施建设合作，实现互惠互利。

　　法国总统马克龙抵达卢旺达首都基加利，开始对卢旺达进行国事访问。

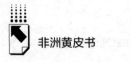

马克龙总统在卢旺达首都基加利承认，法国对 1994 年发生的卢旺达大屠杀负有责任。

中国海关在世界海关组织第五届全球 AEO 大会期间，与乌干达海关签署《中乌海关关于"经认证的经营者"（AEO）互认的安排》，这是中国海关在非洲地区签署的首个 AEO 互认安排。

**5 月 28 日** 马里宪法法院宣布，鉴于巴·恩多已辞去过渡总统职务，过渡副总统阿西米·戈伊塔接任过渡总统一职，其任期至马里政治过渡期结束。

**5 月 30 日** 西非国家经济共同体成员国在加纳首都阿克拉召开特别会议，决定暂停马里成员国资格直至其恢复民主秩序。

乍得和中非共和国军队在两国边境发生冲突。

**5 月 31 日** 布隆迪总统恩达伊施米耶抵达肯尼亚，开始为期两天的正式访问。当日，肯尼亚总统肯雅塔与布隆迪总统恩达伊施米耶签署了多项协议以加强两国之间的合作，协议内容涉及农业、公共服务、外交事务、贸易、体育和文化等多个领域。

# 6月

**6 月 2 日** 中国国家主席习近平致电纳米比亚总统根哥布，就根哥布总统夫妇感染新冠病毒致以慰问。

**6 月 7 日** 阿西米·戈伊塔在马里首都巴马科正式宣誓就任马里过渡总统。

**6 月 8 日** 肯尼亚总统肯雅塔抵达埃塞俄比亚首都亚的斯亚贝巴，开始对该国进行正式访问。

**6 月 9 日** 埃及和苏丹两国发表联合声明，强调埃塞俄比亚单方面为复兴大坝蓄水的严重风险和后果。

**6 月 10 日** 尼日利亚迎来西非首条现代化双线标准轨铁路——拉各斯至伊巴丹铁路（拉伊铁路）正式开通运营，这是迄今非洲建成的最长双线标准轨铁路。

法国总统马克龙宣布，法国军队将结束在非洲萨赫勒地区的"新月形沙丘"行动，该地区打击恐怖主义的任务将由一支"国际部队"来完成。

南苏丹与马拉维签署贸易协议，马拉维将向朱巴出口其盈余食物以缓解朱巴广泛存在的谷物紧缺问题。

**6月11日** 法国外长勒德里昂访问利比里亚，并与利比里亚外交部长科马亚签署两份价值分别为800万欧元和1000万美元的协议，分别涉及城市建设和中小企业发展。

**6月11~13日** 七国集团（G7）领导人峰会在英国康沃尔举办。此次峰会还邀请了澳大利亚、韩国以及南非领导人到场参加，印度总理莫迪则通过视频出席。峰会期间，南非总统拉马福萨同美国总统拜登在英国会晤。

**6月17日** 赞比亚独立后首任总统、被誉为赞比亚"国父"的肯尼思·卡翁达去世，享年97岁。卡翁达不仅是非洲独立运动领导人、政治家和社会活动家，也是中赞关系的奠基人。赞比亚总统伦古当天对卡翁达的逝世表示哀悼，宣布赞比亚进入为期21天的全国哀悼期，其间暂停一切娱乐活动并降半旗。

**6月19日** 西非国家经济共同体在加纳首都阿克拉举行峰会，成员国领导人提出，将于2027年发行单一货币"Eco"。2022年至2026年，西共体各成员国将执行新的货币趋同协定。西共体原定于2020年推行单一货币，受新冠肺炎疫情冲击暂缓执行。

**6月21日** 中国国家主席习近平同刚果（布）总统萨苏通电话。

中国国家主席习近平同坦桑尼亚总统哈桑通电话。

**6月23日** 南部非洲发展共同体的16个成员国在莫桑比克首都马普托举行特别峰会。

利比亚问题国际会议在德国首都柏林召开，与会各方呼吁外部势力停止干预利比亚局势、要求外国武装及雇佣军撤出利比亚，以推动该国实现和平稳定。

**6月26日** 刚果（金）总统齐塞克迪和卢旺达总统卡加梅在刚果

（金）城市戈马签署多项双边合作协议。

**6月29日** 二十国集团外长和发展部长在意大利南部城市马泰拉举行为期一天的会议，呼吁国际社会采取多边行动，应对全球性挑战。会议通过《马泰拉宣言》，与会各方承诺致力于消除不平等、鼓励青年和妇女创业、促进非洲向生态化和数字化过渡。

# 7月

**7月9日** 中国国家主席习近平同南苏丹总统基尔互致贺电，庆祝两国建交10周年。

**7月12日** 欧盟正式成立莫桑比克军事特派团，以帮助训练莫桑比克武装部队。根据欧盟发表的声明，该特派团的任务将持续两年，目的是培训和支持莫桑比克武装部队保护平民，并恢复德尔加杜角省的安全局势。

**7月13日** 刚果（金）总统齐塞克迪在首都金沙萨会见布隆迪总统恩达伊施米耶，双方就国家、地区和非洲大陆层面共同关心的问题进行了交流。

**7月15日** 13位非洲国家元首和政府首脑结束了在科特迪瓦阿比让举行的会议。在会议通过的联合声明中，各国元首指出，经济复苏、创造就业和人力资本投资，包括扩大疫苗获取，对于帮助人民摆脱极端贫困并建立一个更具韧性和包容性的未来至关重要。

摩洛哥与以色列在摩洛哥首都拉巴特签署网络安全合作协议，以推动两国在网络安全技术方面的合作。

**7月16日** 坦桑尼亚总统哈桑抵达布隆迪经济首都布琼布拉，进行为期两天的国事访问。双方同意推动取消两国间的关税和非关税壁垒，并加快在两国边境城市马约武和穆吉纳建设单一入境口岸，以改善两国的商业和投资环境。

**7月17~20日** 应叙利亚外长梅克达德、埃及外长舒凯里和阿尔及利亚外长拉马拉邀请，中国国务委员兼外长王毅对上述三国进行正式访问。访问期间，王毅外长分别同三国领导人和外长进行会见会谈。

**7月27日** 英国国防大臣本·华莱士和肯尼亚国防部长莫妮卡·朱玛在伦敦签署新的五年防务合作协议，以加强英国对肯尼亚的反恐和军事支持。该协议旨在加强两国协作，共同改善东非地区的安全状况，同时打击暴恐组织"青年党"。

**7月27~29日** 非洲企业委员会（CCA）第13届美非商业峰会以视频会议方式举行。该峰会是非洲企业委员会的旗舰会议，对于在非洲大陆开展商务活动的人员以及塑造美非经济合作的美国和非洲领导人至关重要。峰会主题是"建立更强大美非经济伙伴关系的新途径"，聚焦拜登政府与非洲重置并重新定义双边关系的独特机会，并共同塑造疫情背景下的经济复苏之路。参会的有非洲国家元首和主要部长、美国政府内阁成员和高级官员，以及来自美国和非洲大陆的1000多名私营部门高管和利益相关者。

**7月29日** 中国国家主席习近平同塞拉利昂总统比奥互致贺电，庆祝两国建交50周年。

# 8月

**8月2日** 坦桑尼亚总统哈桑抵达卢旺达首都基加利，进行为期两天的国事访问。卢旺达总统卡加梅与哈桑总统举行了会谈。会后双方向媒体宣布，两国签署了4份谅解备忘录，涉及信息通信技术、移民、教育和医疗产品监管领域。

**8月16日** 日本外相茂木敏充到访埃及首都开罗，开启其"中东之行"的首站外交活动。茂木敏充与埃及总统塞西、外交部长舒凯里举行了个别会谈。

**8月24日** 哈凯恩德·希奇莱马在赞比亚首都卢萨卡宣誓就职总统。

阿尔及利亚外长拉马姆拉宣布，阿尔及利亚决定即日起断绝与摩洛哥的外交关系。

**8月30~31日** 利比亚及其邻国外长会议在阿尔及利亚首都阿尔及尔举行。利比亚、阿尔及利亚、突尼斯、埃及、苏丹、乍得、尼日尔的外长，以

及联合国、阿拉伯国家联盟、非洲联盟的代表参加会议。与会人员就利比亚大选前建立法律框架、所有外国军队和雇佣军从利比亚撤出、统一利比亚各派武装等问题进行讨论。

# 9月

**9月5日** 几内亚首都科纳克里发生军事政变，政变领导人敦布亚扣押了现任总统孔戴，并宣布解散政府，暂停宪法，关闭陆地和空中边界，在全国范围内实行宵禁。9月27日，几内亚军政府公布《过渡宪章》，任命敦布亚为过渡总统，并设立了一个由文职总理领导的过渡政府和全国过渡委员会。在新的国民议会成立之前，全国过渡委员会将行使议会的职能。此外，过渡政府成员和全国过渡委员会的成员在过渡期结束后将不能参加选举。10月1日，敦布亚正式宣誓就任几内亚过渡总统。

**9月8日** 西非国家经济共同体成员国召开线上特别会议，决定暂停几内亚成员国资格。

**9月16日** 西非国家经济共同体成员国在加纳首都阿克拉就几内亚局势举行一次特别峰会，并达成相关决议。西共体要求几内亚军政府在6个月内举行总统和立法选举，以恢复宪法秩序。几内亚政变领导人成立的"全国团结和发展委员会"相关成员不得参加总统选举。

**9月17日** 西非国家经济共同体高级别代表团在几内亚首都科纳克里与政变军人会谈，并会见了被扣押的总统孔戴。

阿尔及利亚总统府发布讣告，前总统阿卜杜勒阿齐兹·布特弗利卡去世，享年84岁。9月20日，中国国家主席习近平就阿尔及利亚前总统布特弗利卡逝世向阿尔及利亚总统特本致唁电。

**9月24日** 第四届中非政党理论研讨会以视频方式举行。非洲14个国家政党领导人和党员干部代表近300人参会。

**9月26～29日** 第二届中国-非洲经贸博览会暨中非经贸合作论坛在湖南长沙举办。本届博览会以"新起点、新机遇、新作为"为主题。

# 10月

**10月2日** 南部非洲发展共同体领导人在南非比勒陀利亚举行会晤。

**10月8日** 2021年法国-非洲峰会在法国南部城市蒙彼利埃举行,法国总统马克龙出席峰会并讲话。马克龙总统意图通过本届峰会谋求法国与非洲关系新突破。

**10月11日** 非洲联盟和平与安全理事会向联合国安理会提议,自明年起双方执行联合任务,打击索马里的极端组织"青年党"。

中国国务委员兼外长王毅同肯尼亚外长奥马莫通电话,表示中方愿同肯方加强发展战略对接,在共建"一带一路"框架内积极参与肯尼亚"四大发展目标",推动蒙内铁路、内马铁路等项目顺利运营,深化通信、医疗、教育等领域合作,助力肯尼亚疫后经济复苏。中方将继续支持肯方抗击疫情。

**10月21日** 利比亚稳定会议在首都的黎波里举行,这是十多年来首次在利比亚举行的重要国际会议。利比亚民族团结政府总理德贝巴当天在会议上表示,民族团结政府明确承诺支持利比亚按时举行选举。利比亚外长曼古什表示,利比亚拒绝外国干涉,将采取一切必要措施为即将举行的选举创造条件。

摩洛哥驻俄大使洛特菲与俄罗斯总统中东与非洲事务特使兼外交部副部长米哈伊尔·波格丹诺夫出席摩俄经济科技合作委员会第八次会议。双方讨论了拟于2021年年底在摩洛哥马拉喀什举行的俄罗斯-阿拉伯国家论坛筹备情况。

全国人大常委会委员长栗战书在北京人民大会堂以视频方式同乌干达议长奥兰亚举行会谈。

**10月22日** 全国人大常委会委员长栗战书在北京人民大会堂以视频方式出席中国全国人大与南非国民议会定期交流机制第五次会议开幕式并致辞。

**10月25日** 南部非洲发展共同体轮值主席、马拉维共和国总统查克维

拉发布声明，称南共体对津巴布韦长期遭受制裁表示关切，并呼吁国际社会立即无条件地解除对津巴布韦的制裁。

尼日利亚总统布哈里宣布该国正式推出数字货币 eNaira。尼日利亚已经成为非洲第一个推出数字货币的国家，也是世界上最早推出数字货币的国家之一。

苏丹发生军事政变，过渡政府总理哈姆杜克与多名内阁部长遭武装部队软禁，苏丹主权委员会主席宣布全国实施紧急状态。

**10 月 26 日**　中共中央对外联络部部长宋涛同莱索托民主大会党领袖、副首相莫霍图举行视频通话，就发展两党关系，推动两国抗疫、农业、基础设施等合作交换意见。

**10 月 27 日**　非盟和平与安全理事会宣布，即日起暂停苏丹的非盟成员国资格。

世界银行宣布暂停在苏丹的金融援助业务。

中国国家主席习近平同赤道几内亚总统奥比昂通电话。中国同赤道几内亚关系保持高水平发展，政治互信牢固，务实合作成果丰硕。中非要继续加强团结，密切协作，相互支持，捍卫国际公平正义，维护发展中国家共同利益。

土耳其总统埃尔多安与来访的乍得过渡总统穆罕默德举行会晤。

**10 月 30～31 日**　二十国集团领导人第 16 次峰会在意大利首都罗马以线上线下相结合方式举行。为期两天的会议重点讨论应对新冠肺炎疫情、推动经济复苏和应对气候变化等全球重大议题。峰会通过了《二十国集团领导人罗马峰会宣言》。

# 11月

**11 月 2 日**　全国政协副主席汪永清在北京同肯尼亚参议院副议长卡玛尔举行视频会晤。双方就共同维护好中肯、中非各领域合作良好势头，高质量共建"一带一路"，以及加强中国全国政协与肯尼亚参议院交流合作、助力两国关系发展进行了交流。

**11 月 4 日** 全国人大常委会副委员长曹建明在北京出席全国人大与北非三国议会线上研讨会开幕式并致辞。

**11 月 6 日** 阿尔及利亚总统特本会见到访的意大利总统马塔雷拉，双方就加强两国在政治、经济等领域的合作交换了意见。

**11 月 7 日** 西非国家经济共同体在加纳首都阿克拉举行特别峰会，就马里和几内亚局势等进行讨论。西共体决定对马里过渡政府成员及其家属等实施制裁。

由中国人民对外友好协会主办的"首届中非未来领袖对话"以线上形式举行，旨在进一步推动中非青年开展深度交流。本次对话围绕三个议题展开，即"青年愿景：中国发展的世界意义""青年力量：助力中非合作共赢、共同发展""青年使命：共筑中非命运共同体"。

**11 月 9 日** 佛得角当选总统内韦斯在首都普拉亚宣誓就职。

**11 月 12 日** 利比亚问题国际会议在法国首都巴黎举行。与会各方支持利比亚推进政治进程，寻求持久解决利比亚危机的方案，并要求外国军队和雇佣军从利比亚撤出。

中国国家主席习近平同卢旺达总统卡加梅互致贺电，庆祝两国建交 50 周年。

**11 月 15 日** 第六届中非民间论坛在北京举行。

联合国从中央应急基金拨款 2500 万美元，用于支持埃塞俄比亚人道主义援助；同时，从埃塞俄比亚人道主义基金中拨款 1500 万美元，使注入埃塞俄比亚的新拨款总额增至 4000 万美元。

**11 月 16 日** 中国国务院总理李克强以视频方式出席在北京举办的第四届中非地方政府合作论坛并致辞。第四届中非地方政府合作论坛以"共建中非命运共同体——中非地方政府团结合作、共谋发展"为主题，非洲国家政要、中非地方政府和相关机构负责人共约 300 人以线上线下相结合的方式与会。

**11 月 17 日** 美国国务卿布林肯开始访问肯尼亚，之后前往尼日利亚和

塞内加尔访问，重点讨论埃塞俄比亚内战和苏丹政变等安全问题、气候变化和新冠肺炎疫情。

**11月23日** 赞比亚总统希奇莱马抵达刚果（金）首都金沙萨，并与刚果（金）总统齐塞克迪举行会晤。

塞内加尔达喀尔大学在孔子学院举行中文专业推介会，这标志着中文教育正式进入塞内加尔高等教育体系。

**11月24日** 中共中央对外联络部以视频方式面向非洲举办十九届六中全会精神宣介会。多哥保卫共和联盟总司库、国民议会议长采冈，肯尼亚朱比利党总书记图朱等出席并致辞，来自非洲40多个国家50多个政党和政治组织的200多位政党领导人和青年代表参会。

**11月28日** 塞内加尔总统萨勒在达喀尔会见中国国务委员兼外长王毅。萨勒总统表示，中塞共建"一带一路"成果丰硕。两国务实合作促进了塞内加尔内陆地区发展，深刻改变了塞内加尔国家面貌，有效提升了塞内加尔经济竞争力。同日，王毅同塞内加尔外长艾莎塔举行会谈。

**11月29日** 亚洲-非洲法律协商组织第59届会议在香港以线上线下方式举办，中国国务院总理李克强在北京以视频方式出席并致辞。

**11月29~30日** 中非合作论坛第八届部长级会议在塞内加尔首都达喀尔举行。会议围绕"深化中非伙伴合作，促进可持续发展，构建新时代中非命运共同体"主题，致力于推进中非合作论坛建设，深化中非全面战略合作伙伴关系，会议通过了《达喀尔宣言》、《中非合作论坛—达喀尔行动计划（2022—2024年）》、《中非应对气候变化合作宣言》和《中非合作2035年愿景》。29日，习近平主席在北京以视频方式出席中非合作论坛第八届部长级会议开幕式并发表题为《同舟共济，继往开来，携手构建新时代中非命运共同体》的主旨演讲。

# 12月

**12月1日** 联合国秘书长古特雷斯在纽约联合国总部举行的第五届非

盟-联合国年度会议上表示，摆脱新冠肺炎疫情是实现非洲经济复苏的关键因素之一，尽管非盟致力于增强疫苗和医疗用品的可及性，但目前只有6%的非洲人口完全接种了疫苗。非洲面临新冠肺炎疫情、和平与安全等各种挑战，非洲应统一目标和行动以应对挑战。

中国国务委员兼外长王毅在中非合作论坛第八届部长级会议结束后对埃塞俄比亚进行工作访问，在亚的斯亚贝巴会见了埃塞俄比亚副总理兼外长德梅克。

**12月3~7日** 应塞浦路斯、刚果（布）、塞拉利昂政府邀请，中共中央政治局委员、中央外事工作委员会办公室主任杨洁篪对上述三国进行正式访问。5日，刚果（布）总统萨苏在布拉柴维尔会见杨洁篪。同日，杨洁篪还会见了刚果（布）外长加科索。6日，塞拉利昂总统比奥在弗里敦会见杨洁篪。同日，杨洁篪还会见了塞拉利昂外长弗朗西斯。

**12月4日** 冈比亚现任总统巴罗在总统选举中获胜，连任该国总统。

**12月6日** 中国援南苏丹教育技术二期项目启动仪式在南苏丹首都朱巴举行。南苏丹副总统阿卜杜勒巴吉在启动仪式上说，该项目将为南苏丹带来中国先进的教育理念和宝贵经验，为南苏丹制定中小学新课纲等教育规划提供有力支持。

**12月8日** 南非总统拉马福萨结束了对尼日利亚、科特迪瓦、加纳和塞内加尔4个西非国家的访问，启程返回南非。此次访问成果丰厚，南非同以上4个西非国家分别达成了双边协议，加深了与4国之间的良好关系，并在贸易、旅游、经济恢复、新冠肺炎疫情应对等关键议题上进行了深入讨论并达成共识。

**12月9日** 坦桑尼亚政府在最大城市达累斯萨拉姆的国家体育场举行阅兵式，庆祝大陆部分坦噶尼喀摆脱殖民统治独立60周年。

**12月13~17日** 《联合国反腐败公约》第9届缔约国会议于埃及沙姆沙伊赫举行。大会通过《沙姆沙伊赫宣言》，呼吁各缔约方加强反腐败国际合作。

**12月14日** 法国军队宣布从马里北部城市通布图撤军。

**12 月 17 日**  联合国人权理事会投票通过成立一个专家小组,就埃塞俄比亚为期 13 个月冲突中侵犯人权的行为进行国际调查。

**12 月 18 日**  第三届土耳其-非洲伙伴关系峰会在土耳其伊斯坦布尔举行。土耳其和非洲国家领导人承诺推进各领域合作,进一步加强广泛领域的伙伴关系与合作,包括推进和平与安全以及改善非洲基础设施投资。

**12 月 21 日**  非洲足球联合会主席帕特里斯·莫特塞佩在与喀麦隆总统会面后表示,第 33 届非洲杯将按计划于 2022 年 1 月 9 日到 2 月 6 日在喀麦隆举行。

**12 月 26 日**  诺贝尔和平奖得主、南非前大主教、反种族隔离著名人士德斯蒙德·图图去世,享年 90 岁。

**12 月 28 日**  美国总统拜登正式宣布解除对南非等 8 个南部非洲国家的旅行禁令,将从 12 月 31 日零时起生效。

**12 月 29 日**  埃及财政部长马伊特发表声明,埃及将加入金砖国家新开发银行,这意味着埃及经济发展得到充分肯定,埃及期待与其他新兴经济体和发展中国家加强合作。

# Y.13
# 2021年国内非洲研究评述

2021年，尽管受到新冠肺炎疫情影响，国内非洲研究依然产出了数量较多、质量较高的成果，且较之以往研究成果较多的非洲历史、非洲政治、非洲国际关系、中非关系等领域，在非洲文学、非洲民族与宗教、非洲社会文化等较为"小众"的领域也产出了大量成果。由于新冠疫情防控要求，非洲研究的学术活动受到了一定的影响，但绝大部分学术会议和学术交流活动以线上或者线上线下相结合的方式举行，中非之间的学术交流活动也得以持续开展，全年的学术交流活动依然非常丰富。以下将对2021年非洲研究的有关成果和重要学术活动进行简要回顾与梳理。

## 一 著作

通过在相关学术网络信息平台检索，收集了2021年国内出版的有关非洲问题研究的专著、译著、研究报告、论文集、工具书和普及性图书等40余种。

### （一）专著

1. 非洲历史

杭聪所著《战后英国英属撒哈拉以南非洲政策研究（1945—

---

* 田牧野，中国社会科学院西亚非洲研究所（中国非洲研究院）助理研究员。

1980）》① 利用一手档案材料系统考察了二战后英国英属撒哈拉以南非洲政策，并通过分析英美霸权转移、跨国公司资本联合与英国政策的关联，尝试将个案研究同资本主义世界体系变迁联系在一起。

李安山所著《非洲现代史》② 从政治、经济、文化、民族四个方面聚焦现代非洲史，在对中西各种现代化理论进行仔细辨析的基础上，强调呈现非洲现代化进程中的自主性，并始终注重非洲研究领域各种学术思想与理论流派之间的对话，为中国理解非洲提供一套知识参照系。

沈陈所著《南非非洲人国民大会：历史与现实》③ 从政党史角度出发，梳理了南非非洲人国民大会如何由一个"大会"发展为民族主义政党、如何从革命党发展为执政党，对非洲民族主义政党建设的核心要素进行了深入分析。

## 2.非洲政治

张梦颖所著《冷战后非洲之角武装冲突研究》④ 梳理了"非洲之角"武装冲突的演化、特征及连锁反应，剖析"非洲之角"武装冲突频发的内部原因，并针对"非洲之角"武装冲突的内部管理与解决方式提出了诸多建议。

## 3.非洲经济

黄梅波、姜璐合著的《非洲经济转型与中非经济合作》⑤ 聚焦21世纪以来非洲大陆在经济增长与社会发展过程中的自主探索与国际合作。基于对非洲国家相关产业发展情况的分析，从国际合作角度探究中国及国际社会同非洲的经贸与发展合作，并对相关政策与实践开展了深入探讨。

---

① 杭聪：《战后英国英属撒哈拉以南非洲政策研究（1945—1980）》，中国社会科学出版社，2021。
② 李安山：《非洲现代史》，华东师范大学出版社，2021。
③ 沈陈：《南非非洲人国民大会：历史与现实》，中国社会科学出版社，2021。
④ 张梦颖：《冷战后非洲之角武装冲突研究》，中国社会科学出版社，2021。
⑤ 黄梅波、姜璐：《非洲经济转型与中非经济合作》，人民出版社，2021。

梁益坚所著《非洲新型工业化与中非产业合作》① 在分析非洲新型工业化发展背景的基础上，提出非洲新型工业化的发展构想和发展路径。中非产业合作应优势互补、顺势而为，助力非洲工业实现包容可持续发展，造福中非人民。

### 4. 非洲国际关系

周弘、李新烽主编的《变化中的世界与非洲》② 既包括对英、法、德等欧洲国家的非洲新战略或新政策的剖析，也涉及对新兴工业化国家对非洲关系的解读，还关注了古巴等拉美国家的非洲政策渊源及现状，并对俄罗斯的"重返非洲"态势进行了分析。

马燕坤所著《秩序的建设与瓦解：后殖民时代美国在非洲的战略》③ 梳理了后殖民时代美国在非洲的国际战略。该书认为，美国在非洲的秩序建设与瓦解既体现出其战略惯性，也体现出其外交战略的不确定性。

### 5. 非洲文学

夏艳所著《20世纪非洲文学：觉醒与发展之路》④ 运用现实主义文学理论探求非洲现代文学形成和发展的动因，把文学同时代和社会环境等因素联系起来，分析非洲作家的特点，简要介绍非洲作家的作品。

### 6. 非洲教育

万秀兰、李佳宇合著的《非洲教育一体化发展战略研究》⑤ 梳理了非洲教育一体化发展战略的历史背景、现状、成绩、问题及其原因，在此基础上提出中国参与非洲教育一体化发展的建议。

### 7. 非洲移民

张勇等人所著《非洲人在中国——跨文化交际的故事》⑥ 以自述的形

---

① 梁益坚：《非洲新型工业化与中非产业合作》，中国社会科学出版社，2021。
② 周弘、李新烽主编《变化中的世界与非洲》，社会科学文献出版社，2021。
③ 马燕坤：《秩序的建设与瓦解：后殖民时代美国在非洲的战略》，中国社会科学出版社，2021。
④ 夏艳：《20世纪非洲文学：觉醒与发展之路》，中国社会科学出版社，2021。
⑤ 万秀兰、李佳宇：《非洲教育一体化发展战略研究》，浙江大学出版社，2021。
⑥ 张勇等：《非洲人在中国——跨文化交际的故事》，湖北科学技术出版社，2021。

式，讲述非洲人在中国的生活，有助于各界审视中非之间的差异、挑战和机遇，并促进中非人民之间的相互理解。

李慧玲、陈宇鹏、董海宁合著的《来华非洲人社会交往与跨文化适应》① 采用定量分析方法，设计了调查问卷，在义乌、广州等地就来华非洲人的实际情况、跨文化社会交往状况与跨文化适应状况展开调查。调查发现，中非政治和经贸关系的发展促进了双方人员的来往，进一步加强了中非命运共同体的建设；同时，需要完善相关管理制度。

8. 中非关系

沈福伟所著的《中国与非洲：3000 年交往史》② 以翔实的史料和丰富的文物、遗迹材料，梳理了中非自西周至当代 3000 年交往的缘起、历程和现状，为当下"一带一路"建设提供了不同角度的思考。

王珩等人所著《中非之"智"助力中非之"治"：中非智库论坛十年发展报告》③ 立足于新的时代背景，考察以中非智库论坛为主的中非智库合作机制，梳理中非智库合作论坛的历史，分析中非思想与智库交流的现状，总结提炼中非智库论坛的特点与成效、问题与不足。

徐丽华、包亮主编的《非洲孔子学院教师跨文化交际案例集》④ 收集了非洲各国孔子学院一线汉语教师在非期间日常工作和生活中的文化、跨文化实例。内容包括文化活动组织与管理、文化教学案例、文化与交际、非洲文化四大部分，展示中国教师在非洲文化传播的问题及经验。

## （二）译著

2021 年国内出版了多部非洲研究译著，以非洲历史、哲学、文学、法律、教育学等方面的著作为主。

---

① 李慧玲、陈宇鹏、董海宁：《来华非洲人社会交往与跨文化适应》，社会科学文献出版社，2021。
② 沈福伟：《中国与非洲：3000 年交往史》，山西教育出版社，2021。
③ 王珩等：《中非之"智"助力中非之"治"：中非智库论坛十年发展报告》，浙江大学出版社，2021。
④ 徐丽华、包亮主编《非洲孔子学院教师跨文化交际案例集》，江苏人民出版社，2021。

### 1. 非洲历史

英国史学家凯文·希林顿所著《非洲通史》① 以编年体的形式，全面介绍了从石器时代至后殖民地时代非洲社会的兴衰，审视了非洲各个地区的发展历程，并讨论了非洲发展所面临的主要问题及其症结所在。英国学者理查德·雷德所著《非洲现代史》（第三版）② 探讨了非洲大陆两个多世纪的政治、经济和社会历史，以详尽易懂的笔调叙述了现代非洲的塑造过程。此外，较之 2014 年出版的第二版，新版根据非洲近年的政治、社会、军事发展情况进行了大幅度的修订和调整。

约翰·帕克与理查德·拉思伯恩著述的《牛津通识课：非洲历史》③ 从"非洲"的概念出发，打破世人对非洲的旧有刻板印象，讨论了非洲历史的多样性和统一性，并结合非洲大陆的现状对其未来发展趋势进行了展望。

《历史视野下的非洲城市空间》④ 运用非洲城市史研究的跨学科方法，将历史方法与人类学、地理学、文学、艺术和建筑学相结合，内容涉及前殖民地、殖民地和当代等各个时期的城市空间，涵盖了撒哈拉以南非洲的主要地区、宗教和文化影响，主题包括伊斯兰教、基督教、传统宗教、建筑、移民、全球化、社会衰败和物质衰退、身份认同、种族关系、政治、发展以及对城市空间的控制权争夺等。

### 2. 非洲哲学

南非学者马博戈·莫尔所著《比科：哲学、认同与解放》⑤ 是一部研究 20 世纪中期南非曼德拉式反殖民、反种族主义斗士史蒂夫·比科哲学思想

---

① 〔英〕凯文·希林顿：《非洲通史》，赵俊译，九州出版社，2021。
② 〔英〕理查德·雷德：《非洲现代史》（第三版），王毅译，上海人民出版社，2021。
③ 〔英〕约翰·帕克、理查德·拉思伯恩：《牛津通识课：非洲历史》，欧玉芳译，海南出版社，2021。
④ 〔美〕斯蒂芬·萨姆、〔美〕托因·法洛拉主编《历史视野下的非洲城市空间》，代竹君等译，上海三联书店，2021。
⑤ 〔南非〕马博戈·莫尔：《比科：哲学、认同与解放》，李永虎译，中国社会科学出版社，2021。

的学术专著。马博戈·莫尔指出，比科所阐发的黑人觉醒意识哲学重在解决黑人在白人霸权世界中的身份认同和解放问题，而其从属的非洲存在主义哲学传统既与西方理性主义哲学传统判然有别，又与黑格尔、萨特、法农等人的思想有着深厚的渊源。

### 3. 非洲文学

《身体会告诉你——非洲豪萨语文学作品选》[①] 为非洲原语言（豪萨语）文学作品选，也是中国第一部直接从豪萨语翻译的文学作品集。本书分为上、下二编。上编汇集了尼日利亚早期豪萨语作家塔菲达和伊斯特、巴勒瓦、瓜尔佐的四部小说，这些作品树立了当代豪萨语文学作品风格，掀开了豪萨语文学崭新的一页；下编收录了著名豪萨语作家尤素夫·尤努萨撰写的两百篇豪萨文寓言故事。

### 4. 非洲法律

洪永红、张小虎等编译的《非洲十国环境法》[②] 选译了埃及、阿尔及利亚、埃塞俄比亚、加纳、津巴布韦、肯尼亚、南非、尼日利亚、乌干达和赞比亚 10 个非洲国家共 13 部环境法律法规。

程军律师团队编译的《非洲法语国家 PPP 法律汇编》[③] 翻译了非洲法语区的 17 个国家（贝宁、布基纳法索、布隆迪、喀麦隆、科特迪瓦、吉布提、加蓬、马达加斯加、马里、摩洛哥、毛里塔尼亚、尼日尔、刚果民主共和国、几内亚、卢旺达、塞内加尔和突尼斯）专门的 PPP（政府和社会资本合作）法律。

### 5. 非洲教育

南非学者艾弗·巴特杰斯所著《学而为生——南非中学后学习新愿景》[④] 对当前的南非中学后教育与培训（PSET）体系加以评价，指出了当

---

① 孙晓萌选编《身体会告诉你——非洲豪萨语文学作品选》，李春光等译，华东师范大学出版社，2021。
② 洪永红、张小虎等编译《非洲十国环境法》，社会科学文献出版社，2021。
③ 程军律师团队编译《非洲法语国家 PPP 法律汇编》，法律出版社，2021。
④ 〔南非〕艾弗·巴特杰斯：《学而为生——南非中学后学习新愿景》，贺鸾等译，中国社会科学出版社，2021。

前南非中学后教育与培训体系的局限性，提出该体系未能充分满足南非各社区民众的需求和利益。

## （三）研究报告集

2021年公开出版的研究报告集有五部。一是张宏明主编的《非洲发展报告 No. 23（2020～2021）》①，由总报告、分报告、专题报告、国别报告、中非关系、对外经济联系和文献资料七部分构成，本年度发展报告的主题是"疫情下的非洲经济形势"。

二是李雪冬、刘鸿武主编的《非洲地区发展报告（2018～2019）》②，由"非洲地区发展总体趋势与特征"、"非洲地区政治与国际关系发展态势"、"非洲地区经济与民生发展态势"、"非洲地区社会与人文发展态势"、"中国与非洲地区关系发展态势"以及"非洲年度专题数据汇编"六部分组成。

三是张巧文、刘健敏、李一鸣主编的《中非产能合作发展报告（2020～2021）》③，主题为"新发展格局下中非产能合作的困境与突围"，重点围绕新冠肺炎疫情影响下中非在数字经济、医疗健康、清洁能源等领域的合作展开研究。

四是舒运国、张忠祥、刘伟才主编的《非洲经济评论（2020）》④，报告选取了津巴布韦学者的文章，文章主要涉及津巴布韦经济史，也兼及一些社会史方面的内容，文章以英文原文的形式发布。

五是刘继森、傅朗主编的《非洲工业化进程报告（2021）》⑤ 分别从非洲工业化进程的现状、原因、影响因素等各方面进行了总体分析，并根据非

---

① 张宏明主编《非洲发展报告 No. 23（2020～2021）》，社会科学文献出版社，2021。
② 李雪冬、刘鸿武：《非洲地区发展报告（2018～2019）》，中国社会科学出版社，2021。
③ 张巧文、刘健敏、李一鸣主编《中非产能合作发展报告（2020～2021）》，经济科学出版社，2021。
④ 舒运国、张忠祥、刘伟才主编《非洲经济评论（2020）》，上海三联书店，2021。
⑤ 刘继森、傅朗主编《非洲工业化进程报告（2021）》，社会科学文献出版社，2021。

洲的特点制定了非洲工业化进程指数，通过定量和定性分析方法对非洲整体及区域进行了详细的分析。

### （四）智库报告

2021 年中国非洲研究院共发布了四本中文智库报告，其中三本涉及非洲研究，分别是贺文萍等人所著《"一带一路"与推进中非人文交流研究》①、李文刚等人所著《中国与尼日利亚友好合作》②、张忠祥等人所著《中非合作论坛 20 年研究》③。

### （五）论文集

浙江师范大学非洲研究院主办，刘鸿武、李鹏涛主编的《非洲研究》（2021 年第 1 卷）④，主要设有"政治与国际关系""经济与发展""社会文化与教育""中非合作"等栏目。

洪永红、张小虎主编的《非洲法评论》（2020 年卷）⑤，设有"'第四届中非法学院院长论坛'发言""湘非经贸法律研究""新冠疫情下的中非关系研究""非洲大陆自贸区与相关法律问题研究""非洲环境法研究""综述"等栏目。

刘海方、何峰、王进杰主编的《中国非洲研究评论》（总第 9 辑）⑥，设有"从基建到投资经营：中国角色变迁""资本、教育与人力资源""文化碰撞与对话交流""探索创新"等栏目。

### （六）工具书

2021 年出版的工具书主要有两本：一本是李新烽、安春英主编的《中

---

① 贺文萍等：《"一带一路"与推进中非人文交流研究》，中国社会科学出版社，2021。
② 李文刚等：《中国与尼日利亚友好合作》，中国社会科学出版社，2021。
③ 张忠祥等：《中非合作论坛 20 年研究》，中国社会科学出版社，2021。
④ 刘鸿武、李鹏涛主编《非洲研究》（2021 年第 1 卷），中国社会科学出版社，2021。
⑤ 洪永红、张小虎主编《非洲法评论》（2020 年卷），湘潭大学出版社，2021。
⑥ 刘海方、何峰、王进杰主编《中国非洲研究评论》（总第 9 辑），社会科学文献出版社，2021。

国非洲研究年鉴 2021》①，系统汇集了非洲研究的年度重要文献、基本数据、研究动态和国别情况；另一本是詹世明主编的 *Research Institutions on African Studies in China*②（《中国的非洲研究机构》），本书共介绍了中国 70 家有关非洲研究的全国性学术社团和研究机构的成立背景、发展历程、研究领域、研究特色、机构设置、研究力量、重要成果、对外交流、发展规划等方面的内容，以英文出版。

### （七）普及性读物

2021 年出版的与非洲相关的普及性读物主要有：英国作家劳伦斯所著《荒漠之心：神秘的非洲部落探寻之旅》③，中国学者葛剑雄所著《御风万里：非洲八国日记》④，中国前外交官张聿强所著《我在非洲的岁月》⑤，中国援坦赞铁路工作组原副总工程师陆大同的口述文集《陆大同文集：我与坦赞铁路》⑥。

## 二 学术论文

通过在国家哲学社会科学学术期刊数据库、中国知网期刊库与中国社会科学院西亚非洲研究所预览室订阅的中文期刊进行搜索和查询，共收集到 2021 年有关非洲研究的学术论文 150 篇，研究内容涉及非洲历史、非洲政治、非洲国际关系、非洲经济、非洲和平与安全等诸多领域。

---

① 李新烽、安春英主编《中国非洲研究年鉴 2021》，中国社会科学出版社，2021。

② Zhan Shiming, eds. , *Research Institutions on African Studies in China*, China Social Sciences Press, 2021.

③ 〔英〕劳伦斯·凡·德·普司特《荒漠之心：神秘的非洲部落探寻之旅》，周灵芝译，广西师范大学出版社，2021。

④ 葛剑雄：《御风万里：非洲八国日记》，山东画报出版社，2021。

⑤ 张聿强：《我在非洲的岁月》，中国华侨出版社，2021。

⑥ 中国土木工程集团有限公司编《陆大同文集：我与坦赞铁路》，中国铁道出版社，2021。

### （一）非洲历史研究

王铁铮撰写的《关于非洲阿拉伯国家通史研究的若干问题》① 将非洲阿拉伯国家通史研究归纳为七大问题，而这些问题构建了非洲阿拉伯国家通史研究的宏观大框架，为系统研究非洲阿拉伯国家提供了比较视野与路径，亦有助于把握非洲阿拉伯国家历史发展的基本规律和主要特点。

刘鸿武、刘远康在《近年来南非史学研究述评》② 中指出，近年来南非史学在延续其自由主义和激进社会史传统的同时，正逐步向新文化史、环境史、性别史、休闲史等领域探索求新，观点视野和方法路径略为精进。与此同时，南非史学发展也面临黑人历史学家长期缺席、历史教育停滞和后现代思潮冲击等诸多现实挑战。

顾年茂撰写的《医疗化与德意志殖民帝国建构——以罗伯特·科赫的三次东非行医为中心》③ 通过分析德国医生罗伯特·科赫 3 次率队东非行医的动机，探索德意志殖民帝国建构因素中的医学维度，揭示德意志帝国建立后殖民地社会治理的复杂性。

沐涛撰写的《南非现代化之路及其特征》④ 从历史角度出发，梳理了南非的经济与社会现代化发展之路，并对其各个历史阶段进行了总结和评述。

李鹏涛撰写的《英属非洲殖民地的棉花种植推广活动及其影响》⑤ 分析了棉花种植在英属非洲殖民地推广的原因、措施，棉花种植的具体成效及对东非社会的影响，勾勒出殖民诉求与非洲当地生产过程、交换和社会再生产

---

① 王铁铮：《关于非洲阿拉伯国家通史研究的若干问题》，《西亚非洲》2021 年第 1 期。
② 刘鸿武、刘远康：《近年来南非史学研究述评》，《历史教学问题》2021 年第 2 期。
③ 顾年茂：《医疗化与德意志殖民帝国建构——以罗伯特·科赫的三次东非行医为中心》，《自然辩证法通讯》2021 年第 9 期。
④ 沐涛：《南非现代化之路及其特征》，《世界历史》2021 年第 6 期。
⑤ 李鹏涛：《英属非洲殖民地的棉花种植推广活动及其影响》，《世界历史》2021 年第 6 期。

之间相互塑造的复杂图景。

张瑾撰写的《非洲水权的祛魅与旁落：19 世纪欧洲殖民扩张与非洲资源控制权的易手》① 一文指出，非洲水权是自然、资源和政权的超级链接，在传统非洲的文化景观、宗教信仰、政权合法性和象征体系中，水权都有自己的表达形式，这些表达构成了"水–人–神"三位一体的非洲水权之魅。而 19 世纪中叶，西方陆续完成工业革命，在非洲不断开展殖民化运动，使非洲水权逐渐祛魅并旁落。以水权的流转为视角，可以审视非洲等第三世界地区在沦为殖民地的过程中思维方式、价值观念、意识形态、宗教信仰等多维度的变迁和形塑。

邓延庭撰写的《尼雷尔非洲社会主义理论引领下的马古富力改革》② 指出，面对尼雷尔时期国家治理困境，马古富力依托尼雷尔非洲社会主义理论实行了一系列卓有成效的改革，在丰富尼雷尔非洲社会主义思想的同时，也为社会主义在非洲的复兴注入了动力。

李玉洁撰写的《百年再启程：南非共产党对社会主义的新探索》③ 总结了南非共产党自 1921 年 7 月建党以来在本国探索社会主义的实践、经验及面临的挑战，并对当前南非共产党应对挑战的具体举措进行了梳理和评述。

## （二）非洲政治研究

张梦颖撰写的《加纳当代左翼组织的现状与展望——以加纳社会主义运动为例》④ 对加纳重要的左翼组织加纳社会主义运动近年来的组织建设、

---

① 张瑾：《非洲水权的祛魅与旁落：19 世纪欧洲殖民扩张与非洲资源控制权的易手》，《历史教学》2021 年第 12 期。

② 邓延庭：《尼雷尔非洲社会主义理论引领下的马古富力改革》，《世界社会主义研究》2021 年第 12 期。

③ 李玉洁：《百年再启程：南非共产党对社会主义的新探索》，《世界社会主义研究》2021 年第 12 期。

④ 张梦颖：《加纳当代左翼组织的现状与展望——以加纳社会主义运动为例》，《世界社会主义研究》2021 年第 12 期。

参政措施、国际交往等方面进行了梳理和总结，并对该组织未来的发展趋势进行了展望。

魏翊撰写的《国家建构策略与政党政治动员——当代非洲政党制度化的政治起源》① 以塞内加尔、肯尼亚、坦桑尼亚以及加纳四个国家的国家建构策略为案例进行分析，指出转型前国家建构策略是影响当前政党政治发展的关键性因素，也为理解后发国家的政党制度化问题提供了新视角。

王学军撰写的《20 世纪 90 年代以来非洲政党政治发展与政党现代化——兼论政党因素对非洲国家治理的影响》② 梳理了 20 世纪 90 年代以来非洲多党政治发展进程与现状，肯定了非洲政党和政党治理体系的发展成绩，分析了不同非洲国家政党治理绩效的复杂性和差异性，并总结相关经验与教训。

刘晨撰写的《非洲国家的政党选举与经济政策：变革的困境》③ 以新制度经济学理论为基础，结合埃塞俄比亚、肯尼亚、加纳等三个非洲国家的现实案例，分析国家政党制度改革的过程及内在逻辑。

张淑兰撰写的《印度和南非大党转型之路的共同启示》④ 以比较的视角研究了印度和南非大党三次转型之路，在总结相关经验与教训的基础上指出，推动和加强国家政党体系制度化建设是第三世界国家大党转型之路的共同启示。

孟瑾撰写的《塞内加尔民主化进程中的政治稳定探源——国家与社会的双重视角》⑤ 指出，塞内加尔作为西非地区唯一没有发生过军事政变的国

① 魏翊：《国家建构策略与政党政治动员——当代非洲政党制度化的政治起源》，《世界经济与政治》2021 年第 3 期。
② 王学军：《20 世纪 90 年代以来非洲政党政治发展与政党现代化——兼论政党因素对非洲国家治理的影响》，《西亚非洲》2021 年第 3 期。
③ 刘晨：《非洲国家的政党选举与经济政策：变革的困境》，《当代世界与社会主义》2021 年第 3 期。
④ 张淑兰：《印度和南非大党转型之路的共同启示》，《人民论坛》2021 年第 19 期。
⑤ 孟瑾：《塞内加尔民主化进程中的政治稳定探源——国家与社会的双重视角》，《西亚非洲》2021 年第 5 期。

家，国家与社会在塞内加尔民族独立和国家建构过程中形成的较为良性的互动关系是塞内加尔政权稳定的根本因素，亦是主要经验。

胡洋撰写的《传统与现代：加纳传统土地制度改革析论》① 以加纳为案例，详细总结了其土地改革中的困境以及传统土地制度的内在生命力，并对其传统土地制度的发展与改革趋势进行了分析和展望。

程光德、侯文清撰写的《21世纪非洲社会主义运动总体特征及其发展趋势》② 指出，21世纪非洲社会主义运动整体仍较为艰难，但少部分非洲共产党（工人党）积极探索社会主义道路，也呈现出"局部有推进"的特征。21世纪非洲社会主义运动有一定的发展空间，但也面临众多挑战。

涂龙德撰写的《苏丹过渡期政治转型的三大趋势述评》③ 以马克思主义政治观为指导，采用历史唯物主义和唯物辩证法的世界观及方法论，对苏丹过渡期的政治转型趋势展开论述及展望。

郑祥福、舒文豪撰写的《反殖民语境下非洲三大政治思潮的更迭与演变》④ 对19世纪末以来非洲反殖民主义浪潮下泛非主义、经典非洲马克思主义与新自由主义三大政治思潮的兴起、发展及演进逻辑进行了梳理，并对其影响、效果及内在局限性进行了评析。

王涛、朱子毅撰写的《桑给巴尔分离主义运动与坦桑尼亚联合政府的有效治理》⑤ 系统梳理了桑给巴尔分离主义运动兴起的原因、背景，以及在分离主义运动下执政党的党内和政府治理措施及相关经验。

---

① 胡洋：《传统与现代：加纳传统土地制度改革析论》，《西亚非洲》2021年第5期。
② 程光德、侯文清：《21世纪非洲社会主义运动总体特征及其发展趋势》，《社会主义研究》2021年第5期。
③ 涂龙德：《苏丹过渡期政治转型的三大趋势述评》，《阿拉伯世界研究》2021年第6期。
④ 郑祥福、舒文豪：《反殖民语境下非洲三大政治思潮的更迭与演变》，《马克思主义与现实》2021年第6期。
⑤ 王涛、朱子毅：《桑给巴尔分离主义运动与坦桑尼亚联合政府的有效治理》，《世界民族》2021年第6期。

## （三）非洲经济研究

沈晓雷撰写的《津民盟经济治理的道路探索与启示》[①] 回顾了自独立后津巴布韦执政党津民盟对本国经济治理的历程与现存挑战，分析经济治理挑战的影响因素，同时探讨其他非洲国家经济治理可借鉴的经验。

张锐、张云峰撰写的《撒哈拉以南非洲电力供应：进展、问题与展望》[②] 指出，近年来尽管撒哈拉以南非洲的电力供应整体规模不断扩大，但仍存在诸多困境。未来，中非双方应从扩大基础设施建设、加强产业联动、增强电力援助可持续性、创新投融资模式等方面开展电力合作，化解各种困境。

李康平、段威撰写的《非洲数字经济发展态势与中非数字经济合作路径探析》[③] 详细分析了非洲数字经济发展的现状、制约因素，并对中非数字经济领域合作提出了政策建议。

黄梅波、胡佳生撰写的《非洲自贸区的建设水平评估及其面临的挑战》[④] 认为，非洲大陆自由贸易区对非洲大陆的产出、贸易和福利都存在促进作用，但目前仍面临诸多阻碍，如动力不足、行动滞后、基础设施薄弱、各国患得患失、新冠肺炎疫情影响。中国应利用自身优势发掘非洲大陆自由贸易区带来的机遇，深化中非合作。

## （四）非洲安全研究

贺杨、袁正清撰写的《非盟维和行动的类型学论析——以苏丹、索马里和中非共和国为例》[⑤] 从组织间关系的理论视角出发，聚焦联合国、非盟

① 沈晓雷：《津民盟经济治理的道路探索与启示》，《西亚非洲》2021 年第 3 期。

② 张锐、张云峰：《撒哈拉以南非洲电力供应：进展、问题与展望》，《中国非洲学刊》2021 年第 3 期。

③ 李康平、段威：《非洲数字经济发展态势与中非数字经济合作路径探析》，《当代世界》2021 年第 3 期。

④ 黄梅波、胡佳生：《非洲自贸区的建设水平评估及其面临的挑战》，《南开学报》（哲学社会科学版）2021 年第 3 期。

⑤ 贺杨、袁正清：《非盟维和行动的类型学论析——以苏丹、索马里和中非共和国为例》，《世界经济与政治》2021 年第 3 期。

和非洲次区域组织的维和行动过程,提出了"基于等级秩序的垂直嵌套结构"分析框架,并结合意愿和能力两个维度,勾画出非盟介入维和行动的三种类型。

宁玻、曾向红撰写的《"博科圣地"的演进与扩散:原因和机制》① 在梳理恐怖组织"博科圣地"纵向演进与横向扩散历史的基础上,系统分析了其扩散的主要原因及内在机制。

黎文涛撰写的《几内亚湾海上安全问题及其多层级治理》② 分析了几内亚湾海上安全问题产生的根源、现状及影响,在此基础上,探讨几内亚湾海上多层级安全治理机制的现状、效果及未来改进方面。

关孔文、房乐宪撰写的《海洋安全视阈下欧盟打击非洲海盗政策》③ 梳理了非洲海盗活动给欧盟海洋安全带来的挑战,欧盟打击非洲海盗活动的政策手段与具体实践,并对其政策内涵、特点、效果进行了深入分析。

## (五)非洲国际关系研究

赵雅婷撰写的《〈科托努协定〉续订谈判与欧非关系前瞻》④ 指出,《科托努协定》续订谈判遇阻反映出欧盟之困、非洲之兴、非加太国家之限、国际环境之变等多层次和多方面的问题。未来,欧非双方将继续关注贸易投资、和平安全及移民问题,也会继续推进公共卫生、气候变化和数字化转型合作。

郭锐、梁立昌撰写的《冷战后韩国对非洲政策的范式转换:从政治功利主义到经济实用主义》⑤ 认为,冷战结束后,韩国对非洲政策的范式转换加快,从政治功利主义转向经济实用主义,以多样化的外交方式推动韩非关

---

① 宁玻、曾向红:《"博科圣地"的演进与扩散:原因和机制》,《中国非洲学刊》2021年第2期。
② 黎文涛:《几内亚湾海上安全问题及其多层级治理》,《现代国际关系》2021年第7期。
③ 关孔文、房乐宪:《海洋安全视阈下欧盟打击非洲海盗政策》,《国际论坛》2021年第5期。
④ 赵雅婷:《〈科托努协定〉续订谈判与欧非关系前瞻》,《国际论坛》2021年第1期。
⑤ 郭锐、梁立昌:《冷战后韩国对非洲政策的范式转换:从政治功利主义到经济实用主义》,《西亚非洲》2021年第1期。

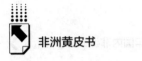

系走向全面化和立体化。目前，韩国采取多项举措完善对非政策体系，未来双方经济伙伴关系将继续提升。

张春、赵娅萍撰写的《美国对非洲政策的战略指向及未来走势》[①] 在系统梳理特朗普政府对非政策的基础上，提出拜登政府有极大的概率会继承和调整特朗普"新非洲"战略遗产，一方面，将调整其战略优先和政策举措，聚焦"一带一路"建设及中非和平安全合作；另一方面，将围绕更具道德感的公共卫生、气候变化等全球性议题与中国展开合作。

余国庆撰写的《以色列对非洲阿拉伯国家外交战略的演进——兼论阿以关系新突破及影响》[②] 回顾了以色列与非洲阿拉伯国家关系史，指出以色列与苏丹、摩洛哥关系正常化表明以色列在西亚北非的地缘政治格局发生重大变化，将给阿以冲突格局及地区形势带来多重影响，也为以色列进一步开拓非洲地区和阿拉伯国家市场创造了条件。

张玉友撰写的《摩洛哥对以色列"接触政策"中的犹太人因素考察》[③] 从族群政策角度出发，系统梳理了摩洛哥与以色列从有限接触到关系正常化的历史，并分析了犹太族群影响摩以双边关系的路径。

张婧姝撰写的《西班牙—摩洛哥边境的建构与治理研究》[④] 梳理了西班牙在非洲的两个飞地休达、梅利利亚与摩洛哥边境问题的产生及流变，总结出"双重性""交织性""波动性"等特点，进而指出休达与梅利利亚的边境空间具有屏障、桥梁、认同建构、边境建构及其重构等作用。

潘万历、白如纯、吕耀东撰写的《战后日本对非洲政府开发援助的战略性演进：从 1.0 到 3.0》[⑤] 指出，近年来日本对非援助出现了明显的经济

① 张春、赵娅萍：《美国对非洲政策的战略指向及未来走势》，《西亚非洲》2021 年第 2 期。
② 余国庆：《以色列对非洲阿拉伯国家外交战略的演进——兼论阿以关系新突破及影响》，《西亚非洲》2021 年第 2 期。
③ 张玉友：《摩洛哥对以色列"接触政策"中的犹太人因素考察》，《西亚非洲》2021 年第 2 期。
④ 张婧姝：《西班牙—摩洛哥边境的建构与治理研究》，《阿拉伯世界研究》2021 年第 2 期。
⑤ 潘万历、白如纯、吕耀东：《战后日本对非洲政府开发援助的战略性演进：从 1.0 到 3.0》，《现代日本经济》2021 年第 3 期。

利益回归趋势，开始由"援助非洲"向"投资非洲"转变；在中国推进"一带一路"建设的背景下，中日两国可在援非领域加强协调与合作，实现共赢。

张宏明撰写的《大国竞争时代中美在非洲关系走势研判》① 指出，目前中美关系已进入"战略竞争时代"，但两国在非洲关系仍处于从"常态"向"非常态"转化的过程。美国对中国的遏制是全球性的，而一旦美国将大国竞争引入非洲，也就意味着中美在非洲关系由"常态"步入"非常态"，这必将对中国在非洲利益及在非洲的国际处境产生重大影响。张宏明的另一篇文章《大变局背景下中国对非洲的战略需求》② 分析了当前世界格局的演化趋势与中国所扮演的角色，以及非洲角色定位的变化。作者认为，中国经略非洲应处理好三组利益关系，即国内涉非部门内部及彼此之间的利益关系或协作关系、中国与非洲国家之间的利益关系以及中国与其他域外大国在非洲的利益关系。

卓振伟、罗建波撰写的《南非的对外援助：身份定位与战略选择》③ 系统梳理了南非对外援助的战略选择、制度建设、实践特点以及所面临的困难与挑战，并评述其援助定位及效果。

张贵洪撰写的《非洲与联合国关系：历史演进、现实逻辑与未来展望》④ 以时间为线索，探究非洲与联合国关系的发展历程、现实逻辑与发展方向，并就疫情后非洲与联合国如何拓展、深化合作展开讨论。

李因才撰写的《联合国对撒哈拉以南非洲国家的安全部门援助》⑤ 梳理了联合国安全部门对非援助政策的演变、援助的机构和援助机制，并分析了其援助效果与现存挑战。

---

① 张宏明：《大国竞争时代中美在非洲关系走势研判》，《当代世界》2021 年第 7 期。
② 张宏明：《大变局背景下中国对非洲的战略需求》，《西亚非洲》2021 年第 4 期。
③ 卓振伟、罗建波：《南非的对外援助：身份定位与战略选择》，《西亚非洲》2021 年第 5 期。
④ 张贵洪：《非洲与联合国关系：历史演进、现实逻辑与未来展望》，《中国非洲学刊》2021 年第 3 期。
⑤ 李因才：《联合国对撒哈拉以南非洲国家的安全部门援助》，《中国非洲学刊》2021 年第 3 期。

张蛟龙撰写的《大国战略竞争与美国对非科技外交》① 探究了在大国战略竞争背景下美国科技外交的内涵演变，并分析美国对非科技外交的内容与特征。

赵晨光撰写的《美国"印太战略"为何不涉及非洲——"去非洲化"及其动因与影响》② 指出，美国"印太"概念的建构经历了"去非洲化"的过程。特别是特朗普政府意图通过将极具标志性意义的非洲排除在外，凸显"印太"的战略属性、安全属性以及封闭的"联盟"属性，从而构建符合美国战略利益的"印太"范式。

土居健市撰写的《"日本特色"的对非教育合作及其对中国的借鉴——东京非洲发展国际会议回顾与展望》③ 从日非合作进程、日本全球教育合作战略等多元角度分析了2019年8月第七届东京非洲发展国际会议提出的日非教育合作新方针的背景，并展望其未来的对非教育援助政策。

## （六）非洲民族宗教研究

孟瑾撰写的《科特迪瓦民族和解进程探究》④ 以科特迪瓦民族和解进程的方式和路径为中心，在分析科特迪瓦社会冲突根源的基础上，剖析了其民族和解进程中存在的问题。

李佳撰写的《肯尼亚族群身份建构及其政治化》⑤ 梳理了肯尼亚殖民时期和独立后的政治进程，解释了肯尼亚族群身份形成与强化的过程，分析族群政治在政党、政治精英以及普通民众层面的具体表现。

---

① 张蛟龙：《大国战略竞争与美国对非科技外交》，《中国非洲学刊》2021年第3期。
② 赵晨光：《美国"印太战略"为何不涉及非洲——"去非洲化"及其动因与影响》，《美国研究》2021年第3期。
③ 土居健市：《"日本特色"的对非教育合作及其对中国的借鉴——东京非洲发展国际会议回顾与展望》，《清华大学教育研究》2021年第3期。
④ 孟瑾：《科特迪瓦民族和解进程探究》，《中国非洲学刊》2021年第1期。
⑤ 李佳：《肯尼亚族群身份建构及其政治化》，《中国非洲学刊》2021年第1期。

刘敏撰写的《南非开普科伊桑人的渔业生计与身份认同》① 指出，基于海洋保护区建设与所谓"海洋保育"的需要，开普科伊桑人的传统渔业生计受到限制。而随着种族和解的深入与世居民族运动的兴起，南非政府开始承认并赋予开普科伊桑人渔业捕捞权利，而渔业生计的合法化促进了身份认同的重构。

刘宇撰写的《20世纪坦桑尼亚圣经解读与政治互动》② 从学术发展史角度出发，分析了坦桑尼亚的圣经解读史及其与政治之间的互动关系，指出坦桑尼亚圣经解读的阶段性发展不仅满足了国内各部族人民现实中和心理上的需要，发挥了感召团结作用，也为形成统一的民族意识、推进民族一体化及促进社会发展起到了积极的作用。

史永康撰写的《当代布基纳法索多元宗教共处模式及其面临的挑战》③ 指出，布基纳法索传统宗教、伊斯兰教和基督教并存的多元宗教格局在被称为"文明断裂带"的萨赫勒地区是一个例外现象。整体上，布基纳法索多元宗教共处模式依然相对稳固，但是该模式正面临萨赫勒地区恐怖主义和宗教极端主义扩散的严峻挑战，故这种多元宗教共处模式需继续巩固和发展。

吴纪远、黄振乾撰写的《非对称政经结构与族群冲突——对四个非洲前殖民地国家的考察》④ 对非洲四个前殖民地国家卢旺达、津巴布韦、塞内加尔和尼日利亚进行比较分析，指出非对称族群政经结构模型不仅对前殖民地国家的族群冲突烈度差异有较强解释力，而且有助于厘清和识别一系列催化及遏制因素对冲突的影响。

蒋俊撰写的《非洲族群冲突的类型分析》⑤ 尝试对非洲族群冲突进行类

---

① 刘敏：《南非开普科伊桑人的渔业生计与身份认同》，《世界民族》2021年第1期。
② 刘宇：《20世纪坦桑尼亚圣经解读与政治互动》，《中国非洲学刊》2021年第1期。
③ 史永康：《当代布基纳法索多元宗教共处模式及其面临的挑战》，《中国非洲学刊》2021年第2期。
④ 吴纪远、黄振乾：《非对称政经结构与族群冲突——对四个非洲前殖民地国家的考察》，《世界经济与政治》2021年第4期。
⑤ 蒋俊：《非洲族群冲突的类型分析》，《世界民族》2021年第3期。

型学分析,将冲突现象有序化与结构化,并深入探究非洲族群冲突的机制与趋势。

胡洋、拉希德·奥拉吉德撰写的《行为体视角下非洲跨界族群的安全问题初探》① 将影响跨界族群安全问题的多重因素纳入考察范围,从行为体的角度出发,将行为体划分为次国家行为体、国家行为体和超国家行为体三个层次,梳理和比较各层次行为体介入跨界族群问题的目的、路径和效果,进而探讨非洲跨界族群问题久治难愈的深层次原因。

张宏明撰写的《非洲传统宗教的学术境遇和学术争鸣》② 指出,非洲传统宗教是非洲精神文化的内核,也是非洲价值观念的重要源头,但其学术境遇十分坎坷,长期被西方学术界排斥在世界宗教体系之外。在挣脱殖民枷锁的束缚后,非洲传统宗教的学术境遇出现转机。非洲学者的加盟打破了以往欧美学者垄断非洲传统宗教研究的局面,并逐步在学术争鸣中赢得了话语权。

李文刚撰写的《浅析西非伊斯兰教育的历史变迁》③ 指出,西非的伊斯兰教育历史悠久、积淀深厚。论文回顾了西非伊斯兰教育的发展历史以及殖民统治对西非伊斯兰教育的影响,评述了当前西非伊斯兰教育的现状,并展望其未来的发展趋势。

郭佳撰写的《基督教对非洲价值观念的影响》④ 提出,基督教传入非洲后,通过传教和兴办西式教育的方式培育了非洲知识分子阶层,对非洲人的思维方式、价值判断、道德观念乃至行为规范都产生了不同程度的影响,并体现在非洲国家的政治、经济、社会、文化等各个领域。

---

① 胡洋、拉希德·奥拉吉德:《行为体视角下非洲跨界族群的安全问题初探》,《世界民族》2021 年第 4 期。

② 张宏明:《非洲传统宗教的学术境遇和学术争鸣》,《浙江师范大学学报》(社会科学版)2021 年第 5 期。

③ 李文刚:《浅析西非伊斯兰教育的历史变迁》,《浙江师范大学学报》(社会科学版) 2021 年第 5 期。

④ 郭佳:《基督教对非洲价值观念的影响》,《浙江师范大学学报》(社会科学版) 2021 年第 5 期。

邓荣秀、刘鸿武撰写的《试析安哥拉卡宾达飞地的跨界族群问题及治理困境》① 对安哥拉卡宾达飞地分离主义运动进行了深入研究，其中着重探讨特殊地理位置对安哥拉政府造成的治理困境以及如何在非洲解决边界引起的民族问题。

### （七）非洲法律研究

贺鉴、杨常雨撰写的《中国-非洲自贸区构建中的法律问题》② 指出，在建设非洲大陆自由贸易区背景下，完善中非经贸合作的法律规则具有重要现实意义。但中国和非洲构建自由贸易区面临诸多法律障碍，需多管齐下，解决阻碍中非自贸区构建的法律问题。

斯蒂芬·P. 菲尼瑞奥、朱伟东撰写的《非洲的能源仲裁》③ 指出，受多重因素影响，目前非洲的能源项目产生了大量争议，主要通过国际商事仲裁和投资条约仲裁方式解决；而众多非洲国家正试图采用现代化的仲裁立法、加入《纽约公约》、改善仲裁机构的设施、撤销双边投资保护条约等措施，在非洲当地解决非洲的能源争议。

叶琛雪、脱润萱撰写的《南非信托业务所得税制度之简介与借鉴》④ 介绍了南非信托业务的所得税制度及相关征管经验，并总结出明确信托财产权属、完善税制安排、完善离岸信托的反避税规则、加强信息共享和情报交换等可资借鉴的经验。

蒋晖撰写的《土地、种族与殖民治理——南非种族隔离土地法的演变》⑤ 梳理了一百多年来南非土地法的演变，论述了若干重要土地法的颁发所造成的社会影响，如黑人失去土地、政治权利和公民资格，二元农业经济

---

① 邓荣秀、刘鸿武：《试析安哥拉卡宾达飞地的跨界族群问题及治理困境》，《世界地理研究》2021 年第 6 期。
② 贺鉴、杨常雨：《中国-非洲自贸区构建中的法律问题》，《国际问题研究》2021 年第 2 期。
③ 斯蒂芬·P. 菲尼瑞奥、朱伟东：《非洲的能源仲裁》，《商事仲裁与调解》2021 年第 3 期。
④ 叶琛雪、脱润萱：《南非信托业务所得税制度之简介与借鉴》，《国际税收》2021 年第 4 期。
⑤ 蒋晖：《土地、种族与殖民治理——南非种族隔离土地法的演变》，《开放时代》2021 年第 6 期。

结构的出现，以及黑人的工人阶级化和贫困化。

诺德、桑德森、维罗内利、朱伟东、刘云萍撰写的《非洲投资仲裁的新趋势》① 对近年来非洲在投资仲裁方面的改革与创新进行了梳理，并就非洲在起草条约和改革投资仲裁制度过程中存在的问题进行了总结。

### （八）非洲社会文化研究

洪四烨、肖时珍、朱孟撰写的《非洲世界遗产的现状分析及申遗策略研究》② 以非洲地区的世界遗产为研究对象，利用空间分析和数理统计方法，分析了非洲地区世界遗产的现状及列入标准，并就非洲地区世界遗产的申报提出建议。

陈阿龙撰写的《非洲传媒本土化发展的挑战与建议》③ 分析了非洲传媒本土化的发展现状、特征、动因、表现及现存挑战，并就今后非洲传媒本土化发展提出了相关政策建议。

严海蓉、沙伯力、路瑶撰写的《合同流动、自主流动和中国人在非洲的本地化》④ 指出，影响中国人在非洲"本地化"的因素除了流动的方式外，还包括当地政治环境、移民时间、语言障碍以及企业规章制度等，且大多数在非中国人并非像国外学者所说是"自我封闭的"。

林子赛、赖晓彪、黄梦蝶撰写的《非洲哲学的"普遍性"难题与出路》⑤ 指出，非洲哲学家将西方哲学中的分析哲学与解释学作为方法论，将理性思维作为哲学的边界，建立了根植于非洲传统文化的本土哲学。

王炳钰、卢燕璇撰写的《移民基础设施与南南流动：在穗非洲商人的

---

① 诺德、桑德森、维罗内利、朱伟东、刘云萍：《非洲投资仲裁的新趋势》，《商事仲裁与调解》2021 年第 6 期。

② 洪四烨、肖时珍、朱孟：《非洲世界遗产的现状分析及申遗策略研究》，《世界地理研究》2021 年第 6 期。

③ 陈阿龙：《非洲传媒本土化发展的挑战与建议》，《新闻爱好者》2021 年第 1 期。

④ 严海蓉、沙伯力、路瑶：《合同流动、自主流动和中国人在非洲的本地化》，《开放时代》2021 年第 1 期。

⑤ 林子赛、赖晓彪、黄梦蝶：《非洲哲学的"普遍性"难题与出路》，《浙江学刊》2021 年第 2 期。

制度身份困境、日常生活体验与能动性实践》① 基于移民基础设施的视角，通过对在穗非洲商人的田野民族志研究，从"制度性"、"实体与技术性"以及"社交性"基础设施三个维度探究非洲商人的制度身份困境和生活体验，并探究其如何施展能动性来优化流动体验和轨迹。

刘洁敏、吕斌撰写的《非洲欠发达地区首都新城开发策略研究——以刚果共和国首都布拉柴维尔市为例》② 梳理了刚果共和国首都布拉柴维尔市东部新城开发的理论和实践，总结了其背景和驱动力、关键性角色及面临的挑战。

徐进、李小云、武晋撰写的《妇女和发展的范式：全球性与地方性的实践张力——基于中国和坦桑尼亚实践的反思》③ 以中国和坦桑尼亚的发展项目实践案例为分析蓝本，针对妇女和发展范式的建构以及这一范式在发展中国家的实践问题展开研究，认为西方女性主义发展话语之所以不断遭遇问题，重要原因是它建构于西方的历史和理想之上，而非源自第三世界国家特定的社会现实及妇女自发的要求。

金姗姗撰写的《合作治理何以可能？——基于南非社会性别预算的研究》④ 指出，社会性别预算历经三十多年的发展，唯有南非社会性别预算持续至今且保持了完整的预算周期。内在的合作式运行逻辑是支撑南非行动长期良性运作的根本所在，值得借鉴。

姜海宁、张文忠、张建珍、段健撰写的《21世纪以来非洲跨国移民空间格局及其对FDI影响》⑤ 运用专业数据软件，结合世界银行数据库与《非

---

① 王炳钰、卢燕璇：《移民基础设施与南南流动：在穗非洲商人的制度身份困境、日常生活体验与能动性实践》，《广东社会科学》2021年第2期。
② 刘洁敏、吕斌：《非洲欠发达地区首都新城开发策略研究——以刚果共和国首都布拉柴维尔市为例》，《世界地理研究》2021年第2期。
③ 徐进、李小云、武晋：《妇女和发展的范式：全球性与地方性的实践张力——基于中国和坦桑尼亚实践的反思》，《妇女研究论丛》2021年第2期。
④ 金姗姗：《合作治理何以可能？——基于南非社会性别预算的研究》，《中国社会科学院研究生院学报》2021年第2期。
⑤ 姜海宁、张文忠、张建珍、段健：《21世纪以来非洲跨国移民空间格局及其对FDI影响》，《地理研究》2021年第3期。

洲统计年鉴》数据，比较分析 21 世纪以来非洲跨国移民空间格局变化。此外，运用灰色关联法比较分析非洲跨国移民对外国直接投资流入的影响，以及基于国家尺度的非洲跨国移民对外资流入影响的空间差异。

崔希涛、何俊芳撰写的《来华非洲留学研究生学术适应问题探究——以坦桑尼亚为例》① 通过对在北京市高等学校留学的坦桑尼亚研究生学术适应状况及影响因素进行研究，发现非洲留学研究生在华求学过程并没有遭遇严峻的学术适应挑战，绝大部分学生能较为顺利地完成学业毕业回国，呈现出一种特殊的学术适应形态。本文还就提升中国留学生研究生培养质量提出了相关政策建议。

马和斌撰写的《拉姆群岛：跨族群多元文化交流交融的活化石》② 指出，拉姆群岛作为世界遗产所在地，其文化遗迹诉说着历史上诸种族民众涉水求生的真实故事，谱写了多元文化交流交融经典颂歌，是肯尼亚濒临印度洋跨族群多元文化交流的典范，为新时代人类文明交流的途径和模式提供了弥足珍贵的参考。

李宁撰写的《非洲电影的历史包袱与历史突破》③ 指出，非洲电影起源于欧美世界的殖民，而在非洲反抗欧美殖民的过程之中诞生了本土电影，成为全球第三电影的重要力量。尽管非洲电影有一定局限性，但仍然是有特点和有成绩的世界第三电影代表。

丽莎·吉尔曼、贾志杰撰写的《在两种对照性背景中检视非遗训练的价值：以非洲南部和美国为考察点》④ 基于对赞比亚、马拉维和美国高等教育中的非物质文化遗产教学研究，认为在相关教学中需要挑战现存的定义和学科结构，以消除在体制结构、课程体系以及学生或教授的准

① 崔希涛、何俊芳：《来华非洲留学研究生学术适应问题探究——以坦桑尼亚为例》，《民族教育研究》2021 年第 2 期。
② 马和斌：《拉姆群岛：跨族群多元文化交流交融的活化石》，《西北民族大学学报》（哲学社会科学版）2021 年第 3 期。
③ 李宁：《非洲电影的历史包袱与历史突破》，《电影文学》2021 年第 11 期。
④ 丽莎·吉尔曼、贾志杰：《在两种对照性背景中检视非遗训练的价值：以非洲南部和美国为考察点》，《民俗研究》2021 年第 4 期。

入门槛中深藏的殖民遗风，以更好地使人们意识到非物质文化遗产的价值。

范丹姆、李修建撰写的《功能美学：非洲社会文化生活中美与丑的融合》① 探讨了美与丑在撒哈拉以南传统社会文化语境中所承担的主要功能，对其相关艺术内涵进行了学理分析。

胡朋志撰写的《再他者化与世界哲学图景的重塑——读〈Ezumezu：一种非洲哲学与研究的逻辑系统〉》② 对非洲哲学家齐马克兰博士的哲学著作《Ezumezu：一种非洲哲学与研究的逻辑系统》中的主要学术观点、内在逻辑等进行了系统分析与评述，并对非洲本土哲学的前景进行了展望。

李亚枝、刘立欣撰写的《昼伏夜出——广州非洲人的社会适应策略》③ 以广州非洲人群体中出现的"昼伏夜出"现象为研究对象，在2019年2月对广州登峰村开展问卷调查和深度访谈，并深入分析了该现象的成因及背后的机制。

蒋大亮、任航、刘柄麟、蒋生楠、张振克撰写的《1996~2015年非洲人口扩张区域类型划分与区域演变分析》④ 采用总人口和劳动力等直接指标单独测度，结合出生率、死亡率、少年系数和老年系数等指标进行综合测度，分析了1996~2015年非洲51个国家（地区）人口扩张区的数量变化、空间分布及演化特征，并对比了不同测度指标和方法之间的差异。

黄长彬撰写的《非洲伊博族祖先崇拜文化现象及社会功能研究》⑤ 以非

---

① 范丹姆、李修建：《功能美学：非洲社会文化生活中美与丑的融合》，《民族艺术》2021年第3期。
② 胡朋志：《再他者化与世界哲学图景的重塑——读〈Ezumezu：一种非洲哲学与研究的逻辑系统〉》，《世界哲学》2021年第4期。
③ 李亚枝、刘立欣：《昼伏夜出——广州非洲人的社会适应策略》，《热带地理》2021年第4期。
④ 蒋大亮、任航、刘柄麟、蒋生楠、张振克：《1996~2015年非洲人口扩张区域类型划分与区域演变分析》，《世界地理研究》2021年第4期。
⑤ 黄长彬：《非洲伊博族祖先崇拜文化现象及社会功能研究》，《青海民族大学学报》（社会科学版）2021年第3期。

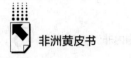

洲伊博族传统的祖先崇拜文化现象为研究客体，认为伊博族祖先崇拜的对象可分为族祖和家祖，阐释了伊博族两类祖先崇拜的形式，并探讨了伊博族祖先崇拜的社会功能。

温国砇、黎熙元撰写的《跨国连接、族裔资本与喀麦隆新华商的本土化》① 通过对 30 位喀麦隆新华商的深度访谈，从跨国连接、族裔资本和本土化三个方面探寻新华商在喀麦隆的创业历程，展示"南—南移民"在创业过程中的跨国主义与在地化策略的共融关系，以及移民族裔资本强烈的跨国性和在地性等特征。

张勇、谢晋宇撰写的《新世纪以来肯尼亚电影的发展及其原因》② 指出，进入 21 世纪以来，数字技术的进步、电影教育的普及、培育平台的搭建为肯尼亚电影的发展提供了可能，以河坞（Riverwood）为代表的民族特色制作苗壮成长，并不断借助跨国力量提高自我水准，探索具有本土特色的多元类型，肯尼亚电影逐步成为东非电影业的旗帜。

朱逸撰写的《在愿景与现实之间——南非价值观教育与种族平等团结的促进》③ 探究在"后冲突"背景下，南非的价值观教育与南非实现种族平等、团结的进程之间的关系，并从南非的历史、法律、教育政策、课程与日常教学实践等多个方面考察。

宋志明撰写的《文化与革命何以交会？——卡布拉尔论非洲文化》④ 指出，非洲反殖民主义运动的领导人之一卡布拉尔所建构的文化理论是一种"非洲式的文化唯物主义"，突出了文化在历史发展和民族解放中的"第一性"和"主体性"地位，对后殖民主义等批判帝国主义文化霸权的理论思

---

① 温国砇、黎熙元：《跨国连接、族裔资本与喀麦隆新华商的本土化》，《北方民族大学学报》2021 年第 5 期。
② 张勇、谢晋宇：《新世纪以来肯尼亚电影的发展及其原因》，《北京电影学院学报》2021 年第 10 期。
③ 朱逸：《在愿景与现实之间——南非价值观教育与种族平等团结的促进》，《比较教育研究》2021 年第 11 期。
④ 宋志明：《文化与革命何以交会？——卡布拉尔论非洲文化》，《外国文学研究》2021 年第 6 期。

潮在世界范围内的兴起具有重要的启迪意义。

陈丽娟、舒展撰写的《卢旺达集体互助脱贫机制的逻辑向度与实践进路》① 分析了卢旺达近年来兴起的集体互助脱贫机制形成的内在逻辑、扶贫举措、特点以及成效，并总结了对其他非洲国家的借鉴价值。

### （九）非洲文学研究

朱振武、陈平撰写的《瘟疫书写的终极关怀——以南非英语小说〈瘟疫之墙〉为中心》② 指出，南非作家安德烈·布林克的小说《瘟疫之墙》以瘟疫为寓言，通过探讨中世纪时期人类面对黑死病的种种行为，映照出当时南非社会存在的诸多问题。

李丹撰写的《西方非洲英语文学研究的偏离及其在非洲本土的疏离》③ 指出，西方非洲英语文学研究形成了相应的批评话语和阐释模式，然而这种围绕殖民话语建立起来的研究方法明显呈现出对非洲英语文学本体的偏离，并在西方中心审美下的"普遍主义"倾向中形成了近年来与非洲本土日渐疏离的流散研究。李丹的另一篇文章《非洲英语文学在西方的生成和他者化建构》④ 指出，在后殖民理论等西方批评话语的掌控下，西方学者定义、圈划、剔筛、诠释进而建构非洲英语文学，过度关注非洲英语文学的政治因素、历史成因和文化内涵，并在阐释过程中构建出"黑人属性"和"非洲特性"等，其本质上是以他者文化为考量的单一想象。

冯德河、朱振武撰写的《尼日利亚奥尼查市场文学的去殖民思想》⑤ 指出，目前的奥尼查市场文学研究多从婚姻爱情主题或大众娱乐功能入手，

---

① 陈丽娟、舒展：《卢旺达集体互助脱贫机制的逻辑向度与实践进路》，《西亚非洲》2021 年第 6 期。
② 朱振武、陈平：《瘟疫书写的终极关怀——以南非英语小说〈瘟疫之墙〉为中心》，《河南大学学报》（社会科学版）2021 年第 1 期。
③ 李丹：《西方非洲英语文学研究的偏离及其在非洲本土的疏离》，《河南大学学报》（社会科学版）2021 年第 1 期。
④ 李丹：《非洲英语文学在西方的生成和他者化建构》，《外国文学研究》2021 年第 4 期。
⑤ 冯德河、朱振武：《尼日利亚奥尼查市场文学的去殖民思想》，《当代外国文学》2021 年第 1 期。

没有触及其中的反殖民与去殖民思想；部分传记性市场文学作品高度赞扬非洲的政治英雄人物和因反对种族主义而遇刺的美国总统肯尼迪，这本质上反映的是尼日利亚社会普遍的反殖民思想以及向去殖民化思想演变的过程。

黄坚、杨贵岚撰写的《论〈喧哗与歌声〉中的反抗书写》① 在介绍独立后尼日利亚社会现实的基础上，从隐喻性对话、戏中戏编排和暴力抗争思想三个方面解读尼日利亚戏剧家费米·奥索菲桑的《喧哗与歌声》，对其中的主旨、隐喻、寓言等进行了深入分析。

石平萍撰写的《非洲裔异乡人在英国：诺贝尔文学奖得主古尔纳其人其作》② 对2021年诺贝尔文学奖得主非洲裔作家阿卜杜勒拉扎克·古尔纳的长篇小说进行评述，解释其创作动因，厘清其国族身份引发的争议，借此深入探讨古尔纳作品的文学价值。

### （十）非洲农业研究

徐振伟撰写的《非洲粮食困境与转基因革命的"两难境地"》③ 通过文献研究和案例研究，回顾非洲的两次绿色革命，重点分析非洲粮食安全形势以及转基因对非洲农业发展造成的"两难处境"，并对非洲粮食问题的未来进行展望。

张帅撰写的《中国对非粮食安全合作：理念、模式与前景》④ 梳理了中国对非粮食安全合作的理念，并重点分析中国对非粮食安全合作的路径和面临的现实挑战，也对未来中国对非粮食安全合作提出建议。

---

① 黄坚、杨贵岚：《论〈喧哗与歌声〉中的反抗书写》，《南京艺术学院学报》（音乐与表演）2021年第3期。
② 石平萍：《非洲裔异乡人在英国：诺贝尔文学奖得主古尔纳其人其作》，《文艺理论与批评》2021年第6期。
③ 徐振伟：《非洲粮食困境与转基因革命的"两难境地"》，《中国非洲学刊》2021年第2期。
④ 张帅：《中国对非粮食安全合作：理念、模式与前景》，《当代世界与社会主义》2021年第6期。

### （十一）中非关系研究

#### 1. 中非关系史与中非命运共同体

李新烽撰写的《百年中国共产党与非洲革命和建设》① 从历史角度出发，梳理了中国共产党自建党以来对非洲革命与建设的帮助和支持的具体原则、理念、措施及成效，并总结了相关历史经验。

余涛、张宏明撰写的《全球治理背景下的中非命运共同体研究》② 指出，"中非命运共同体"来源于"命运共同体"，是对"命运共同体"思想的一种细化与"淬化"。中非双方应从政治、经济、文化和安全等方面加强对中非关系的建设，以便形成中非责任共同体、利益共同体、感情共同体和防护共同体等共同体，从而最终实现"中非命运共同体"。

高天宜、沐涛撰写的《历史维度下中国共产党非洲观的形成与发展》③ 指出，中国共产党非洲观的形成呈现出统一、联系、辩证的发展脉络，具体呈现出四个阶段性特点，并分析了其内在原因。

姚遥撰写的《中非命运共同体的历史意义与理论价值》④ 从世界宏观变局出发，讨论了中非命运共同体的历史意义与理论价值，并进行了系统的学理分析。

张凯撰写的《百年中国共产党与中非党际交往——理解中非关系的一个视角》⑤ 基于对中国共产党百年中非党际交往史的研究指出，当前持续深化中非党际交往，对推动构建更加紧密的中非命运共同体具有重大现实意义。

---

① 李新烽：《百年中国共产党与非洲革命和建设》，《马克思主义研究》2021年第3期。
② 余涛、张宏明：《全球治理背景下的中非命运共同体研究》，《河南师范大学学报》（哲学社会科学版）2021年第4期。
③ 高天宜、沐涛：《历史维度下中国共产党非洲观的形成与发展》，《中国非洲学刊》2021年第2期。
④ 姚遥：《中非命运共同体的历史意义与理论价值》，《中国非洲学刊》2021年第1期。
⑤ 张凯：《百年中国共产党与中非党际交往——理解中非关系的一个视角》，《中国非洲学刊》2021年第2期。

王诗成、林琳撰写的《国际共运视域下中国与非洲社会主义发展道路及启示》① 从历史视角出发，比较了在国际共产主义运动影响下中非社会主义道路的探索实践。该文指出，不同国家对社会主义解读的迥异、不同的革命路径以及面对全球化时采取的不同应对举措，使中国和非洲社会主义发展呈现出不一样的结局。

张玉友撰写的《外交多元化战略视域下摩洛哥对华友好政策析论》② 以外交多元化战略为视角，分析近年来摩洛哥对华政策的理念与实践，并对新时期中摩战略合作提出了相关建议。

唐宝才撰写的《中国与埃及建交的历史意义与深远影响——纪念中非开启外交关系 65 周年》③ 指出，中国和埃及都是世界文明古国，两国友好交往历史悠久，有相似的历史遭遇，面临共同的发展任务，而中埃建交是具有历史性意义的事件，对两国政治、经济、文化交流及合作都产生了重要影响，也是构建中阿和中非命运共同体的先行先试样板。

李新烽、郑一钧撰写的《郑和下西洋三战的性质是自卫》④ 通过对相关史料的研究，提出郑和下西洋是明代一场大规模的和平外交活动，当时中国虽为世界强国，但没有恃强凌弱、仗势欺人，而是平等待邻、以德服邻，与海外诸国共享天下太平。

2. 中非经贸合作

（1）"一带一路"与非洲

曾爱平撰写的《全球公共卫生治理合作：以中非共建"健康丝路"为视角》⑤ 在对中非"健康丝绸之路"做出界定的基础上，系统论述和

---

① 王诗成、林琳：《国际共运视域下中国与非洲社会主义发展道路及启示》，《中国非洲学刊》
2021 年第 2 期。

② 张玉友：《外交多元化战略视域下摩洛哥对华友好政策析论》，《中国非洲学刊》2021 年第
1 期。

③ 唐宝才：《中国与埃及建交的历史意义与深远影响——纪念中非开启外交关系 65 周年》，
《中国非洲学刊》2021 年第 2 期。

④ 李新烽、郑一钧：《郑和下西洋三战的性质是自卫》，《历史评论》2021 年第 2 期。

⑤ 曾爱平：《全球公共卫生治理合作：以中非共建"健康丝路"为视角》，《西亚非洲》2021
年第 1 期。

分析了中非构建"健康丝绸之路"的历史根基、合作现状、挑战和推进路径。

张春宇撰写的《蓝色经济赋能中非"海上丝路"高质量发展：内在机理与实践路径》① 指出，推动中非蓝色经济合作成为中非高质量共建"一带一路"、实现双方经济社会可持续发展的重要手段。文章还就中非蓝色海洋经济合作的理念、地位、规划、内容、前景等展开了深入讨论。

黄梅波、段秋韵撰写的《"数字丝路"背景下的中非电子商务合作》② 分析了非洲发展电子商务的现实条件、电子商务对非洲经济的影响、中非电子商务合作的现状及挑战，并就中非深化电子商务合作提出了对策建议。

方鸣、谢敏撰写的《通信基础设施质量与双边贸易——基于"一带一路"非洲国家的研究》③ 指出，一国通信基础设施发展水平与该国经济发展水平、地理位置等因素息息相关；而非洲国家通信基础设施的建设与发展有利于开展中非双边贸易往来，促进中非双方友好交流。

喻珍、蓝宏锐撰写的《"一带一路"背景下中国与非洲国家次区域合作：以中国-非洲经贸博览会为例》④ 指出，随着"一带一路"倡议的提出和推进，中国-非洲经贸博览会是中国与非洲国家次区域合作的典型案例，虽然博览会取得了诸多成果，但作为一种探索中的合作方式，仍需要应对一系列挑战。

（2）中非贸易与投资合作

姚桂梅撰写的《非洲大陆自贸区与中非经贸合作：影响与对策》⑤ 指

① 张春宇：《蓝色经济赋能中非"海上丝路"高质量发展：内在机理与实践路径》，《西亚非洲》2021年第1期。
② 黄梅波、段秋韵：《"数字丝路"背景下的中非电子商务合作》，《西亚非洲》2021年第1期。
③ 方鸣、谢敏：《通信基础设施质量与双边贸易——基于"一带一路"非洲国家的研究》，《哈尔滨商业大学学报》（社会科学版）2021年第1期。
④ 喻珍、蓝宏锐：《"一带一路"背景下中国与非洲国家次区域合作：以中国-非洲经贸博览会为例》，《湘潭大学学报》（哲学社会科学版）2021年第4期。
⑤ 姚桂梅：《非洲大陆自贸区与中非经贸合作：影响与对策》，《当代世界》2021年第3期。

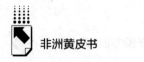

出，非洲大陆自贸区落地运行为共建"一带一路"与非盟《2063年议程》的对接提供了一个深度交汇的平台，既有利于中非在工业、农业、数字经济、基础设施等重点领域形成建设合力，也为中非经贸合作高质量发展提供了契机。

刘牧茜、毛小菁、陈诚、韩珠萍、刘凌课撰写的《新形势下中非经贸合作砥砺前行》① 指出，面对突如其来的新冠肺炎疫情，中国与非洲国家团结合作，共克时艰，中非经贸合作总体保持稳定；展望未来，中非依然互为重要的合作伙伴，在即将召开的新一届中非合作论坛引领下，中非经贸合作将迈向更高质量的发展阶段。

金晓彤、金建恺撰写的《非洲大陆自贸区成立背景下推进中非自贸区建设的建议》② 指出，目前受非洲国家间贸易自由化意愿不一致、非洲大陆自贸区谈判进展缓慢及贸易壁垒等因素的影响，中非自贸区建设面临多重挑战。中国应在总体策略、对非合作、双边自贸区建设及谈判推进方式等方面，充分借鉴中国-东盟自贸区建设的成功经验。

肖宇、王婷撰写的《非洲大陆自贸区协定生效对中非经贸合作的机遇与挑战》③ 系统梳理了非洲大陆自贸区协定生效给中非经贸合作带来的机遇与挑战，并对构建高要求、高水平、高质量的中非经贸合作体系提出了可行性路径。

蔡鸿撰写的《"一带一路"视域下中非英语国家国际出版合作策略初探》④ 分析了尼日利亚的出版现状，并讨论中国与尼日利亚出版合作的前景和策略。

---

① 刘牧茜、毛小菁、陈诚、韩珠萍、刘凌课：《新形势下中非经贸合作砥砺前行》，《国际经济合作》2021年第6期。
② 金晓彤、金建恺：《非洲大陆自贸区成立背景下推进中非自贸区建设的建议》，《经济纵横》2021年第11期。
③ 肖宇、王婷：《非洲大陆自贸区协定生效对中非经贸合作的机遇与挑战》，《国际贸易》2021年第12期。
④ 蔡鸿：《"一带一路"视域下中非英语国家国际出版合作策略初探》，《出版发行研究》2021年第3期。

宋毅撰写的《北非出版市场的开拓路径与策略——以阿尔及利亚为中心的考察》① 以阿尔及利亚为例,通过分析中国在北非国家的出版现状,探索在该区域开展国际合作的路径,并在此基础上运用具体数据和案例对进一步拓展北非的国际出版市场提出建议。

陈孟茜撰写的《非洲铁路发展需求分析与市场开发策略》② 在分析非洲铁路发展现状、铁路网发展影响因素基础上,基于铁路系统需求度、铁路发展需求度分析非洲铁路发展需求,提出了非洲大陆49个国家高、较高、中、低4个等级的铁路发展需求度,同时提出非洲铁路市场的开发策略建议。

赵春明、马龙、熊珍琴撰写的《中国对非洲国家直接投资的影响效应研究》③ 以2003~2018年中国对非洲48个国家直接投资的面板数据为样本,运用动态面板GMM估计方法和静态面板回归法对中国OFDI对非洲国家产生的经济效应进行实证研究。研究发现,中国OFDI对非洲经济增长效应因区域不同而存在明显差异,其中对东部非洲国家经济增长拉动作用最明显。

高连和撰写的《中国在非境外经贸合作区升级的困境应对及风险防范》④ 系统总结了中国在非洲境外经贸合作区的发展成就、经贸合作区升级遇到的困难及国家风险,并就如何摆脱困境、防范相关风险提出了政策建议。

叶芳撰写的《中国对非直接投资对非洲国家实现2030可持续发展目标的影响》⑤ 基于2015~2019年非洲国家相关数据,从社会、经济、环境三个

① 宋毅:《北非出版市场的开拓路径与策略——以阿尔及利亚为中心的考察》,《出版发行研究》2021年第3期。

② 陈孟茜:《非洲铁路发展需求分析与市场开发策略》,《铁路运输与经济》2021年第3期。

③ 赵春明、马龙、熊珍琴:《中国对非洲国家直接投资的影响效应研究》,《亚太经济》2021年第2期。

④ 高连和:《中国在非境外经贸合作区升级的困境应对及风险防范》,《国际贸易》2021年第3期。

⑤ 叶芳:《中国对非直接投资对非洲国家实现2030可持续发展目标的影响》,《中国人口·资源与环境》2021年第4期。

维度，分析了中国对非直接投资对非洲国家可持续发展目标得分、各目标得分变动趋势的影响，认为中国对非直接投资有助于非洲国家经济、环境维度部分可持续发展目标的实现。

阎虹戎、严兵撰写的《中非产能合作效应研究——基于产能利用率的视角》① 以制造业微观企业数据为分析蓝本，采用基于倾向得分匹配的双重差分方法，从中国企业产能利用率视角评估了中非产能合作的成效，并对提高中非产能合作效率提出了相关政策建议。

李荣林、徐邦栋撰写的《中国对非直接投资与出口增加值——基于产能合作视角的分析》② 从出口增加值的视角分析了中国对非洲出口的价值构成，并探讨了中国对非直接投资的出口效应以及中国与非洲国家之间的产业联系或产能合作。

叶芳撰写的《人民币非洲区域化的影响因素——基于面板数据的货币引力模型》③ 分析了人民币非洲区域化的影响因素，研究结果表明：人均国内生产总值、中国对非贸易和对非直接投资等引力因素对人民币非洲区域化具有显著的影响。

马汉智撰写的《非洲大陆自贸区建设与中非合作》④ 分析了非洲大陆自由贸易区的特点、非洲建设自贸区面临的制约及自贸区建设可能给中非合作带来的新机遇和新挑战，并就未来中非经贸合作提出了一系列政策建议。

陈默、李荣林、冯凯撰写的《中非产能合作能否照亮非洲经济腾飞之路：基于对外承包工程视角》⑤ 经研究发现，中非产能合作不但能够直接对

① 阎虹戎、严兵：《中非产能合作效应研究——基于产能利用率的视角》，《国际贸易问题研究》2021年第3期。
② 李荣林、徐邦栋：《中国对非直接投资与出口增加值——基于产能合作视角的分析》，《国际经贸探索》2021年第6期。
③ 叶芳：《人民币非洲区域化的影响因素——基于面板数据的货币引力模型》，《暨南学报》（哲学社会科学版）2021年第7期。
④ 马汉智：《非洲大陆自贸区建设与中非合作》，《国际问题研究》2021年第5期。
⑤ 陈默、李荣林、冯凯：《中非产能合作能否照亮非洲经济腾飞之路：基于对外承包工程视角》，《世界经济研究》2021年第10期。

项目所在国家经济产生积极影响，而且能够通过空间溢出效应辐射拉动邻近国家经济增长。

王霞撰写的《非洲国家治理水平对中国制造业企业对非出口的影响》① 从出口企业整体视角、企业性质视角分别分析了2008~2016年非洲国家综合治理水平、具体维度及具体领域治理水平的变化，以及对中国制造业企业对非出口的影响，甄别限制中国企业对非出口增长的主要治理因素。

（3）对非工程承包

李荣林、陈默撰写的《中国对非承包工程区位选择的制度和禀赋因素》② 以非洲52个国家面板数据为基础建立实证模型，考察东道国的制度质量和自然资源因素对中国承包工程区位选择的影响，认为中国对非承包工程倾向于制度较好、自然资源较为丰富的非洲国家。

李者聪撰写的《对外承包工程空间溢出性与东道国经济增长——"一带一路"沿线非洲国家的实证分析》③ 指出，中国对外承包工程对东道国经济增长存在正向作用且主要体现在第二产业。

（4）对非援助

叶成城撰写的《从分歧到理性：西方学界眼中的中国对非洲援助》④ 指出，最初西方学界将中国的援助视为输出意识形态或者进行利益交换的工具；自2014年以来，随着中国援非项目的数据透明度不断提高和相应统计方法的应用，西方学者对中国援非逐步有了客观和理性的认识。

王岚撰写的《中国参与全球职业教育治理的权力、机制与成效——以

---

① 王霞：《非洲国家治理水平对中国制造业企业对非出口的影响》，《国际贸易探索》2021年第10期。

② 李荣林、陈默：《中国对非承包工程区位选择的制度和禀赋因素》，《南开学报》（哲学社会科学版）2021年第3期。

③ 李者聪：《对外承包工程空间溢出性与东道国经济增长——"一带一路"沿线非洲国家的实证分析》，《国际商务研究》2021年第6期。

④ 叶成城：《从分歧到理性：西方学界眼中的中国对非洲援助》，《当代世界与社会主义》2021年第1期。

"鲁班工坊"为例》① 从权力与机制的视角,分析"鲁班工坊"这样一个新的职业教育国际合作模式成为促进中国参与全球职业教育治理新亮点的原因,以及这种治理是如何实现的。

孙楚仁、何茹、刘雅莹撰写的《对非援助与中国企业对外直接投资》② 通过实证分析,发现中国对非援助可以增强非洲受援国的自主发展能力,通过改善社会经济发展条件,增强承接外商投资的能力、提高对外资的吸引力,并就此提出了一系列政策建议。

黄振乾撰写的《中国援助分配的政治经济学——对 21 世纪中国援非项目的空间考察》③ 以 2000~2014 年中国对非援助项目为例,对中国援非项目分配的空间特征进行量化分析,发现中国援助项目选址倾向于靠近受援国的首都和相对发达地区,避开边缘族群地区,受该国资源分布的影响则不显著。

许志成、张宇撰写的《点亮非洲:中国援助对非洲经济发展的贡献》④ 利用地理信息系统,通过计量模型发现,中国援助尤其是基础设施项目,能显著促进当地的政治稳定、人口增长和工业发展,且不受制于受援国的政治环境。

王静怡、张帅、陈志钢、毛世平撰写的《PPP 模式在中非农业合作中的实践与对策分析——以中国援非农业技术示范中心为例》⑤ 指出,中国援非农业技术示范中心是当前中非农业合作的重要形式,与早期政府间合作模式相比,其成效明显增强,但依然面临经营不可持续的挑战。基于此,文章提出了一系列完善中非农业合作 PPP 模式的建议。

---

① 王岚:《中国参与全球职业教育治理的权力、机制与成效——以"鲁班工坊"为例》,《职业技术教育》2021 年第 31 期。
② 孙楚仁、何茹、刘雅莹:《对非援助与中国企业对外直接投资》,《中国工业经济》2021 年第 3 期。
③ 黄振乾:《中国援助分配的政治经济学——对 21 世纪中国援非项目的空间考察》,《世界经济与政治》2021 年第 9 期。
④ 许志成、张宇:《点亮非洲:中国援助对非洲经济发展的贡献》,《经济学》2021 年第 5 期。
⑤ 王静怡、张帅、陈志钢、毛世平:《PPP 模式在中非农业合作中的实践与对策分析——以中国援非农业技术示范中心为例》,《国际经济评论》2021 年第 5 期。

冯凯、李荣林、陈默撰写的《中国对非援助与非洲国家的经济增长：理论模型与实证分析》① 通过实证研究，指出中国对非援助显著地促进了非洲国家的经济增长，提高了居民的福利水平，展示了中国援助非洲效果的整体图景。

周尚思、徐之明撰写的《中国与美国对非洲官方发展援助模式的比较分析》② 采取比较分析的视角，对中国和美国在非洲地区的援助政策与机制、规模与形式、主要援助领域与资金分配进行系统比较，并评述了两国的援非模式和特点。

赵斌、张雅婷撰写的《"后巴黎时代"中非应对气候变化的技术合作》③ 指出，近年来中非之间应对气候变化技术合作呈现出合作形式多样化、合作机制常态化、合作内容多元化等特点，但受非洲国家国内政治、经济和社会环境的掣肘，以及中国技术转让过程中公共外交的短板，"后巴黎时代"中非应对气候变化技术合作亦面临多重困境。

康晓、刘欢撰写的《适应气候变化视角下的中国对非洲气候援助》④ 分析了非洲对适应气候变化的迫切需求以及中国援助非洲适应气候变化的实践，并就中国援助非洲适应气候变化的未来路径展开了讨论。

3. 中非合作论坛

周玉渊撰写的《开放包容的中非合作与中非关系的前景——以中非合作论坛为主线》⑤ 以中非合作论坛为线索来理解开放包容的中非合作的意义，并分析中非合作的本土化和国际化议程，在总结问题、挑战的基础上提

① 冯凯、李荣林、陈默：《中国对非援助与非洲国家的经济增长：理论模型与实证分析》，《国际贸易问题》2021 年第 11 期。

② 周尚思、徐之明：《中国与美国对非洲官方发展援助模式的比较分析》，《山东社会科学》2021 年第 12 期。

③ 赵斌、张雅婷：《"后巴黎时代"中非应对气候变化的技术合作》，《中国非洲学刊》2021 年第 3 期。

④ 康晓、刘欢：《适应气候变化视角下的中国对非洲气候援助》，《中国非洲学刊》2021 年第 3 期。

⑤ 周玉渊：《开放包容的中非合作与中非关系的前景——以中非合作论坛为主线》，《外交评论》2021 年第 3 期。

出对未来中非合作的思考与展望。

赵晨光撰写的《中非合作论坛峰会的机制化：趋向、基础与发展建议》① 系统梳理了中非合作论坛三次峰会机制化的背景、基础、价值及意义，并对中非合作论坛峰会机制化发展提出了政策建议。

4. 中非交流互鉴

吴传华撰写的《延安精神、摆脱贫困与中非合作——"延安精神与中国脱贫"国际研讨会总结与思考》② 介绍了中国非洲研究院举办的"延安精神与中国脱贫"国际研讨会的详细情况，整理了非洲驻华大使对"延安精神"和中国脱贫历史性成就的评价，并就未来中非发展与合作提出了相关建议。

王建撰写的《非洲驻华大使对延安精神和中国脱贫成就的认知及启示》③ 以中国非洲研究院组织的非洲驻华大使赴延安调研及举办的"延安精神与中国脱贫"研讨会材料为分析样本，从非洲驻华大使视角来评析中国脱贫成就及其国际贡献，并就未来中非减贫合作提出了若干政策建议。

王珩撰写的《中非合作新向度：保护非洲生物多样性》④ 在分析中非保护生物多样性合作的意义、现实挑战的基础上，指出中国与非洲应发挥经验优势，打造合作平台，从多方面入手加强生物多样性保护合作。

王珩、张书林撰写的《新冠肺炎疫情背景下的非洲青年发展与中非青年合作》⑤ 认为，在百年未有之大变局和新冠肺炎疫情全球大流行叠加影响下，非洲青年面临健康、教育、就业等多重问题。未来，中非在青年

① 赵晨光：《中非合作论坛峰会的机制化：趋向、基础与发展建议》，《西亚非洲》2021 年第 5 期。
② 吴传华：《延安精神、摆脱贫困与中非合作——"延安精神与中国脱贫"国际研讨会总结与思考》，《中国非洲学刊》2021 年第 2 期。
③ 王建：《非洲驻华大使对延安精神和中国脱贫成就的认知及启示》，《西亚非洲》2021 年第 6 期。
④ 王珩：《中非合作新向度：保护非洲生物多样性》，《当代世界》2021 年第 11 期。
⑤ 王珩、张书林：《新冠肺炎疫情背景下的非洲青年发展与中非青年合作》，《当代世界》2021 年第 3 期。

发展领域可在教育培训、产业发展、创新创业、文明互鉴等多方面开展合作。

周瑾艳撰写的《自主性视角下的非洲国家智库与中非智库交流》① 梳理了非洲国家智库发展的历史沿革、智库的定位与发展现状以及面临的主要挑战，并对未来中非智库交流提出了诸多政策建议。

张勇撰写的《走进非洲："十七年"中国电影在非洲的传播》② 整理了"十七年"期间（1949～1966年）中国电影在非洲传播方式、传播效果、传播特点及经验，并就未来中非影视交流合作提出了诸多建议。

李玉洁撰写的《中国方案对非洲的价值启示与传播探索》③ 从传播学的视角出发，就"中国方案"在非洲传播的具体内容、方式方法、传播策略等进行了深入探讨。

何明星、李佳撰写的《毛泽东著作非洲民族语言的翻译、出版与传播》④ 通过梳理毛泽东著作斯瓦希里语、豪萨语等非洲民族语言翻译、出版与传播的历史，系统研究了毛泽东著作在非洲大陆的传播效果。

赵雅婷撰写的《新冠肺炎疫情冲击下的非洲发展治理与中国角色》⑤ 从全球发展治理视角出发，分析了新冠肺炎疫情冲击下非洲发展治理面临的严峻挑战及非洲发展治理的现存机遇，并就中国参与非洲发展治理的角色展开了探讨。

汪欣欣、谢诤寅撰写的《南非语言教育政策对中文教育影响研究——基于后种族隔离时代语言教育政策分析》⑥ 指出，目前在南非开展的中文教

---

① 周瑾艳：《自主性视角下的非洲国家智库与中非智库交流》，《阿拉伯世界研究》2021年第4期。

② 张勇：《走进非洲："十七年"中国电影在非洲的传播》，《当代电影》2021年第8期。

③ 李玉洁：《中国方案对非洲的价值启示与传播探索》，《湖南师范大学社会科学学报》2021年第5期。

④ 何明星、李佳：《毛泽东著作非洲民族语言的翻译、出版与传播》，《中国出版》2021年第21期。

⑤ 赵雅婷：《新冠肺炎疫情冲击下的非洲发展治理与中国角色》，《中国非洲学刊》2021年第1期。

⑥ 汪欣欣、谢诤寅：《南非语言教育政策对中文教育影响研究——基于后种族隔离时代语言教育政策分析》，《比较教育研究》2021年第4期。

育主要受到南非种族隔离制度终结后所颁布的语言教育政策的影响。在此背景下，南非孔子学院应多措并举，提高中文教育的影响力。

### （十二）非洲研究评述

施琳撰写的《非洲民族研究的"中国视角"》① 回溯了自 20 世纪 50 年代以来，中国非洲民族研究的学术发展脉络，根据时代特点、研究主题和方法论的嬗变，划分出"初创"、"学术化转型"和"起飞"三个阶段，并对每个阶段的代表研究成果进行评述。

胡登全、王丽平撰写的《非洲孔子学院研究述评（2006—2019 年）》② 以中国知网数据库中的相关文献为研究样本，对当前中文世界中的"非洲孔子学院"研究的数量、国别、视角、内容等进行了深度分析，并就当前非洲孔子学院研究的现存问题提出了相关建议。

李安山撰写的《中非古代关系史研究四十年》③ 从中外关系史视角对改革开放以来国内有关古代中非关系的研究进行史学史的梳理，并从中外关系史学科建设角度提出了诸多建议。

李加方、王海璐撰写的《非洲媒体研究：理论框架与主要特点》④ 以《非洲媒体研究》（*Journal of African Media Studies*）2009~2019 年刊载的 221 篇研究论文为样本，从总体情况、研究对象、研究议题、理论框架、研究方法 5 个方面对当前的非洲媒体研究进行了深入分析。

董柞壮撰写的《非洲的国际关系研究：评析与展望》⑤ 梳理了非洲国际关系研究的演进历程、思想流派、学术特征、贡献与不足，并就非洲国际关系研究的前景与趋势进行了展望。

---

① 施琳：《非洲民族研究的"中国视角"》，《世界民族》2021 年第 1 期。
② 胡登全、王丽平：《非洲孔子学院研究述评（2006—2019 年）》，《中国非洲学刊》2021 年第 1 期。
③ 李安山：《中非古代关系史研究四十年》，《社会科学战线》2021 年第 2 期。
④ 李加方、王海璐：《非洲媒体研究：理论框架与主要特点》，《中国非洲学刊》2021 年第 2 期。
⑤ 董柞壮：《非洲的国际关系研究：评析与展望》，《教学与研究》2021 年第 4 期。

# 三　学术会议与学术报告会

2021年1月25日，中国非洲研究院以线下线上方式举行第六届"非洲讲坛"。讲坛主题为"古代非洲文明"。厦门大学社会与人类学院教授高畅（Augustin Holl）和中国非洲史研究会会长、北京大学国际关系学院教授李安山分别做《非洲、人类起源与发展》和《古代非洲文明的起源与发展》的主旨演讲。两位主讲人还同与会学者就古代非洲文明等相关问题进行了研讨和交流。

2021年2月25日，中国非洲研究院以线下线上方式举行第六届"大使讲坛"。尼日利亚驻华大使巴巴·艾哈迈德·吉达应邀在主会场发表了题为《中国与尼日利亚关系五十年》的主旨演讲，对中尼关系进行了历史回顾与展望，并与参会学者就未来中尼经贸合作、中尼文化交流等议题展开深入讨论。

2021年3月10日，由浙江师范大学非洲研究院非洲法语国家研究中心、马里中国之友俱乐部联合举办的"中非合作论坛与'一带一路'倡议背景下的中马合作"国际学术研讨会在马里巴马科国家图书馆、浙江师范大学非洲研究院两地采用线上线下相结合方式同步举行。参会的中非学者分别从宏观和微观、历史和现实、经济发展和思想交融等多个维度阐述了中非合作的时代意义、全球贡献以及中马合作的前景与重点领域。

2021年3月15日，中国非洲研究院、中国社会科学院新疆智库、中国社会科学院边疆研究所共同主办的第七届"大使讲坛"在中国非洲研究院举行，主题为"非洲驻华大使眼中的新疆"，邀请布基纳法索驻华大使阿达马·孔波雷（Adama Compaoré）、刚果（布）驻华大使达尼埃尔·奥瓦萨（Daniel Owassa）、苏丹驻华大使加法尔·卡拉尔（Gafar Karar）发表主旨演讲，分享对新疆发展变化的见证和解读。

2021年3月29日至4月2日，中国非洲研究院与西安外国语大学在西安合作举办"非洲、世界与中非关系"学术周活动，其间，中国非洲研究

院专家团队共举办了 6 场学术讲座。中国非洲研究院、陕西省社会科学界联合会和西安外国语大学联合举办首届中非学术翻译论坛。本次论坛还设有"首届中非译介论坛"和"非洲国别和区域研究的新动态与新趋势论坛"两个分论坛。

2021 年 3 月 31 日,"青年学者的使命和担当——学习贯彻习近平主席致中国非洲研究院成立贺信精神研讨会"在中国非洲研究院以线下线上方式举行。来自中国非洲学界的 40 余位青年学者参加了研讨会。刘中伟等 9 位青年学者代表围绕会议主题发言,畅谈学习习近平主席贺信精神的感受。

2021 年 4 月 8 日,中国非洲研究院、湖北省人民政府外事办公室、中国地质大学在武汉共同举办第四届"中国讲坛",主题是"武汉非洲留学生抗疫故事",在武汉学习和生活的非洲留学生向非洲讲述他们在武汉参与抗击新冠肺炎疫情的故事,宣传中国的抗疫成就和经验,增进中非携手共克时艰的深厚友谊。

2021 年 4 月 9 日,"携手促进中非文明互鉴——学习贯彻习近平主席致中国非洲研究院成立贺信两周年国际研讨会"在北京举行。中国社会科学院副院长、中国非洲研究院院长王灵桂出席并致辞,9 位中非专家代表就学习贯彻习近平主席贺信精神、携手促进中非文明互鉴发表了主题演讲。

2021 年 4 月 23 日,上海国际问题研究院召开了"疫情下的非洲形势与中非关系"研讨会,近 30 名代表参加此次会议。会议聚焦四大议题,即"疫情下的非洲形势:危机与转机"、"大国对非合作走向:合作与竞争"、"非洲重大挑战:根源与出路"及"中非合作论坛:固本与提升",与会专家围绕上述议题展开了深入探讨。

2021 年 4 月 26 日,"第五届中国讲坛:中非传统医药与新冠肺炎疫情防治"以线下线上方式举行。现在成都新都区中医医院工作的来自马里共和国的迪亚拉博士和国家卫健委卫生发展研究中心健康战略与全球卫生研究部的王云屏博士先后做主旨演讲并同参会人员进行了互动。

2021 年 5 月 8 日,中国非洲研究院召开多卷本新编非洲通史项目筹备研讨会,来自全国高校和研究机构的 10 余位专家学者与会。与会专家学者围绕多卷本新编非洲通史的框架设计、体例规范和项目组织方式等进行了充分研讨。

2021年5月20日，由中央党校（国家行政学院）国际合作部、非盟驻华代表处与浙江师范大学非洲研究院等共同举办的"2021中非领导力建设经验交流对话会"研讨会举行，中非嘉宾、青年学子40余人在线上或线下参加了研讨会。与会代表就非盟对下一届中非合作论坛的期待、非盟领导力课程建设与改革、疫情背景下中非合作的挑战和重点领域、新时期南南合作框架如何传承与创新以及中非青年交流和青年能力培养等领域的相关问题进行了交流及研讨。

2021年5月21日，"当前非洲恐怖主义形势及应对"学术研讨会在北京举行。研讨会由中国非洲研究院政治研究室主办，中国-非洲总商会协办，近20位专家学者参加。与会学者就非洲恐怖主义形势、非洲国家当前反恐怖主义面临的困境与中非反恐合作进行了深入分析和讨论。

2021年5月24日，中国非洲研究院以线下线上方式举行第七届"非洲讲坛"，主题是"非洲农业考古"，厦门大学社会与人类学院教授、联合国教科文组织《非洲通史》（第九卷至第十一卷）国际科学委员会主席高畅（Augustin Holl）做主题演讲，并与参会学者围绕非洲农业文化、气候变化影响、农作物传播、现代考古对传统农牧民生活影响以及人口增长等相关问题展开讨论。

2021年5月25日，中国非洲研究院举办第六届"中国讲坛"，主题聚焦中国的脱贫攻坚。吴国宝研究员介绍了中国脱贫攻坚的总体经验和举措，邓延庭、张梦颖分别介绍了新疆和西藏的脱贫攻坚经验。与会的中国和南非学者就中国减贫经验及中非减贫合作展开了深入交流。

2021年6月10日，由中国非洲研究院、湖北省人民政府外事办公室和中国地质大学（武汉）共同主办的第七届"中国讲坛"在武汉举行，邀请中国地质大学宋斌教授以"印章上的百年中国共产党"为题向非洲学者及留学生做主旨演讲，借助篆刻艺术作品回顾党的奋斗历史，热情讴歌党的光辉业绩。本届"中国讲坛"主会场在东湖文殊印堂，在位于北京的中国非

洲研究院和中国地质大学（武汉）丝绸之路学院设分会场。

2021年6月19日，"中非邦交65年：回顾与展望"学术研讨会在上海举行，100余位学者出席。研讨会相关议题为中非邦交与国家形象、中非经贸合作、中非医疗卫生与文化法律合作等，与会学者就上述主题展开了深入探讨。

2021年6月20日上午，中国非洲研究院多卷本新编非洲通史项目组在上海举行会议，就该项目的筹备工作举行研讨。中国非洲研究院《西亚非洲》常务副主编安春英编审汇报了该项目最新调整情况，各分卷负责人汇报了各自负责分卷的总体框架设计、断代划分、主要研究内容等。

2021年6月21日，由浙江师范大学非洲研究院非洲政治与国际关系研究所、非洲安全与发展研究中心主办的"非洲大湖地区历史进程中的安全与发展"研讨会暨《非洲地区发展报告（2018~2019）》发布会在浙江金华顺利举行。20余位国内外相关领域专家学者出席会议。会议围绕"非洲大湖地区历史进程中的安全与发展"这一核心主题进行了深入探讨。

2021年6月22日，中国非洲研究院与中国驻非盟使团、联合国非洲经济委员会以线下线上相结合的方式共同主办"以中国减贫实践助推非盟实现2063年议程"国际研讨会。研讨会上，有8位专家围绕中国的减贫成就、非洲的减贫措施与非盟2063年议程、中非减贫合作、减贫与社会发展和环境保护等议题发言。与会专家对中国取得脱贫攻坚战全面胜利的历程进行了回顾，总结了中国在减贫领域取得举世瞩目成就的经验和秘诀。

2021年6月24日，中国非洲研究院在北京举办"第八届大使讲坛：深切怀念卡翁达总统"，邀请赞比亚驻华大使温妮·奇贝萨孔达（Winnie Chibesakunda），中国驻赞比亚大使李杰和中国驻赞比亚前大使杨优明三位大使发表主题演讲，邀请赞比亚大学"一带一路"联合研究中心主任桑德·格兰德（Sande Ngalande），赞比亚大学"一带一路"联合研究中心联合主任、赞比亚"一带一路"科技学院董事长刘昭以及中山大学传播与设计学院副教授和高级记者杜江三位学者了做主题发言。

2021年6月25日，由云南大学国际关系研究院和云南大学非洲研究中心联合主办的"中非战略伙伴关系 2035 年愿景前瞻"研讨会在云南大学召开。研讨会围绕"中非 2035 年愿景的历史与现实基础""中非 2035 年愿景的第三方因素""面向 2035 年的中非经贸合作""面向 2035 年的中非和安全合作"四个分议题展开。

2021 年 7 月 2 日，由中国非洲研究院、南非国家行政学院、中国社会科学院大学合办的"中国-南非减贫与治理合作"线上研讨会成功举行。研讨会主会场设在北京，中国和南非的四位学者围绕中国、南非的贫困治理经验在主讲环节发言。此外，双方学者还就南非抗疫与经济发展的经验、改革开放前中国国内建设、中国治理体系一与建设、政党面临的治理挑战以及廉政建设等问题展开了讨论。

2021 年 7 月 6 日，由中国非洲研究院和中国社会科学院新疆智库共同主办、全国政协中非友好小组支持协办的第九届"大使讲坛"在中国非洲研究院举行。本届讲坛的主题为"非洲驻华大使眼中的新疆脱贫成就"，邀请几内亚比绍驻华大使安东尼奥·恩巴洛（António Embaló）和津巴布韦驻华大使马丁·切东多（Martin Chedondo）发表主旨演讲。

2021 年 7 月 19 日，中国非洲研究院举办第十届"大使讲坛"，邀请"七一勋章"获得者刘贵今大使做"我的非洲脚印和外交人生"主题演讲。刘大使回顾了自己对非外交工作生涯，并就南非局势进行了深入评述，就青年学者在新形势下如何深入研究非洲，如何发挥民间组织在推动中非关系发展中的作用等问题与到场学者进行交流。

2021 年 7 月 20 日，"拜登政府价值观外交及其影响"研讨会在中国社会科学院西亚非洲研究所举行。30 余位专家学者出席研讨会。学者们围绕美国拜登政府在中东、非洲和拉美的"价值观外交"及相关政策影响展开了深入讨论。

2021 年 7 月 31 日，由中国非洲研究院主办、陕西省政府外事办公室协办的"延安精神与中国脱贫"国际研讨会在延安举办。多位非洲驻华大使及与会学者就脱贫攻坚中的延安精神、中国脱贫攻坚中的具体实践经验及对非洲国家的借鉴意义、中非减贫合作等展开深入研讨。

2021 年 8 月 1 日，中国非洲研究院"第十一届大使讲坛：延安脱贫的成就与意义"在延安举行。讲坛邀请纳米比亚驻华大使伊莱亚·乔治·凯亚莫、索马里驻华大使阿瓦莱·阿里·库拉内以及首位中国政府非洲事务特别代表刘贵今大使围绕这一主题展开演讲。

2021 年 8 月 31 日，由中国社会科学院西亚非洲研究所（中国非洲研究院）和社会科学文献出版社共同举办的《非洲发展报告 No. 23（2020 ~ 2021）》新闻发布会以线上线下结合的形式举行。本年度发展报告的主题是"疫情下非洲经济形势"。部分撰稿人及与会学者围绕本年度皮书内容及中非经贸合作等议题展开了深入研讨。

2021 年 9 月 14 日，中国非洲研究院举办第十二届"大使讲坛"，非盟驻华代表处常驻代表拉赫曼塔拉·奥斯曼大使应邀发表题为"'一带一路'倡议与非盟《2063 年议程》"的主旨演讲，近 70 位专家学者出席讲坛。

2021 年 9 月 27 日，中国非洲研究院以线下线上方式举行第八届"非洲讲坛"，邀请塞内加尔安全研究所罗利-安娜·特鲁-贝诺尼（Lori-Anne Théroux-Bénoni）博士和尼日利亚国防学院埃梅卡·奥凯雷克（Emeka Okereke）博士围绕"萨赫勒地带的和平与安全"做主题演讲。

2021 年 9 月 29 日，由湘潭大学中国-非洲经贸法律研究院承办的第二届中非经贸合作岳麓论坛"中非法律与人文交流专题会议"在湘潭大学召开。本次会议采取线上与线下相结合的办会形式，30 多位专家学者出席。

2021 年 10 月 16 日，中国非洲史研究会成立 40 周年纪念大会暨"中国非洲史研究：理论与方法"学术研讨会在湘潭大学法学院召开，130 余位专家学者出席。大会围绕非洲历史回顾、非洲政治自主、非洲经济一体化、非洲法律风险防范、中非治国理政经验交流、中非文化合作议题分设 6 个会场。

2021 年 10 月 16 日，由广东外语外贸大学国别和区域高等研究院主办、广东外语外贸大学非洲研究院与肯尼亚瑞拉大学商学院承办的"一带一路"非洲研究联盟 2021 年年会暨"中非共同抗疫与民生合作"国际研讨会于线上成功召开。参会学者围绕疫情影响下的中非经贸合作、中国减贫成功对非洲的启示意义、双循环背景下的中非民生合作等议题进行探讨。

2021年10月17日，由中国非洲研究院主办的"首届非洲留学生论坛"在北京举行，主题是"我们是非中友好的传承者"。来自36个非洲国家的留学生和专家学者近百人参会。本届论坛包括开幕式和致辞、主旨演讲、分组讨论《非洲留学生倡议书》（征求意见稿）、讨论总结汇报和闭幕式四个时段。与会学者、留学生围绕如何深入开展中国同非洲各国的人文交流，发挥好非洲留学生在中非文化交流中的桥梁作用展开讨论。

2021年10月20~21日，中非合作论坛中方后续行动委员会秘书处主办的中非智库论坛第十届会议以线上线下结合的形式在浙江杭州举行。会议聚集了来自中国和15个非洲国家的政界、学界、媒体界、企业界代表200多人，围绕"团结合作 创新发展 携手共建中非命运共同体"这一主题进行了深入广泛研讨。

2021年10月27日，由中国驻南苏丹大使馆和浙江师范大学非洲研究院共同主办的"加强中国-南苏丹学术交流与合作研究"研讨会举行。本次研讨会为继续推进中国与南苏丹双方高端合作贡献智慧，有力加强了中国与南苏丹学术界、教育界、知识界的学术交流与合作研究。

2021年11月5日，由云南大学国际关系研究院、云南大学非洲研究中心联合主办的"国际制裁与非洲"与"中法非三方合作"两个学术研讨会在云南大学召开。前者围绕"国际制裁的理论探讨"和"国际制裁的案例分析"两个主题展开；后者则设有"中法非三方合作的现实基础""中法非三方合作的实践"两个主题。

2021年11月9日，中国非洲研究院举办第九届"非洲讲坛"，邀请南非国家行政学院院长布萨尼·恩卡韦尼（Busani Ngcaweni）教授就"新冠疫情对非洲的经济社会影响"做主题演讲，并同与会专家就南非社会团结抗疫情况、南非疫苗供应问题、疫情对非洲国家民生的影响等问题，与布萨尼·恩卡韦尼教授展开了探讨。

2021年11月12日，由中国非洲研究院、中国社会科学院大学和南非国家行政学院联合举办的"第九届中国讲坛：中国共产党的建设与执政能

力提升"以线上方式成功举行。主讲人为中国社会科学院政治学研究所研究员、中国社会科学院大学教授樊鹏。中非双方学者还围绕政党的执政能力进行了深入交流。

2021年11月18日，由中国非洲研究院安全研究室和国家重点研发计划"面向可持续发展目标进展评估的夜间灯光遥感关键技术及应用示范"项目组共同主办的"人文交流促进中非命运共同体建设"国际会议以线下线上方式举行。会议设置了"后疫情时代中非合作发展的机遇与挑战""中非人文交流助推中非共建'一带一路'的意义""青年推动中非人文交流的责任担当与时代使命"三个阶段主题，与会学者就上述主题展开了深入探讨。

2021年11月20日，中国非洲问题研究会"2021年年会暨非洲发展与中非高质量合作研讨会"以线上线下相结合的方式举行。此次研讨会开设了中非国际发展合作、非洲发展及相关议题、研究生专场三场专题报告会。参会专家学者及论文入选会议的研究生进行了专题发言，来自全国各地的近百位非洲研究学者与专家参与了此次研讨会。

2021年11月25日，中国非洲研究院主办的"第十届中国讲坛：中国共产党的百年奋斗重大成就和历史经验"以线上线下相结合的方式在北京成功举行。中国社会科学院马克思主义研究院党委书记兼副院长辛向阳研究员和中国社会科学院马克思主义研究院副院长林建华研究员应邀发表演讲。来自21个非洲国家和组织的驻华使节及中非双方学者共计90余人出席论坛。

2021年11月25日，第六届中非民间论坛平行分论坛"中非合作的全球意义：从政策到实践"以线上线下相结合的方式在中国农业大学举行，论坛发布了《非洲发展展望》四大系列报告。该系列报告系统分析了新冠肺炎疫情发生以后非洲在经济、政治、农业和减贫领域取得的进展和面临的挑战，并对未来中非合作提出针对性建议，参会的专家学者也围绕上述系列报告展开了相关学术讨论。

2021年11月28日，由中国社会科学院西亚非洲研究所民族宗教研究室主办、《列国志：尼日利亚》项目承办的"尼日利亚国别研究学术研讨会"以视频方式在北京举行。研讨会围绕"尼日利亚与国别区域研究""尼日利亚文化艺术""中尼合作与交流""尼日利亚社会发展"四个议题展开学术研讨。17位专家学者及博士研究生围绕上述主题发言。

2021年12月2日,中国非洲研究院主办的"新时代中非合作:机遇和挑战"国际研讨会以线上线下相结合的方式成功举行。研讨会共设两个议题,分别为"迎接新机遇:中非高质量共建'一带一路'"和"应对新挑战:气候变化与抗疫合作"。中非双方专家学者共150多人参加研讨会。

2021年12月16日,中国亚非学会、中国非洲研究院、中国国际问题研究基金会非洲研究中心和欧亚系统科学研究会共同举办"大国竞争和新冠疫情叠加背景下的非洲形势和中非关系"学术研讨会。与会的30余位学者围绕上述主题展开了深入研讨。

2021年12月17日,由浙江师范大学非洲研究院、南苏丹战略与政策研究中心联合主办"第二届'中国—南苏丹智库论坛'暨浙江师范大学非洲研究院南苏丹研究中心成立仪式"在中国驻南苏丹大使馆与浙江师范大学非洲研究院同步举行。百余人在线上或线下参加了会议。

# 结　语

通过对2021年国内非洲研究各类成果的梳理后发现,研究成果数量明显上升,研究领域不断扩大,研究深度也有所深入。有关非洲研究专著、非洲译著类型涉猎学科与主题更为广泛,有关非洲文学、非洲民族宗教、非洲社会文化等"小众"题材的研究成果数量显著增加,在非洲历史、非洲政治、非洲国际关系、中非经贸合作等领域则涌现出一大批较高质量的成果。在学术活动方面,尽管因为新冠肺炎疫情的影响,学术交流绝大部分以线上或者线上线下相结合的方式进行,但与常态下相比,学术会议的规模更大、参会人数更多、涉及学科更广,有关议题的设置也更具时效性、前沿性。中国非洲研究的学术热度持续上升,非洲研究学界的整体学术影响力在不断增强,中国的非洲研究未来可期。

# Y.14
## 2021年非洲国家主要经济指标

安春英*

| 国家 | 人口（百万人） | GDP 总量（百万美元） | GDP 实际增长率（%） | 人均 GDP（美元） | 通货膨胀率（%） | 出口额（百万美元） | 进口额（百万美元） | 经常项目平衡（百万美元） | 外债总额（百万美元） | 汇率（1美元兑换本国货币） |
|---|---|---|---|---|---|---|---|---|---|---|
| 阿尔及利亚 | 45.2 | 158300 | 3.9 | 11807 | 6.7 | 38177 | 39902 | -7703 | 8332 | 135.00 |
| 安哥拉 | 33.9 | 75594 | -1.5 | 6447 | 23.0 | 29983 | 11867 | 3063 | 70292 | 547.18 |
| 贝宁 | 12.5 | 16700 | 6.2 | — | 1.4 | 3145 | 3645 | -436 | — | 554.7 |
| 博茨瓦纳 | 2.4 | 19038 | 8.5 | 17007 | 9.4 | 6980 | 7984 | -364 | 2221 | 11.09 |
| 布基纳法索 | 21.5 | 19800 | 3.8 | — | 3.8 | 4457.2 | 3776.7 | -19.0 | 5000 | 554.5 |
| 布隆迪 | 12.3 | 3400 | 2.0 | — | 8.4 | 157.8 | 770.6 | -504.7 | — | 1975.9 |
| 喀麦隆 | 27.2 | 45674 | 3.1 | 4013 | 2.4 | 5687 | 6306 | -1388 | 15826 | 554.5 |
| 佛得角 | 0.562 | 1795.0 | 4.5 | — | 1.5 | 177.2 | 872.5 | -328.6 | — | 93.26 |

* 安春英，中国社会科学院西亚非洲研究所编审，研究方向为非洲经济、非洲减贫与可持续发展问题。

250

续表

| 国家 | 人口（百万人） | GDP 总量（百万美元） | GDP 实际增长率(%) | 人均 GDP（美元） | 通货膨胀率（%） | 出口额（百万美元） | 进口额（百万美元） | 经常项目平衡（百万美元） | 外债总额（百万美元） | 汇率（1美元兑换本国货币） |
|---|---|---|---|---|---|---|---|---|---|---|
| 中非共和国 | 4.92 | 2527 | 1.5 | — | 3.8 | 188.1 | 519.3 | -48.3 | — | 554.5 |
| 乍得 | 16.9 | 11400 | 0.7 | — | -0.6 | 3236 | 2641 | -931 | — | 554.5 |
| 科摩罗 | 0.9 | 1300 | 2.1 | — | -0.1 | 0.9 | 30.5 | -26.3 | — | 415.9 |
| 刚果（布） | 5.7 | 11700 | -1.2 | — | 2.0 | 7336 | 3609 | 526 | — | 554.24 |
| 刚果（金） | 8.9 | 51778 | 4.8 | 5813 | 8.9 | 19442 | 17086 | -973 | 8191 | 1989.5 |
| 科特迪瓦 | 27.7 | 70511 | 5.7 | — | 5.6 | 15323 | 12013 | -3226 | 29744 | 579.2 |
| 吉布提 | 1.0 | 3751.4 | 4.1 | — | 1.6 | 3281.5 | 3967.5 | -108.1 | — | 177.7 |
| 埃及 | 102.4 | 404000 | 3.3 | 13433 | 5.2 | 36109 | 78514 | -17164 | 138964 | 15.7 |
| 赤道几内亚 | 1.4 | 12000 | -2.3 | 17575 | 0.9 | 4378 | 1886 | 341 | 1786.2 | 577.94 |
| 厄立特里亚 | 3.6 | 2254.1 | 2.2 | — | 5.7 | 897.8 | 1158.1 | -267.8 | 833.4 | 15.08 |
| 埃塞俄比亚 | 117.9 | 91700 | 2.0 | 2491 | 26.7 | 4262 | 14208 | -5625 | 32266 | 43.82 |
| 加蓬 | 2.3 | 16190 | 1.7 | 15501 | 1.8 | 5888 | 3037 | -546 | 8692 | 554.5 |
| 冈比亚 | 2.5 | 1967.9 | 3.2 | — | 7.4 | 100.6 | 628.7 | -147.7 | — | 51.54 |
| 加纳 | 31.7 | 79395 | 5.0 | 6101 | 12.6 | 16562 | 13298 | -1772 | 31860 | 5.59 |
| 几内亚 | 13.5 | 17600 | 6.0 | — | 12.6 | 8987.0 | 4461.9 | 2573.0 | — | 9803.5 |
| 几内亚比绍 | 2.0 | 1601.0 | 2.5 | — | 3.2 | 227.0 | 342.7 | -127.6 | — | 554.11 |
| 肯尼亚 | 55.0 | 109934 | 6.0 | 4904 | 5.7 | 6578 | 16943 | -5948 | 43016 | 113.14 |
| 莱索托 | 2.2 | 2600 | 1.3 | — | 6.0 | 949.0 | 1893.1 | -84.7 | — | 14.8 |

续表

| 国家 | 人口（百万人） | GDP 总量（百万美元） | GDP 实际增长率(%) | 人均 GDP（美元） | 通货膨胀率（%） | 出口额（百万美元） | 进口额（百万美元） | 经常项目平衡（百万美元） | 外债总额（百万美元） | 汇率（1 美元兑换本国货币） |
|---|---|---|---|---|---|---|---|---|---|---|
| 利比里亚 | 5.2 | 4200 | 3.4 | — | 9.0 | 656.7 | 1139.0 | -730.6 | 1605.4 | 166.3 |
| 利比亚 | 7.0 | 44134 | 46.3 | 12907 | 5.2 | 28986 | 18972 | 5177 | 4851 | 5.03 |
| 马达加斯加 | 28.1 | 16407 | 15.0 | — | 5.8 | 2683.7 | 2925.5 | -869.8 | — | 3830 |
| 马拉维 | 19.6 | 8498 | 2.7 | 1139 | 9.3 | 1012 | 2722 | -1339 | 3277 | 815.81 |
| 马里 | 19.7 | 19100 | 3.5 | — | 2.6 | 4849.8 | 4435.3 | -9.9 | 7100 | 554.5 |
| 毛里塔尼亚 | 4.8 | 9700 | 4.5 | — | 3.5 | 4535.1 | 3364.3 | 741.9 | 7100 | 36.2 |
| 毛里求斯 | 1.27 | 10844 | 5.4 | 22190 | 6.8 | 1980 | 4237 | -1711 | 18242 | 43.53 |
| 摩洛哥 | 37.3 | 130227 | 6.0 | 8107 | 1.4 | 28396 | 48851 | -6440 | 70793 | 8.99 |
| 莫桑比克 | 32.2 | 15300 | 2.1 | 1338 | 6.6 | 5150 | 7134 | -3434 | 21658 | 63.80 |
| 纳米比亚 | 2.6 | 12074 | 1.5 | 9579 | 4.2 | 3369 | 5372 | -1165 | 9046 | 15.91 |
| 尼日尔 | 25.1 | 15100 | 4.8 | — | 3.8 | 1207 | 2682 | -1751 | — | 554.5 |
| 尼日利亚 | 211.4 | 468400 | 3.0 | 5383 | 16.9 | 46427 | 47401 | 1220 | 74636 | 398.87 |
| 卢旺达 | 13.3 | 10300 | 9.6 | — | -0.4 | 1548.1 | 3452.8 | 1399.6 | 988.6 | 988.6 |
| 圣多美和普林西比 | 0.223 | 678.5 | 3.3 | — | 7.9 | 18.8 | 145.6 | -71.5 | — | 20.9 |
| 塞内加尔 | 17.1 | 27575.9 | 6.0 | 3766 | 2.8 | 4977 | 8043 | -2890 | 19642 | 554.53 |
| 塞舌尔 | 0.1 | 1300 | 6.8 | — | 10.0 | 514.8 | 964.8 | -317.2 | — | 16.92 |
| 塞拉利昂 | 8.1 | 4300 | 3.0 | — | 11.9 | 910.2 | 1472.2 | -437.8 | — | 10439.3 |

续表

| 国家 | 人口（百万人） | GDP总量（百万美元） | GDP实际增长率(%) | 人均GDP（美元） | 通货膨胀率（%） | 出口额（百万美元） | 进口额（百万美元） | 经常项目平衡（百万美元） | 外债总额（百万美元） | 汇率（1美元兑换本国货币） |
|---|---|---|---|---|---|---|---|---|---|---|
| 索马里 | 15.9 | — | — | — | — | — | — | — | — | — |
| 南非 | 60.0 | 408574 | 4.9 | 14662 | 5.9 | 120930 | 94146 | 11220 | 174806 | 15.93 |
| 苏丹 | 44.9 | 44068 | 0.7 | 4205 | 318.2 | 4087 | 8894 | -5251 | 59770 | 437.54 |
| 南苏丹 | 11.8 | — | 5.3 | — | 38.0 | 2300 | 3400 | — | — | 409 |
| 斯威士兰 | 1.17 | 4900 | 1.4 | — | 4.8 | 1971 | 1653 | 313 | 800 | 14.8 |
| 坦桑尼亚 | 61.5 | 70348 | 5.0 | 2917 | 4.2 | 6643 | 9704 | -2177 | 27641 | 2295 |
| 多哥 | 8.3 | 8780 | 6.3 | — | 4.4 | 1044 | 2338 | -320 | — | 544.71 |
| 突尼斯 | 11.9 | 45220 | 3.4 | 11502 | 5.7 | 16870 | 21352 | -2108 | 44142 | 2.79 |
| 乌干达 | 47.0 | 39964 | 5.1 | 2160 | 2.2 | 4516 | 7505 | -3660 | 19378 | 3580 |
| 赞比亚 | 18.9 | 25885 | 1.9 | 3759 | 16.4 | 10022 | 5258 | 2884 | 38850 | 17.94 |
| 津巴布韦 | 15.1 | 13400 | 4.1 | 48 | 90.7 | 5337 | 5210 | -545 | 14985 | 110.10 |

注：国别排序按英文字母排序；人均GDP数值按购买力平价计算；表中各项指标均为估计值。

资料来源：EIU, Country Report, 2022年非洲国家第一季度相关各期。

# Abstract

In 2021, the profound impact of the century-old changes and the epidemic on Africa's politics, economy, society, security and diplomacy will be further manifested, and the situation in Africa will be complicated and profoundly changed. Although the political and security situation in Africa can still be summarized as "general stability and local instability", its connotation has changed. In the past year, the economic crisis caused by the new crown epidemic has continued to ferment in Africa, which has been transmitted to many levels of society, politics, security, etc. , and has been intertwined with inherent ethnic and religious conflicts and various social problems to cause multiple crises. Many African countries have experienced turbulent situations rarely seen after political transformation, which are prominently reflected in the resurgence of military coups, frequent social riots, escalation of internal conflicts, rampant terrorist activities, rampant piracy, etc. Even regional powers have not been spared. What is particularly worrying is that the military has no intention of "returning power to the people" after taking power, and the turmoil of regional powers also has the risk of spilling over to neighboring countries. Fortunately, although the political and security risks or challenges faced by Africa have increased significantly, the overall stability and development trend of Africa has not reversed.

After experiencing a severe recession, the African economy will achieve a positive growth of 4. 7% in 2021, mainly due to factors such as global economic recovery, rising commodity prices and the gradual recovery of international logistics. Although the African economy has gradually recovered, the pace of recovery is significantly slower than the average level of the world and developing economies. From the trend point of view, there are both pros and cons affecting the economic trend of Africa. The favorable factors are that the fundamentals of Africa's superior resource endowment, huge demographic dividend, accelerated urbanization process and emerging manufacturing industry have not changed. The downside is that the impact of COVID-19 on economic activity in Africa cannot be underestimated due to poor medical conditions, fragile epidemic prevention systems, and low vaccination rates. On the other hand, due to the constraints of a single economic structure and an export-oriented economic model, coupled with the slowdown in global economic recovery, rising inflationary pressures, increased food insecurity, and tightening of the international financing environment due to the conflict between Russia and Ukraine, the African economic recovery process may be under pressure again, its uncertainty is also increasing.

Against the backdrop of the COVID-19 pandemic and the superposition of major power competition factors, Africa's international situation has shown complex changes: on the one hand, Africa's status in the world economic structure has been further marginalized, and on the other hand, Africa's importance in the international political landscape has increased promote. Over the past year, major powers in the world have strengthened their relations with Africa through high-level visits, summits, and policy documents. In general, great power competition has more advantages than disadvantages for Africa's international situation. Although Africa's structurally dependent position in international relations is difficult to change in the short term, as Africa becomes a target for major powers to compete for, there are options and strategies for Africa's diplomacy. Space is also increasing. Faced with opportunities and challenges, most African countries refuse to take sides in the great power competition in order to maximize their own interests. In order to cope with internal and external challenges and enhance their capacity to bear pressure, African countries have accelerated the process of economic integration by launching the "African Continental Free Trade Area", while relying on the African Union to actively coordinate their positions on major international issues, trying to speak with one voice to increase the overall influence of Africa.

2021 is an important year for China-Africa friendly exchanges and practical cooperation. China and Africa have joined hands to fight the epidemic and promoted

非洲黄皮书

cooperation in various fields to achieve fruitful results. It is highlighted in the fact that China-Africa trade volume reached a record high of US $ 254. 3 billion. China has been Africa's largest trading partner for 13 consecutive years; 52 African countries and The African Union Commission and China signed the "Belt and Road" cooperation document, basically realizing the "full coverage" of the "Belt and Road" in Africa. 2021 is also the "Forum Year" for China-Africa cooperation. China and Africa successfully held the 8th Ministerial Conference of the Forum on China-Africa Cooperation in Dakar, the capital of Senegal. President Xi Jinping expounded on the "four proposals" on building a China-Africa community with a shared future in the new era, and announced the "nine programs" for practical cooperation with Africa, push the China-Africa comprehensive strategic cooperative partnership to a new height. However, affected by factors such as the new crown epidemic, competition between major powers, conflict between Russia and Ukraine, and the downturn in the world economy, the development of China-Africa relations is also facing an increasingly complex international environment.

**Keywords**: African; Economic Recovery; Diplomatic Independence; Foreign Relation; China-Africa Relations

# Contents

## I  General Report

**Abstract:** The world has witnessed a persistent and unchecked pandemic, accelerating changes unseen for a century. In 2021, the deep impact of the COVID—19 pandemic on Africa's politics, economy, society and security has become more evident. African countries actively fought the pandemic, sought peace, promoted development, maintained stability, pushed the integration process to buck the trend, and continued to enhance the collective influence of African countries in international affairs. 2021 is an important year for China-Africa relations. China and Africa successfully held the 8th Ministerial Conference of the Forum on China-Africa Cooperation (FOCAC) in Dakar, capital of Senegal. Chinese President Xi Jinping attended the opening ceremony of the meeting via video link and delivered a keynote speech, summarized the spirit of China-Africa friendship and cooperation, put forward "four proposals" on building a China-Africa community with a shared future in the new era, and announced that China would work closely with African countries to implement the "nine programs" and further strengthen China-Africa cooperation. China and Africa have continuously deepened strategic mutual trust, joined hands to fight the COVID—19 pandemic, promoted the transformation and upgrading of practical cooperation, and jointly defended the legitimate rights and

interests of developing countries. Standing at a new historical starting point, China and Africa have a firmer determination to foster solidarity, a brighter prospect for common development, and a stronger momentum to upgrade cooperation. At the same time, China-Africa relations are also facing a more complicated external environment. In 2022, the international situation has undergone major changes and entered a new period of turbulence and transformation. 2022 is the first year of the full implementation of the outcomes of the 8th Ministerial Conference of FOCAC. China and Africa will continue to adhere to the fundamental direction of building a China-Africa community with a shared future in the new era, carry forward the spirit of China-Africa friendship and cooperation, remove distractions, strengthen unity and coordination, implement the "nine programs", continuously consolidate the public opinion foundation of China-Africa relations, and jointly push the international order and the global governance system in a fairer and more reasonable direction.

**Keywords:** African Situation; China-Africa Relations; Forum on China-Africa Cooperation; Community With a Shared Future

# II   Sub Report

**Y.2**   The Increasingly Volatile Political and Security Situation in Africa                                                                *Li Wentao* / 014

**Abstract:** After the COVID - 19 outbreak, Africa's peaceful development has been severely shaken and a systemic crisis has begun to emerge. The economic and social crisis triggered by the COVID-19 pandemic has been transmitted to the politics and security, with the situation of major countries in the African region shaken, military coups making a significant comeback, and terrorism continuing to rage, Africa has experienced a turbulent situation rarely seen in the past 20 years. This round of turmoil in Africa is mainly influenced by the international environment, which profoundly reflects the fragility and volatility of Africa's development. In the face of this complex and challenging situation, Africa's opportunities remain. African countries are constantly suppressing the negative elements of electoral politics and seeking a benign path of political development, and it is a consensus among all society that people want stability. In the era of great power competition, Africa's pursuit of strategic autonomy has become more intense. In the meantime, Africa as an important force on the international stage will receive more attention from the outside world.

**Keywords:** Africa; Political Developments; Security Situation; Strategic Autonomy

## Y.3  Africa's Economic Recovery Faces Elevated Uncertainty

*Piao Yingji* / 028

**Abstract:** In 2021, Africa's economy got rid of the deep recession, mainly due to factors such as global economic recovery, rising commodity prices, and relaxation of epidemic prevention and control measures. However, the pace of recovery was significantly slower than the average level of the world and developing economies. Multiple obstacles, namely, subdued global recovery, sustained COVID−19 pandemic, soaring inflation, tightening global financial condition, rising public debt and food insecurity, and so on, will weigh on Africa's economic recovery, leading to rising uncertainty. It is expected that Africa's employment and output will take several years to revert to its pre-pandemic development trend.

**Keywords:** African Economy; Government Debt; Food Security; Climate Shock

## Y.4  Africa's Foreign Relations: Maintaining Independence
and Working Together to Meet Challenges  *Zhao Yating* / 045

**Abstract:** In 2021, under the background of the raging COVID − 19

pandemic and the accelerated adjustment of the international order, African development will face unprecedented opportunities and challenges. Therefore, African countries have made active diplomatic efforts and explorations to form a joint force to safeguard African interests. At the international level, African countries independently formulate foreign policies according to their own needs and refuse to take sides in the game of great powers; at the regional level, African countries rely on the African Union to take actions in economic integration, fighting the pandemic together and security governance, trying to strengthen their own strength to enhance the attractiveness and influence of African continent. Although African countries have different foreign policies, and contradictions between some countries still exist, and the Russia-Ukraine conflict may have negative impacts on the development of Africa's overall foreign policies, African countries are still strong in their determination to maintain their independence and will remain united to deal with internal and external issues and challenges. That will provide more possibilities for Africa to increase its attractiveness, enhance its voice, and expand its development opportunities on the international stage.

**Keywords:** Africa's Foreign Relations; Foreign Policy; Diplomatic Independenc; Economic Integration

# Ⅲ  National Report

**Y**.5  Sudan: Struggle between the Military and the Civilian
Hampered Domestic and Foreign Affairs   *Jiang Hengkun* / 063

**Abstract:** After the fall of al-Bashir's regime in 2019, a coalition of the military and civilian officials dominated Sudan's political transition. On October 25, 2021, the Sudanese military staged a coup to dissolve the civilian-led cabinet, marking the dissolution of the military-civilian ruling coalition. The October 25 Coup was the result of the competition between the military and the civilian for the dominance of the transition process, which had a great impact on Sudan's politics and diplomacy during the transition period. In terms of internal affairs, the coup has broken the fragile power balance of the military-civilian ruling coalition, and the two parties have seriously opposed each other on the issue of power resharing. The political situation has afterwards shown the characteristics of fragmentation and stalemate, and the democratic transition process in Sudan has emerged a lot of uncertainty. Diplomatically, the coup brought the process of normalizing relations between Sudan and the USA to a standstill, which in turn hampered the westward shift of Sudan's diplomacy. At the same time, the military tendency of Sudan's diplomacy gradually deepened after the coup, the junta's relations with traditional allies such as Russia, Saudi Arabia, and the United Arab Emirates have remained stable after the October 25 Coup. The United Nations, the AU and IGAD are the main mediators in the current political crisis in Sudan and they have formed a coordinated Tripartite Mediation Mechanism. However, the Tripartite Mechanism has not yet played a practical role due to the different objectives and appeals of the Sudan's related parties.

**Keywords**: Sudan; The October 25 Coup; Relationship Between the Military and the Civilian; Political Transition; Power Struggle

## Y.6　Ethiopia: Internal Conflict Hinders Development Process

*Shen Xiaolei* / 079

**Abstract**: The internal conflict broken out on November 4, 2020 in Ethiopia has lasted for more than a year. The main reasons of the internal conflict are as follows: the breakdown of the ruling coalition caused by Abiy administration's political reform; the intensified conflict between Ethiopian federal government and Tigray People Liberation Front caused by 2020 election dispute; the intensified conflict between Tigray and other ethnic groups, especially Oromo and Amhara; and the disadvantages of ethnofederalism. There are multiple consequences of the internal conflict including hindering political reform, depressing economic development, creating serious humanitarian crisis and exacerbating the

非洲黄皮书

chaos in the Horn of Africa. After the outbreak of the conflict, the international community conducted active mediation and intervention. Although they have not promoted the two sides to achieve ceasefire and sign peace agreement, their efforts still played a role in easing the war and providing humanitarian assistance. Since 2022, the degree of the internal conflict has been eased, but the road to peace will still be difficult.

**Keywords**: Ethiopia; Internal Conflict; Political Reform; Economic Development

**Y . 7** Guinea's Post-coup Political Transition and Its Prospects

*Yu Wensheng* / 097

**Abstract**: The coup in Guinea is one of five military coups and attempted coups in Africa in 2021. Due to the country's huge reserves of strategic resources such as bauxite and iron ore, its important position in raw materials supply of the global aluminum ore, it has attracted the attention of the international community among the five coups. This paper analyzes the internal factors of the coup in Guinea and the reactions of international parties, and introduces the process of political transition in Guinea after the coup, the role of regional organizations, the progress made in the transition, the current main problems and the future outlook, hoping to provide some references for the study of the coup and post-coup political transition in Guinea in 2021.

**Keywords**: Guinea; Military Coup; Political Transition

# IV  Foreign Economic Relation

**Y . 8**  The Developmental of the Africa Foreign Trade  *Xu Qiang* / 110

**Abstract**: Africa countries are grouped into 2 parts: Africa 4—Instrialized-

Countries （ A4ICs ）, Africa Non-4—Instrialized-Countries （ AN4ICs ）. Impacted by Covid－19, the international trade of all Africa parts experienced declining and recovering. If the two parts' export or import values with various partners of 2021 compared with those of 2019, China is the only one among all major partners, all those values realized increase. After continuous reconstruction, among all the single Customs Territories, China has become the largest import partner of AN4ICs; For other Africa parts' export or import, China has become the second largest partner preceded only by EU. For most part and export/import Combinations, India has exceeded Japan and become the forth partner. The paper suggest: Propel the bi-directional mechanic-electronic product trade between China and Africa A4ICs; Promote the Sino-Africa trade low-carbonization and digitalization; Advance the RTAs contracting procession between China and African countries.

**Keywords**: Africa; Commodity Trade; Trade Partner; Sino－Africa Cooperation

**Abstract**: The FDI inflows in Africa has been decreased for the 3$^{rd}$ continuously year in 2020. While the proportion of Africa in the world increased when other areas faced more drop of FDI inflows. The FDI outflows of African countries decreased more, leading to the expansion of imbalance of two-ways direct investment. Among the 5 regions, the central and the eastern Africa performed better in the FDI inflows, while the north and south part of Africa were much worse. As one of the main origin of FDI, China enterprises invested more in Africa in 2020 when compared with 2019. Architecture, mining, manufacturing and financial industries are still the main sectors of investment. There may be still quite some time before the impact of COVID－19 weans, the world economy is facing serious challenges on how to recover from the pandemic. It is important to use the advantages of all sides, reduce the restraint of information asymmetry on enterprises'

非洲黄皮书

decision process. The areas and expectations should be adjusted to reflect the status of development. To protect the interests of companies, encourage the use of innovative technology and more diversified cooperation modes are important to support the more sustainable development and value creation for all stakeholders.

**Keywords:** Africa; Foreign Direct Investment; China

## Y. 10 International Community's Assistance toward Sub-Sahara Africa *Song Wei, Yin Haoran* / 145

**Abstract:** In 2020, the official development assistance provided by the international community to sub-Saharan Africa continued to increase 23.14% compared with that of 2019, against the negative impact of COVID-19. Among them, the United States, Germany, France, the United Kingdom and Japan are the top five countries providing the most ODA to Africa. While the emerging donors and private foundations have also played an increasingly important role in helping African countries fight against the epidemic. As Africa's most important development partner, China also helped Africa to fight against the epidemic and ensure food security and economic recovery through large-scale of medical materials supplying and infrastructure building. However, it should be realized that the spread of the epidemic has made Africa face more severe development challenges and the competition of external powers in Africa has further escalated. This requires the international community to promote cooperation on the global development governance agenda with greater determination, to work together to promote post-pandemic recovery and economic development in Africa

**Keywords:** Africa; Official Development Assistance; DAC Countries; China's Assistance

**Y**. 11　The Pattern of Economic and Trade Cooperation Between

　　　　Major Countries in the World and Africa

*Xu Zelai , Hao Rui* / 163

**Abstract**: In recent years, the pattern of economic cooperation between great powers and Africa has experienced a restructuring process similar to the political pattern, that is, the dominant position of Western powers has been weakened and the influence of emerging countries has been increased. Both in terms of trade and investment, the share of traditional occidental partners with Africa shows a downward trend, and the "latecomers" led by China have an obvious catch-up momentum. Africa's foreign economic and trade order is developing in the direction of diversification. In the context of the slowdown of global economic growth and the impact of the COVID$-$19, the United States and other developed countries' economic exchanges with Africa have declined, but they have not given up their intention to carry out geographical and economic competition in Africa. They have made curbing China's influence an important goal of their policy towards Africa, which has significantly reduced the "win-win" cooperation among big countries in Africa and made the "exclusive" competition more prominent.

**Keywords**: Africa; Trade with Africa; Investment in Africa

# V　Documentation

# 皮 书

## 智库成果出版与传播平台

### ✦ 皮书定义 ✦

皮书是对中国与世界发展状况和热点问题进行年度监测,以专业的角度、专家的视野和实证研究方法,针对某一领域或区域现状与发展态势展开分析和预测,具备前沿性、原创性、实证性、连续性、时效性等特点的公开出版物,由一系列权威研究报告组成。

### ✦ 皮书作者 ✦

皮书系列报告作者以国内外一流研究机构、知名高校等重点智库的研究人员为主,多为相关领域一流专家学者,他们的观点代表了当下学界对中国与世界的现实和未来最高水平的解读与分析。截至2022年底,皮书研创机构逾千家,报告作者累计超过10万人。

### ✦ 皮书荣誉 ✦

皮书作为中国社会科学院基础理论研究与应用对策研究融合发展的代表性成果,不仅是哲学社会科学工作者服务中国特色社会主义现代化建设的重要成果,更是助力中国特色新型智库建设、构建中国特色哲学社会科学"三大体系"的重要平台。皮书系列先后被列入"十二五""十三五""十四五"时期国家重点出版物出版专项规划项目;2013~2023年,重点皮书列入中国社会科学院国家哲学社会科学创新工程项目。

# 皮书网

（网址：www.pishu.cn）

发布皮书研创资讯，传播皮书精彩内容
引领皮书出版潮流，打造皮书服务平台

## 栏目设置

◆ **关于皮书**
何谓皮书、皮书分类、皮书大事记、
皮书荣誉、皮书出版第一人、皮书编辑部

◆ **最新资讯**
通知公告、新闻动态、媒体聚焦、
网站专题、视频直播、下载专区

◆ **皮书研创**
皮书规范、皮书选题、皮书出版、
皮书研究、研创团队

◆ **皮书评奖评价**
指标体系、皮书评价、皮书评奖

◆ **皮书研究院理事会**
理事会章程、理事单位、个人理事、高级
研究员、理事会秘书处、入会指南

## 所获荣誉

◆ 2008 年、2011 年、2014 年，皮书网均
在全国新闻出版业网站荣誉评选中获得
"最具商业价值网站"称号；
◆ 2012 年，获得"出版业网站百强"称号。

## 网库合一

2014 年，皮书网与皮书数据库端口合
一，实现资源共享，搭建智库成果融合创
新平台。

皮书网

"皮书说"
微信公众号

皮书微博

权威报告·连续出版·独家资源

# 皮书数据库
## ANNUAL REPORT(YEARBOOK)
## DATABASE

## 分析解读当下中国发展变迁的高端智库平台

### 所获荣誉

- 2020年，入选全国新闻出版深度融合发展创新案例
- 2019年，入选国家新闻出版署数字出版精品遴选推荐计划
- 2016年，入选"十三五"国家重点电子出版物出版规划骨干工程
- 2013年，荣获"中国出版政府奖·网络出版物奖"提名奖
- 连续多年荣获中国数字出版博览会"数字出版·优秀品牌"奖

皮书数据库　　　"社科数托邦"
　　　　　　　　微信公众号

### 成为用户

　　登录网址www.pishu.com.cn访问皮书数据库网站或下载皮书数据库APP，通过手机号码验证或邮箱验证即可成为皮书数据库用户。

### 用户福利

- 已注册用户购书后可免费获赠100元皮书数据库充值卡。刮开充值卡涂层获取充值密码，登录并进入"会员中心"—"在线充值"—"充值卡充值"，充值成功即可购买和查看数据库内容。
- 用户福利最终解释权归社会科学文献出版社所有。

社会科学文献出版社 皮书系列
SOCIAL SCIENCES ACADEMIC PRESS (CHINA)

卡号：499999255892
密码：

数据库服务热线：400-008-6695
数据库服务QQ：2475522410
数据库服务邮箱：database@ssap.cn
图书销售热线：010-59367070/7028
图书服务QQ：1265056568
图书服务邮箱：duzhe@ssap.cn

# S 基本子库
## SUB DATABASE

### 中国社会发展数据库（下设 12 个专题子库）

紧扣人口、政治、外交、法律、教育、医疗卫生、资源环境等 12 个社会发展领域的前沿和热点，全面整合专业著作、智库报告、学术资讯、调研数据等类型资源，帮助用户追踪中国社会发展动态、研究社会发展战略与政策、了解社会热点问题、分析社会发展趋势。

### 中国经济发展数据库（下设 12 专题子库）

内容涵盖宏观经济、产业经济、工业经济、农业经济、财政金融、房地产经济、城市经济、商业贸易等 12 个重点经济领域，为把握经济运行态势、洞察经济发展规律、研判经济发展趋势、进行经济调控决策提供参考和依据。

### 中国行业发展数据库（下设 17 个专题子库）

以中国国民经济行业分类为依据，覆盖金融业、旅游业、交通运输业、能源矿产业、制造业等 100 多个行业，跟踪分析国民经济相关行业市场运行状况和政策导向，汇集行业发展前沿资讯，为投资、从业及各种经济决策提供理论支撑和实践指导。

### 中国区域发展数据库（下设 4 个专题子库）

对中国特定区域内的经济、社会、文化等领域现状与发展情况进行深度分析和预测，涉及省级行政区、城市群、城市、农村等不同维度，研究层级至县及县以下行政区，为学者研究地方经济社会宏观态势、经验模式、发展案例提供支撑，为地方政府决策提供参考。

### 中国文化传媒数据库（下设 18 个专题子库）

内容覆盖文化产业、新闻传播、电影娱乐、文学艺术、群众文化、图书情报等 18 个重点研究领域，聚焦文化传媒领域发展前沿、热点话题、行业实践，服务用户的教学科研、文化投资、企业规划等需要。

### 世界经济与国际关系数据库（下设 6 个专题子库）

整合世界经济、国际政治、世界文化与科技、全球性问题、国际组织与国际法、区域研究 6 大领域研究成果，对世界经济形势、国际形势进行连续性深度分析，对年度热点问题进行专题解读，为研判全球发展趋势提供事实和数据支持。

# 法律声明

"皮书系列"（含蓝皮书、绿皮书、黄皮书）之品牌由社会科学文献出版社最早使用并持续至今，现已被中国图书行业所熟知。"皮书系列"的相关商标已在国家商标管理部门商标局注册，包括但不限于LOGO（▨）、皮书、Pishu、经济蓝皮书、社会蓝皮书等。"皮书系列"图书的注册商标专用权及封面设计、版式设计的著作权均为社会科学文献出版社所有。未经社会科学文献出版社书面授权许可，任何使用与"皮书系列"图书注册商标、封面设计、版式设计相同或者近似的文字、图形或其组合的行为均系侵权行为。

经作者授权，本书的专有出版权及信息网络传播权等为社会科学文献出版社享有。未经社会科学文献出版社书面授权许可，任何就本书内容的复制、发行或以数字形式进行网络传播的行为均系侵权行为。

社会科学文献出版社将通过法律途径追究上述侵权行为的法律责任，维护自身合法权益。

欢迎社会各界人士对侵犯社会科学文献出版社上述权利的侵权行为进行举报。电话：010-59367121，电子邮箱：fawubu@ssap.cn。

社会科学文献出版社